CEREBRO, SUBJETIVIDAD Y LIBRE ALBEDRÍO

DISCUSIONES INTERDISCIPLINARIAS SOBRE NEUROÉTICA

Magda Giordano, Roberto E. Mercadillo
y José Luis Díaz Gómez
(coordinadores)

CEREBRO, SUBJETIVIDAD Y LIBRE ALBEDRÍO

Discusiones interdisciplinarias sobre neuroética

Herder

Imagen de portada: Roberto E. Mercadillo, *Ser de seres,*
hilos sobre cera de Campeche
Diseño de cubierta: Claudio Bado/somosene.com
Revisión: Jorge Comensal
Formación electrónica: deleatur.com.mx

Esta obra se terminó de imprimir y encuadernar en 2016
en los talleres de Impresos Vacha, S.A. de C.V.
Correo electrónico: impresosvacha@yahoo.com.mx

© 2016, Editorial Herder, S. de R.L. de C.V.
Tehuantepec 50, colonia Roma Sur
C.P. 06760, Ciudad de México

© 2016, Universidad Nacional Autónoma de México

© 2016, de los autores

ISBN (México): 978-607-7727-50-7
ISBN (España): 978-84-254-3409-9
ISBN (UNAM): 978-607-02-7662-0

Impreso en México / Printed in Mexico

Herder
www.herder.com.mx

ÍNDICE

INTRODUCCIÓN 13

Magda Giordano y Roberto E. Mercadillo

CAPÍTULO I. ORIGEN Y DESARROLLO
DE LA NEUROÉTICA: 2002-2012 25

Alfonso Canabal Berlanga

    Introducción 27
    Antecedentes históricos recientes de la neuroética 28
    Inicio de la neuroética 30
    La neuroética ha recibido diferentes definiciones 32
    Ética de la neurociencia y neurociencia de la ética 33
    Neurofilosofía 35
    Conclusiones 40
    Bibliografía 43

CAPÍTULO II. ALGUNAS NOTAS
SOBRE EL LIBRE ALBEDRÍO 47

Juan Díaz Romero y Mauricio Díaz Muñoz

    Introducción 49
    Determinismo 50
    Las escuelas de la libertad 52

Orientación aristotélica. 53
Orientación platónica. 55
El libre albedrío visto desde la psicobiología 57
Sistemas complejos y propiedades emergentes. 61
El libre albedrío como una propiedad emergente 62
Perspectivas 64
Bibliografía 65

CAPÍTULO III. LIBRE ALBEDRÍO
Y TOMA DE DECISIONES. 67
Víctor Hugo de Lafuente Flores

Introducción 69
La ilusión de la voluntad. Experimentos
de Libet, Fried y Haynes. 70
Piedra, papel o tijera 73
La responsabilidad de nuestras acciones 75
El cerebro siempre nos engaña 75
El papel del ruido en nuestro comportamiento. 78
¿Dónde queda nuestra libertad de acción? 78
Bibliografía 80

CAPÍTULO IV. EL FANTASMA EN LA MÁQUINA
Y LA TOMA DE DECISIONES 81
Robert T. Hall

El libre albedrío y el dualismo cartesiano 83
La toma de decisiones bioéticas 86
La cuestión de la eugenesia y la política pública 89
Bibliografía 92

CAPÍTULO V. CEREBRO, VOLUNTAD Y LIBRE ALBEDRÍO 93

José Luis Díaz Gómez

Neurociencia de la ética: el tema de la voluntad 95
La motivación y el deseo 97
La decisión y la persuasión 101
La intención y la acción 105
El libre albedrío 107
Un argumento *compatibilista* desde la neurociencia 112
La autoconciencia y la *heteroconciencia*:
fundamento neurobiológico 114
Agradecimientos 117
Bibliografía 118

CAPÍTULO VI. ALGO DE J. P. SARTRE Y LA NEUROÉTICA: EMOCIONES, MORALIDAD Y ALTERIDAD 121

Roberto E. Mercadillo

La neurobiología de las emociones morales 126
Naturaleza y ética 139
Bibliografía 142

CAPÍTULO VII. TRES CUESTIONES SOBRE NEUROCIENCIAS Y EMOCIONES MORALES 145

José Luis Velázquez Jordana

Parte I 147
Parte II 151
Parte III 154
Bibliografía 158

CAPÍTULO VIII. ALGUNAS IMPLICACIONES ÉTICAS
DE LAS NEUROCIENCIAS 159

Paulina Rivero Weber

Introducción 161
El implacable devenir......................... 163
La fuerza de las experiencias negativas
y el *fired together, wired together* 166
Implicaciones éticas: ¿neurociencia y psicoanálisis? 168
Conclusiones 170
Bibliografía 173

CAPÍTULO IX. ANDAMIOS PARA LA CONSTRUCCIÓN
DE LA AUTOCONCIENCIA 175

Francisco Pellicer Graham

El desarrollo del cerebro humano.................. 179
¿Con qué se hace conciencia?...................... 180
Un corredor hacia la conciencia 182
Un binomio crucial 186
Cerebros pequeños que ayudan a los grandes 187
Bibliografía 189

CAPÍTULO X. LA DISOLUCIÓN DEL YO.
UNA EXPLICACIÓN CONFORME A LA HIPÓTESIS
DEL ENJAMBRE 191

Clemens C. C. Bauer

Introducción 193
El *Yo* como resultado de un proceso pautado 193
Tres ejemplos de las neurociencias
y dos conceptos filosóficos..................... 194

Introducción. 194
La ilusión de la mano de hule 195
Modelo fenomenológico del yo. 197
El miembro fantasma 199
Ilusión de cuerpo completo. 202
Transparencia 204
Bienvenidos a *The Matrix*: un acercamiento meditativo
para la disolución del *Yo* 207
Conclusión 209
Bibliografía 210

CAPÍTULO XI. AUTOCONCIENCIA E IDENTIDAD:
DOS FENÓMENOS INDEPENDIENTES. 213

Juan Manuel Argüelles San Millán, Melina Gastélum Vargas
y Ximena González Grandón

Primero 218
Segundo. 222
Tercero. 225
Conclusiones 227
Bibliografía 229

CAPÍTULO XII. ERRORES CONCEPTUALES
EN LA INVESTIGACIÓN DE LA CONCIENCIA
INTERSUBJETIVA. 231

Adrián Espinosa Barrios

Introducción 233
Confusiones conceptuales en la problematización
de la conciencia ajena 235
Primer error: asimetría en el conocimiento de la mente . 237

Segundo error: ámbito de aplicación
del término "conciencia" 244
Crítica a las inferencias basadas en los hallazgos
sobre las neuronas espejo 250
Conclusiones 254
Bibliografía 256

CAPÍTULO XIII. SPINOZA Y LA CONCEPCIÓN MODERNA DE LAS EMOCIONES MORALES 259

Jorge E. Linares Salgado

Neurociencias y *neurofilosofía* 261
El mecanicismo mental en la filosofía de Spinoza 265
Las pasiones fundamentales en sus tres ejes 268
Características de las pasiones 268
Dinámica de las pasiones, según Spinoza 270
Bipolaridad de las pasiones 272
Exploración de la dinámica de las pasiones 275
Las pasiones sociales 280
La identidad personal, haz de emociones 285
La vulnerabilidad y la transmutación
de la identidad personal 287
Sobre la mejora moral por vías no tradicionales 289
Bibliografía 297

INTRODUCCIÓN

Magda Giordano*
Roberto E. Mercadillo**

* Estudió psicología y obtuvo su maestría y doctorado trabajando en el efecto funcional de trasplantes de tejido fetal en el Instituto de Salud Mental de los Estados Unidos. En 1995 estableció su laboratorio de Plasticidad Cerebral en el Instituto de Neurobiología de la UNAM, donde es investigadora titular y miembro fundador del Comité de Bioética. Sus intereses incluyen los procesos de daño y reparación en el sistema nervioso central, el movimiento y la cognición, así como la historia de la neurociencia y la bioética.
Correo electrónico: giordano@unam.mx

** Es doctor en Ciencias por el Instituto de Neurobiología de la UNAM, donde se centró en el registro cerebral de las emociones morales. Sus intereses, que abarcan la etología, la psicobiología y la neurociencia social, se han mostrado en diversos ámbitos como la rehabilitación de primates en cautiverio y la etnografía de emociones en poblaciones mayas y en los campamentos de refugiados Saharauis. Es autor de los libros *Evolución del comportamiento* (Trillas, 2006), *De las neuronas a la cultura* (Conaculta, 2007) y *Retratos del cerebro compasivo* (Centro de Estudios Filosóficos, Políticos y Sociales Vicente Lombardo Toledano, 2012).
Correo electrónico: emmanuele.mercadillo@gmail.com

Estas páginas son el fruto del Primer Coloquio Interdisciplinario de Neuroética celebrado en el Instituto de Neurobiología de la Universidad Nacional Autónoma de México, en septiembre de 2012. La idea de este encuentro surgió en las pláticas sobre filosofía de la ciencia entre la doctora María Teresa Morales, coordinadora de la maestría del Instituto de Neurobiología, y el doctor Jorge Linares, coordinador del Posgrado en Filosofía de la Ciencia y subdirector del Seminario de Investigación de Ética y Bioética de la UNAM.[1] Una vez que la idea maduró y se convirtió en una propuesta concreta, la doctora Magda Giordano, como Secretaria Académica del Instituto, se unió a la coordinación y a la organización del Coloquio. Éste fue, pues, un evento interdisciplinario en cuyo escenario los filósofos y los neurobiólogos discutimos sobre un tema de interés común mediante acercamientos distintos, pero enriquecedores y complementarios.

¿Por qué neuroética? Porque ésta es una disciplina de creación reciente y uno de los ámbitos más fructíferos y controversiales de las ciencias contemporáneas. Consideremos que las primeras reuniones sobre esta materia se llevaron a cabo en 2002 y que la Sociedad Internacional de Bioética se fundó en 2011. Por una parte, la neuroética estudia las implicaciones éticas de los avances en las neurociencias y, por la otra, gracias a los avances en el estudio de las funciones del cerebro humano y con la contribución de neurocientíficos y neurofilósofos, busca explicar y resolver problemas que se relacionan directamente con las capacidades y cualidades tradicio-

[1] Este Seminario concluyó sus actividades y dio lugar al actual Programa Universitario de Bioética de la UNAM a finales de 2012.

nalmente consideradas como el núcleo de la condición humana. Si aceptamos que el cerebro es el órgano de la individualidad, que ahí reside nuestra personalidad y que de él surge nuestra conducta, los avances en las neurociencias indican que quizá pronto podremos acceder a las motivaciones y deseos de las personas, así como usar esta información de manera intencional e incluso modificarla. De hecho, el conocimiento neurocientífico puede ya informar sobre las decisiones que se toman en materia de educación y de impartición de justicia. Es así que la neuroética tiene implicaciones prácticas en disciplinas como el derecho, la medicina, la economía, la educación y las ciencias de la comunicación, entre otras.

Digamos que la neuroética tiene dos caras. En una de ellas, el conocimiento neurocientífico actual, junto con las técnicas modernas de neuroimagen, informa sobre las capacidades y limitaciones del sistema nervioso y puede brindar un fundamento empírico a fenómenos que hasta hace pocos años se discutían sólo a un nivel reflexivo y filosófico, por ejemplo, la autoconsciencia y el libre albedrío, la identidad personal (su permanencia y pérdida), la intersubjetividad, la moralidad, la vida emocional y la cognición del mundo. En palabras de Jorge Linares: "Estos añejos problemas filosóficos revisten ahora nueva relevancia a la luz de los descubrimientos e investigaciones de las neurociencias, dando lugar a este nuevo campo interdisciplinario de estudio, la neuroética."

En su otra cara, esta disciplina cuestiona los valores, las normas y las prácticas en el uso de la tecnología que surge de las neurociencias para manipular las funciones cerebrales que subyacen a la esencia misma del ser humano. Se interesa por preguntas tales como: ¿es ético manipular los niveles de neurotransmisores de una persona para modificar su conducta?, ¿es ético utilizar la información que se obtiene de un individuo para influir sobre las decisiones que pueda tomar en su futuro?, ¿hasta qué punto el conocimiento neurocientífico nos llevaría al Mundo feliz de Aldous Huxley?, ¿quién debería tomar esas decisiones?

Podríamos agrupar las preguntas de la neuroética en cuatro grandes temas: los problemas éticos relacionados con las tecnologías de neuroimagen, los problemas éticos relacionados con las tecnologías que permiten manipular la actividad y las propiedades del cerebro (por ejemplo, la estimulación magnética transcraneal), la influencia de la visión neurocientífica sobre la moralidad y las consideraciones metafilosóficas generales sobre la misma neuroética.

Pues bien, parte de estos problemas son expuestos y discutidos en este libro. El artículo titulado "Origen y desarrollo de la neuroética: 2002-2012", escrito por Alfonso Canabal Berlanga, nos dice que "es muy necesario que los expertos en ética enriquezcan sus aportaciones y repercusiones de estos procesos científicos y tecnológicos". Esta necesidad no es vana, ya que, como el autor nos recuerda, "durante el siglo xx pudimos comprobar una deriva ética en las actuaciones de los científicos cuando se dejaron influir por objetivos de tipo político o cultural, que nada tenía que ver con la esencia de su profesión, pudiendo destacar esterilizaciones masivas realizadas a principios de siglo en Alemania o en Estados Unidos". La misión de la neuroética, enfatiza Canabal Berlanga, es analizar las implicaciones éticas, legales, políticas y sociales de la investigación neurocientífica, así como los efectos que la neurociencia y la neurotecnología tendrán en diversos aspectos de la vida humana, como pueden ser las intervenciones externas en nuestro sistema nervioso y el tratamiento de enfermedades mentales que modifican la biología cerebral.

Quizá el tema más controversial tocado por los autores es el libre albedrío, porque nos conduce a la normatividad y a la toma de decisiones en nuestra vida diaria. En "Algunas notas sobre el libre albedrío", tomadas desde la ciencia básica y la jurisprudencia, Juan Díaz Romero y Mauricio Díaz Muñoz nos remiten a una mítica dualidad humana, la de estar entre lo animal y lo angélico: "[…] [S]erían como dioses […] y comieron, con el resultado de que la progenie humana fue expulsada del paraíso, aunque con un conocimiento rudimentario de la ciencia, del bien y del mal." Esta dualidad se instala en un libre albedrío determinista, pero no bajo un determinismo parco; no se refiere, dicen Díaz Romero y Díaz Muñoz, a que la acción y la decisión que se toma ya estén previstas desde el origen del ser, como predestinadas. Más bien significan al determinismo como una relación causal entre un fenómeno natural y su consecuencia, relación común y ordinaria en la física y en las ciencias naturales. No es que el cerebro cause la mente, en cuyo caso serían dos cosas diferentes, sino que la mente es el cerebro funcionando en animales dotados de plasticidad como el *Homo sapiens*.

Al exponer su "Libre albedrío y toma de decisiones", Víctor Hugo de Lafuente Flores coincide con Díaz Romero y Díaz Muñoz y aboga también por un determinismo que rige el funcionamiento del cerebro. Sus argumentos se soportan en minuciosas descripciones de experimentos neurocientíficos. Los potenciales eléctricos registrados en la corteza motora durante la década de los ochenta nos indican que la actividad neuronal de los individuos que deciden una acción antecede la acción y la decisión consciente misma. De forma similar, en el mundo social, nuestra actividad cerebral antecede las acciones de los otros y de nuestros oponentes cuando, por ejemplo, jugamos "piedra, papel o tijera". De Lafuente, sin embargo, considera "el ruido" presente durante la actividad neuronal, el cual torna a la decisión no predecible del todo; esto es, refiere a un determinismo con grados de incertidumbre que se liga a nuestra responsabilidad: "[…] [N]adie más puede ser responsable, nosotros somos nuestro cerebro."

En este sentido, Robert T. Hall nos habla del "fantasma en la máquina y la toma de decisiones". Desde la posición de un bioeticista práctico y clínico, Hall alude a la discusión mente-cuerpo para hacernos distinguir entre el libre albedrío que recae en la ética teórica, y la toma de decisiones que recae en la ética aplicada. Es una confusión de categorías que nos hace creer que el cerebro y la mente son una "cosa" localizada y no un proceso: "Nuestra filosofía sufre la enfermedad de una esclerosis de categorías –dice Hall–.

Nunca debimos haber pensado que experiencias como la empatía tienen lugar fuera del cerebro. Lo que resultaría sorprendente es que no se pudiera identificar la empatía u otras emociones morales con actividades cerebrales." El argumento de Hall parecería una obviedad sin importancia, pero mediante ejemplos severos y prácticos, el autor lo ilustra con pacientes que rechazan la ayuda médica para salvar sus vidas debido a valores culturales y creencias que, para el bioeticista, implican determinar si la persona es capaz o no de tomar sus propias decisiones o, más correctamente, "de tomar responsabilidad de sus propias decisiones". Ése es, precisamente, un punto de unión entre las neurociencias y la ética: la evidencia de las neurociencias para verificar que la persona comprende los hechos y puede apreciar las consecuencias de su decisión con respecto a sus valores y objetivos.

En efecto, la vida ética no se puede reducir a la actividad cerebral, aunque es inseparable de ella y toca problemas morales planteados por las neurociencias básicas o clínicas. Esta vida ética, abordada por la visión integradora de José Luis Díaz Gómez en "Cerebro, voluntad y libre albedrío", defiende la naturalización de una ética enlazada, necesariamente, con el universo neuronal del cerebro humano. El autor nos remite a los correlatos neuronales de la condición ética para plantear que "las redes neuronales son… abiertas, dinámicas y plásticas como para constituirse como enjambres emergentes y autónomos capaces de albergar los notables fenómenos que nombramos conciencia, voluntad y libre albedrío". De esta forma, la libertad de acción se constituye en un evento psicofísico compatible con un determinismo neurológico, el cual rechaza tanto la dura tesis determinista de que un mundo causal es incompatible con la libertad de elección y de acción, como la tesis libertaria de que el libre albedrío implica una acausalidad.

Es fácil que, al leer sobre el libre albedrío, consideremos una posición estrictamente racionalista de la toma de decisiones. José Luis Díaz Gómez también es crítico en este punto al decir que la racionalidad no sólo supone creencias y deseos de los que las personas pueden dar razón. También incluye las emociones, que han venido "a perder su atribución de fuerzas irracionales que determinan la acción ciegamente". Este fenómeno es abordado por Roberto E. Mercadillo y por José Luis Velázquez Jordana bajo el prisma de las emociones morales. En "Algo de J. P. Sartre y la neuroética: emociones, moralidad y alteridad", Mercadillo discute la ética (nuestras costumbres) ligada a la emoción (al impulso) y a la alteridad (al otro social). Aludiendo al existencialismo de Sartre, plantea una libertad y una responsabilidad de nuestras emociones que no excluye al determinismo fisiológico. Más bien los propone como aspectos complementarios: "El cuerpo sería el conductor de la experiencia y parte de la toma de conciencia... [L]as acciones motivadas por la experiencia llevan implícita una relación fenomenológica y referencial. Son acciones motivadas por algo. No tendrían sentido fuera del mundo conocido por el individuo ni fuera de la alteridad, de las relaciones con los otros." Su postura se ilustra con hallazgos neurobiológicos y etnográficos para entender las interacciones entre la función cerebral y la experiencia emocional en el mundo cultural.

El planteamiento de Velázquez Jordana es diferente cuando nos brinda sus "Tres cuestiones sobre neurociencias y emociones morales". El autor nos señala la renovada y actual visión de las emociones influida por Antonio Damasio, la cual considera la evolución, la homeostasis y la concepción mente-cuerpo. Sin embargo, esta visión no se ha acompañado del desarrollo de una nueva teoría general de la emoción, lo cual sigue dificultando la articulación del empirismo de las neurociencias con la dimensión reflexiva del estudio de las emociones morales. Velázquez Jordana nos da evidencia cotidiana de esta falta: "Cuando afirmamos que alguien actuó de manera injusta, está claro que la causa no es que montó en cólera, sino que nos indignamos porque se trata de una acción injusta, y sabemos que es injusta no porque tengamos un sentimiento o emoción de indignación, sino porque es la violación de una norma o un derecho." Así, la moralidad que acompaña la ética no se puede entender en relación con nuestras reacciones corporales y emocionales, sino en términos normativos e integrativos: "Son los seres humanos quienes perciben, razonan y se emocionan, no sus cerebros", así que "el éxito de las neurociencias no radica en descubrimientos que asalten las primeras páginas de los periódicos, sino en su sabiduría para tener una imagen más certera de lo que somos y a lo que aspiramos."

En este sentido, desde la filosofía, Paulina Rivero Weber nos habla de "Algunas implicaciones éticas de las neurociencias". Señala que "el terreno conceptual ya estaba preparado para recibir los datos experimentales", es decir, la filosofía ya contaba con conceptos y propuestas para explicar lo que las neurociencias nos muestran ahora. Acertadamente, la autora nos recuerda la etimología del *ethos*, el carácter, para conducirnos a la elección consciente de las costumbres. Es mediante la conciencia como el individuo puede elegir las costumbres del ámbito público impuesto por la sociedad, y que indican lo que "uno debe o no hacer". De forma similar a Robert T. Hall, nos plantea un problema tanto social como personal, ajustado a nuestras creencias elegidas e impuestas. También complejiza el problema cuando vincula la elección con experiencias negativas y con el dolor; se cuestiona por qué, tras una experiencia negativa, el individuo la repite, la analiza y la recuerda una y otra vez, y le pregunta a los neurocientíficos si considerarían idóneo esta reverberación que refuerza la experiencia negativa en el cerebro. La subjetividad de la elección y la autocomplacencia se convierten, entonces, en un punto crucial de la neuroética.

La tan recurrida conciencia, la subjetividad y el dolor son "andamios para la construcción de la autoconciencia" establecidos por el neurobiólogo Francisco Pellicer Graham. El primer andamio del autor es la altricialidad, condición evolucionada desde las aves tardías, acentuada en el sistema nervioso humano, y manifestada en la responsabilidad de los parientes y la crianza. Esta última es responsable, según el autor, del medio que activa y potencia las funciones de la corteza cerebral. La perspectiva evolutiva, además, nos ha permitido saber que "el hombre tiene conciencia de que los animales tienen conciencia [...] y esto [...] nos acerca y extiende su abrigo protector a los animales [...]". Además de este abrigo legal, moral y ético, el parentesco evolutivo hace que podamos conocer y reconocer el funcionamiento cerebral básico humano a partir de estudios en animales. Es con base en ello como Pellicer Graham estudia el papel de la corteza anterior del cíngulo y de la ínsula en la génesis y en la experiencia subjetiva del dolor. Sus investigaciones sobre la amantadina muestran efectos inhibitorios en los receptores NMDA, reduciendo la nocicepción y el dolor neuropático de pacientes amputados con dolor fantasma, es decir, dolor y experiencia de miembros que "no existen", pero de los cuales se tiene conciencia.

Entonces, el dolor y su experiencia corporal son subjetivos y conscientes. Éste es el tema que aborda Clemens C. C. Bauer en "La disolución del Yo. Una explicación conforme a la hipótesis del enjambre", donde nos intenta convencer de que el Yo no existe como elemento formado, sino como proceso. Un proceso por el cual nos percatamos "de que somos una unidad para luego poder explorar y reflexionar acerca de ésta y crear un elemento en el tiempo de nosotros mismos". Su premisa se apoya en experimentos de la función somática en donde, por ejemplo, una mano de hule ajena al individuo puede "encarnarse" en su cuerpo, al grado de convertirse en un brazo virtual conectado a su yo: "[N]o sólo se siente que la mano pertenece al cuerpo, sino que un brazo imaginario conecta nuestro hombro con la mano de hule sobre la mesa." Estas "ilusiones" van más allá de la encarnación en el cuerpo, nos muestran la autoconciencia de algo ausente, una especie de creación de realidades e identidades. Sin embargo, no somos conscientes de este proceso de identidad, dice Bauer, lo que importa es el resultado. Así, podemos preguntarnos también qué tan conscientes somos de los procesos éticos que decidimos, pregunta necesaria para la ética aplicada.

La realidad, sin embargo, es más que cuerpo. La cultura es crucial para entender la realidad planteada por Juan M. Argüelles San Millán, Melina Gastélum Vargas y Ximena González Grandón en "Autoconciencia e identidad: dos fenómenos independientes". El sujeto, como ser, dicen los autores, se encuentra en una realidad cultural que integra las creencias y los valores que acompañan la ética. Plantean la conciencia como una facultad mental privativa de los humanos, responsable de la cultura y no sólo de la identidad. Difieren de posturas neurobiológicas somáticas como la de Bauer, porque la identidad "es exógena en el sentido en que involucra las capacidades cognoscitivas del grupo y no endógena porque nuestro cerebro sea por sí solo generador de la identidad". Es por eso que para acceder a la realidad y a la conciencia ética debemos "comenzar a formular demarcaciones que pongan un énfasis distinto en cuanto a los diversos procesos que lleva a cabo el sistema nervioso, en especial en la identidad y en la autoconciencia".

De seguro el lector notó, consciente y subjetivamente, la complejidad en los usos e interpretaciones de los conceptos y hallazgos que contornean la neuroética: cerebro, mente, cultura, decisión, emociones, creencias, libertad, etc. Y es que son elementos tan presentes en nuestra vida que traslapan sus significados en nuestras decisiones diarias. Desde su discusión formal, sin embargo, la confusión debe ser disipada. Los "errores conceptuales en la investigación de la conciencia subjetiva" deben ser señalados y eso es precisamente lo que hace Adrián Espinosa Barrios. La neuroética, dice el autor, "ofrece una oportunidad única para el trabajo interdisciplinario, pero al mismo tiempo se trata de un proyecto de interacción que ofrece grandes problemas metodológicos y conceptuales" que deben ser formulados por la filosofía. El problema es de conceptos que "no están dentro del campo de acción de las ciencias empíricas, sino que son una tarea conceptual propia de la filosofía". Al igual que la ética, "en la vida cotidiana la conciencia (incluida la propia) simplemente está ahí, puesta delante nuestro y posibilitando nuestra vida en sociedad".

La discusión conceptual e interdisciplinaria es bien plateada por Jorge E. Linares Salgado en "Spinoza y la concepción moderna de las emociones morales". Linares nos indica que, en efecto, "es inevitable que siempre tendremos que construirnos una representación aproximada, simbólica y quizá fragmentaria de la actividad del cerebro y de la mente". Esta construcción es un problema de dualidades, "el *afuera* y el *adentro*", porque "estos dualismos todavía nos persiguen cual fantasmas de nuestras representaciones del universo mental [...], están profundamente arraigados en experiencias y apariencias cotidianas, o quizá sean arquetipos de la evolución cerebral".

Este libro es, entonces, un testimonio de las reflexiones y controversias neuroéticas de los participantes en el Coloquio, y brinda un primer impulso al estudio de esta nueva disciplina en nuestra universidad. Creamos nuevos enfoques para generar nuevos especialistas e instalar nuevas visiones en las ciencias analíticas y empíricas, en las naturales y en las sociales. Nos une a los esfuerzos internacionales por llegar a consensos, nos hace interactuar para plantear las preguntas adecuadas y para interpretar los hallazgos experimentales desde una visión más completa.

Capítulo I

ORIGEN Y DESARROLLO DE LA NEUROÉTICA: 2002-2012

Alfonso Canabal Berlanga*

*Es doctor en Medicina por la Universidad Autónoma de Madrid y maestro en Bioética por la Universidad de Murcia. Se desempeña como facultativo especialista en Medicina Intensiva en el Hospital Virgen de la Salud de Toledo, España. Este artículo fue originalmente publicado en la *Revista de Bioética y Derecho*, 28 (mayo de 2013): 48-60. Agradecemos al editor y al autor su autorización para reproducirlo en este libro.

Correo electrónico: alcanabal@telefonica.net

Introducción

En los últimos años se ha experimentado un rápido progreso de las neurociencias con creciente producción de artículos científicos, creación de asociaciones científicas involucradas y desarrollo de tecnología aplicada a su área de acción. Son de importancia los cambios surgidos en el campo de la psicofarmacología, la revisión e investigación sobre las técnicas de estimulación cerebral profunda y el desarrollo de implantes mecánicos u orgánicos; algunas aplicaciones a enfermedades mentales y minusvalías físicas pueden aliviar grandes sufrimientos de personas enfermas. También son innumerables los avances en la neuroimagen, su valoración desde el punto de vista funcional y el conocimiento sobre las "interioridades del cerebro". Estos cambios atañen a la propia esencia del ser humano, su conciencia y pensamiento, los cuales pueden generar cambios sociales importantes, de ahí que la deliberación y el planteamiento ético simultáneos a su avance sean cruciales. El interés por los avances científicos, su repercusión social y filosófica sobre el hombre, su forma de vida, relación con el entorno y semejantes y una gran inquietud por los aspectos éticos han motivado una puesta al día sobre los temas más candentes en la actualidad.

Como metodología se ha realizado una búsqueda bibliográfica utilizando recursos informáticos (16 de junio del 2012). Con las palabras clave descritas en los principales motores de búsqueda de referencias médicas podemos destacar los siguientes resultados: en la *Cochrane library* 11 revisiones con las palabras "neuroscience" o "neuroethic" y "neuroscience and biobehavioral reviews"; en el motor de búsqueda *TripDatabase:* 0 revisiones con la palabra "neuroethic", una revisión sistemática para "neuroscience and biobehavioral reviews", 26 revisiones sistemáticas y 28 sinopsis basadas en la evidencia con el término "neuroscience"; en el *Pubmed*: 180 referencias con el término "neuroethics", 48 de las cuales son revisiones; 140 591 artículos con el término "neuroscience" de los que 9 683 son revisiones; añadiendo el término "neuroscience and biobehavioral reviews" se obtienen 220 referencias de las cuales hay 56 revisiones. Este resultado nos da una idea de las proporciones entre el vertiginoso progreso en la tecnología, la investigación en neurociencias y el debate ético suscitado. Es muy necesario que los expertos en ética enriquezcan con sus aportaciones las dimensiones y repercusiones de estos progresos científicos y tecnológicos.

Evaluando la bibliografía referida, obtenemos una descripción de los hechos históricos y de los debates filosóficos que han fundamentado el nacimiento y desarrollo de la neuroética como una rama de la bioética con identidad propia y con extraordinaria importancia en la actualidad.

Antecedentes históricos recientes de la neuroética

A lo largo de la historia de la humanidad se ha deliberado sobre la relación entre el cerebro y la personalidad. El debate se ha visto incrementado por el avance del conocimiento médico y las correlaciones clínico-patológicas entre el cerebro, el pensamiento y el comportamiento. En ese sentido, las primeras lobotomías frontales las realizó el doctor Egas Moniz en 1935, en pacientes que tenían enfermedad psiquiátrica resistente al tratamiento farmacológico, las cuales también cambiaron la personalidad de los pacientes y, por ello, suscitaron gran preocupación y fueron cuestionadas su pertinencia e indicación (Valenstein, 1986).

Durante el siglo XX pudimos comprobar una deriva ética en las actuaciones de los científicos cuando se dejaron influir por objetivos de tipo político o cultural que nada tenían que ver con la esencia de su profesión, pudiendo destacar esterilizaciones masivas realizadas a principios de siglo en Alemania o en los Estados Unidos. Concretamente, en 1904 la legislatura del Estado de Pennsylvania o la legislatura de Indiana en 1907 promulgaron leyes con fines eugenésicos, con las que se preveía la esterilización obligatoria de criminales confirmados, idiotas, imbéciles y violadores, recomendadas por una Junta de Expertos. Años después comenzó el estudio sobre sífilis en Tuskegee, Estados Unidos (1932), tan conocido por sus repercusiones en bioética. En 1933 se promulgó la Ley de esterilización en Alemania. Sucedió una auténtica obsesión por la mejora de la raza humana y un utilitarismo creciente que tomó un carácter extremo en la experimentación realizada por médicos del Tercer Reich que soslayaron la dignidad del ser humano. La medicina prestó ideología científica al nazismo (higiene racial), eutanasia (eliminación de minusválidos), experimentación no-voluntaria y otros actos "profesionales" aberrantes (ejecuciones, torturas, ensayos de guerra bacteriológica, etc.).

El *Código de Núremberg* (1947), el *Código Internacional de Ética Médica* (1949), el *Código de la Asociación Médica Británica* (1949), la *Declaración de la Asociación Médica Mundial de Helsinki* (1964) y más recientemente el *Informe Belmont* (NCPHS, 1978) sentaron todos los principios éticos en relación con la investigación con sujetos humanos, estableciendo unos criterios de atención a la conducta ética tanto en la investigación biomédica como en la práctica médica.

Se identificaron genes y marcadores genéticos responsables de enfermedades y el debate creció con respecto a las implicaciones de la biología molecular genética. Surgió la preocupación por el uso indebido y acceso a los datos personales de salud y conocimiento de marcadores genéticos por terceras personas o instituciones. Comenzó la gran preocupación por la custodia de los datos referentes a la salud de las personas y la defensa de la privacidad.

Una creciente implicación de la ética en la investigación en neurociencias, tanto por neurocientíficos como por expertos en ética (Pfaff, 1983) provocó una producción científica y filosófica que ha llegado a ser conocida como la neuroética. Esta cada vez más importante investigación del cerebro y el comportamiento llevó a la creación de la International Brain Research Organization, en 1960 y bajo el auspicio de la UNESCO.

En 1995, el Comité Internacional de la UNESCO de Bioética (CIB, fundado en 1993) desarrolló un estudio similar para explorar la ética y las neurociencias (Vincent, 1995: 1-8). El informe puso de relieve la importancia de clarificar el comportamiento ético en la investigación, sobre todo con poblaciones especialmente vulnerables: pacientes con ciertas patologías, niños y las poblaciones en cautividad que pueden tener ciertas limitaciones a la hora de tomar decisiones en libertad y plena autonomía.

Inicio de la neuroética

Se puede hablar de la neuroética como una disciplina con identidad propia desde la reunión celebrada en 2002 en San Francisco, California, organizada por las Universidades de Stanford y de California, en San Francisco. Especialistas de muy diversos campos se reunieron para estudiar y analizar las implicaciones éticas y sociales de la investigación del cerebro (Marcus, 2002). En 2003, la Society for Neuroscience organizó por primera vez una importante conferencia sobre neuroética y en 2005 la misma sociedad empezó a convocar también conferencias sobre el diálogo entre la neurociencia y la sociedad, las cuales han llegado a ser muy conocidas en los medios de comunicación.

En 2006 se constituye la Neuroethics Society como un grupo de estudiosos, científicos, clínicos que, junto con otros profesionales, comparten un interés por las repercusiones sociales, legales, éticas y políticas de los avances de la neurociencia. Un "Editorial" de la revista *Nature* publicado en ese mismo año (2006: 907) trata sobre el desarrollo de tecnologías con iniciativa privada que investigan la imagen cerebral para aplicarla como detector de mentiras u otras medidas relacionadas con la seguridad de la sociedad. Desde ese momento, algunas técnicas de imagen podrían ser utilizadas para poner de manifiesto información privada, íntima de cada uno y esto podría vulnerar derechos humanos e individuales. Otro Editorial publicado en la revista *Science* en 2007 (Greely, 2007: 533) sostenía que el financiamiento y apoyo de las instituciones a la investigación y desarrollo de la neurociencia debían ir parejos con los de la neuroética, siendo ésta la única forma de regular ética y moralmente todos los descubrimientos y progresos de la ciencia.

En 2008 la editorial Springer publica la primera revista específica de neuroética, llamada *Neuroethics*, bajo la dirección de Neil Levy, autor de importante trascendencia en los primeros años de dicha disciplina (Levy, 2007). Asimismo, cabe destacar la reciente fundación de dos centros de investigación dirigidos a la neuroética: el National Core for Neuroethics creado por la Universidad de British Columbia en Vancouver (Canadá) en 2007 con la misión de analizar y estudiar las implicaciones éticas, legales, políticas y sociales de la investigación neurocientífica; y el Oxford Centre for Neuroethics, constituido por la Universidad de Oxford y el Wellcome Trust (Reino Unido) en 2009, cuyo objetivo es el estudio de "los efectos que la neurociencia y las neurotecnologías tendrán en diversos aspectos de la vida humana".

En 2011 podemos destacar la obra de Judy Illes y Barbara J. Sahakian (2011), donde repasan las últimas dos décadas de desarrollo de esta disciplina del saber, en las que se ha visto una evolución sin precedentes en nuestro conocimiento del cerebro y la mente. Cualquier consideración de las implicaciones éticas, jurídicas y sociales de las tecnologías emergentes en la ciencia y la medicina se ha quedado atrás frente al descubrimiento de la propia tecnología.

El aspecto más problemático es que la neuroética y los avances de la neurociencia parecen pretender e incluso forzar esa anticipación a su análisis moral y ético, probablemente porque en el fondo sus descubrimientos pueden variar la percepción ética del conocimiento y comportamiento moral. En esta obra se incluyen como temas principales: la conciencia y la intención, la responsabilidad y el determinismo, la mente y el cuerpo, la neurotecnología, el envejecimiento y la demencia, el derecho y la política pública, la ciencia, la sociedad y las perspectivas internacionales.

La neuroética ha recibido diferentes definiciones

Judy Illes y Thomas Raffin (2002) afirman que la neuroética es una nueva disciplina bioética que ha surgido formalmente en 2002 para agrupar todos aquellos temas teóricos y prácticos que tienen consecuencias morales y sociales en las ciencias neurológicas, tanto en el laboratorio como en la atención sanitaria y en la vida social.

William Safire (2002: 3-9) la define tal y como figura en las actas del Congreso de Neuroética, 13 y 14 mayo de 2002, San Francisco, California: "El examen de lo que es correcto e incorrecto, bueno y malo, en el tratamiento, bien clínico, quirúrgico o ambos, del cerebro humano. O también la invasión no deseada de forma alarmante y la manipulación del cerebro humano."

Es una disciplina que estudia las implicaciones políticas, éticas, legales y sociales de la neurociencia y sus avances en investigación (Bird, 2005: 1310-1316). Estos avances han proporcionado en los últimos años nuevas perspectivas del "yo" y la relación del individuo con la sociedad, pues no sólo han tenido implicaciones en aspectos clínicos, sociales y filosóficos, sino en la misma naturaleza y forma de entender al individuo y su comportamiento (Illes y Bird, 2006: 511-517), así como su enfermar, sus funciones cognitivas y emocionales. Los enigmas en la comprensión de la mente humana y los nuevos tratamientos de las enfermedades mentales con terapias que modifican la biología cerebral obligan a la neuroética a situarse en el centro de un escenario multidisciplinar (Sánchez-Migallón Granados y Giménez Amaya, 2008). Son partícipes de esta rama de la ciencia planteamientos y puntos de vista filosóficos, sociológicos, psiquiátricos, psicólogicos, políticos y biológicos, cada uno de ellos con un punto de vista complementario y necesarios para abarcar este apasionante tema de la relación entre mente, cerebro, comportamiento humano.

La neuroética contempla los efectos de las enfermedades del sistema nervioso e incorpora aspectos más filosóficos como la conciencia de sí mismo, del enfermar psiquiátrico, de la libertad o de la mejora cerebral en el futuro o la manipulación mediante intervenciones externas sobre nuestro cerebro.

Nos encontramos con una disciplina que estudia los grandes temas que definen la vida más íntima del hombre. Según Sergio Sánchez-Migallón (2011), "la neurociencia, al investigar el cerebro y los fenómenos más íntimos de la persona (pensamientos, decisiones, emociones, valoraciones, etc.) toca lo que se considera lo más esencial del ser humano, su supuesta dimensión de identidad libre y espiritual".

ÉTICA DE LA NEUROCIENCIA Y NEUROCIENCIA DE LA ÉTICA

En las definiciones sobre la neuroética se advierten dos visiones diferentes de su relación con la neurociencia. Alina Roskies (2002: 21), a quien se debe la celebrada diferencia entre ética de la neurociencia y neurociencia de la ética, incidiría más en la primera, la moralidad en el desempeño de las investigaciones neurobiológicas en general, y las que conciernen a la evaluación del impacto ético y social de los resultados obtenidos con las técnicas de experimentación neurobiológica. En la misma línea podemos enmarcar a Safire, preocupado con los problemas éticos derivados de la experimentación y manipulación del cerebro humano en la práctica de las neurociencias (Beorlegui, 2008: 181-218). Por otro lado, Michael S. Gazzaniga (2006), aunque estudia la problemática de ambos aspectos (ética de la neurociencia y neurociencia de la ética), se centra más en la primera; aborda los dilemas o problemas morales que se producen a consecuencia del desarrollo de las neurociencias: inicio de la vida cerebral en el desarrollo embrionario, muerte encefálica, manipulación de la capacidad intelectual, memoria, personalidad y responsabilidad moral y penal en sujetos con daño cerebral en el debate libertad-determinismo.

La segunda visión del problema es la neurologización de la neuroética, el estudio de las bases neurológicas y fisiológicas del comportamiento moral. Algunos autores con elevadas expectativas de los descubrimientos científicos esperan una revolución cultural y de la visión ética de la vida humana. Se trataría de una subordinación de la ética a las neurociencias. Según esta orientación de la problemática, el ser humano está capacitado para dar valor moral a las acciones por la carga genética que lo ha dotado de un cerebro evolucionado (Allman, 2003; Mora, 2002). La capacidad moral está subordinada a la base biológica y cerebral. Las neurociencias descubrirán la forma de funcionamiento de los circuitos neuronales y las bases bioquímicas y fisiológicas de su funcionamiento. En esta línea, Patricia S. Churchland (2012), pionera de la neurofilosofía, sostiene que la moralidad se origina en la biología del cerebro, aunque la misma autora dice que para investigar las bases cerebrales de la moralidad necesitamos una teoría moral de base. La clave de aceptar una visión no radicalizada de los avances en el conocimiento científico cerebral está en considerar que aunque se conozcan mejor aspectos fisiológicos del funcionamiento cerebral, no por ello podemos saber cuáles son las claves de los contenidos mentales, además de reconocer dificultades metodológicas en la investigación sobre el funcionamiento cerebral.

Neurofilosofía

La neurofilosofía estudia las consecuencias filosóficas del conocimiento neurocientífico. Asimismo favorece la unificación de los esfuerzos filosófico y científico con el objeto de mejorar la comprensión de la naturaleza humana. Son más constructivas las estrategias multidisciplinarias de abordaje de la investigación cerebral que un enfoque meramente cientificista que no alcanzará los objetivos esperados en el conocimiento de la mente humana. Adela Cortina, filósofa ética, reivindica el papel de la filosofía moral en la discusión científica sobre la investigación neuronal, en lo que coincide con Churchland, pero esta autora está más alineada en la proposición de estudiar las relaciones entre mente y cerebro desde una perspectiva neurocientífica, con lo que acaba reduciendo la mente al cerebro. Cortina (2012) cuestiona las aspiraciones de los neuroéticos de proponer una nueva filosofía de vida con un fundamento cerebral, opina que los datos procedentes de disciplinas evolucionistas y neurocientíficas difícilmente pueden avalar una ética universal. Para ella la filosofía moral es un ámbito del saber racional que trasciende a la neurociencia y las teorías meramente evolucionistas.

Georg Northoff (2009) distingue dentro de la neurofilosofía entre neurofilosofía práctica, empírica y teórica. La primera trata, desde una doble perspectiva, sobre la relación entre ética y neurociencias. La segunda combina conceptos filosóficos con datos empíricos procedentes de la neurobiología y la tercera corresponde a la filosofía de la ciencia de la investigación neurológica.

A continuación haremos un breve esbozo (dada la extensión y profundidad de tema) referente a algunos de los debates filosóficos más importantes planteados actualmente por el desarrollo de la neuroética.

Antonio Damasio (1996) ha desarrollado algunas de las hipótesis más interesantes sobre la relación entre la mente, el cuerpo, los sentimientos y sus bases neurobiológicas. En la relación entre cuerpo

y mente rechaza el dualismo de sustancias o el reduccionismo biológico, ya que la actividad mental desde sus aspectos más simples a los
más sublimes requiere a la vez del cerebro y del cuerpo. El cuerpo tal
como está representado en el cerebro proporciona algo más que el
mero soporte y el marco de referencia para los procesos neuronales:
proporciona la materia básica para las representaciones cerebrales. El
cerebro y el resto del cuerpo constituyen un organismo indisociable,
integrado por circuitos reguladores bioquímicos y neurales que se
relacionan con el ambiente como un conjunto, y la actividad mental
surge de esta interacción.

Otros autores como el profesor Enrique Bonete (2010) iden-
tifican tres debates teóricos que constituyen referencias en la fundamentación de la neuroética: el debate cerebro-mente, libertad-
determinismo y deontologismo-consecuencialismo. Todos enrique-
cen la fundamentación de la neuroética, por lo que a continuación
apuntamos limitadamente la reflexión sobre dichos temas, que por
su amplitud requerirían un estudio detenido y extenso.

El cerebro es nuestro órgano principal, construye nuestro ser
personal y es indispensable para nuestra autoconciencia como seres humanos. Las investigaciones realizadas en las últimas décadas sobre el cerebro han intentado conocerlo mejor y desarrollar
tecnologías capaces de darnos a conocer su funcionamiento y sus
enfermedades, procurando no dañar su estructura ni alterar su función. Los descubrimientos han proporcionado a los filósofos nuevos
dilemas y bases científicas con las que enriquecer la deliberación y
planteamiento filosófico. El enfermar del cerebro no sólo producirá
que se puedan perder capacidades de comunicación, conocimiento,
memoria, lenguaje y reflexión, sino que se puede perder la noción
del entorno, la conciencia de sí mismo y con ello rasgos sustanciales
a la consideración de persona. A la luz de los descubrimientos en
las posibles intervenciones sobre el cerebro, psicofarmacología, trasplantes y prótesis neurológicas, estimulación cerebral eléctrica, etc.,
pueden tener implicaciones en valores y cuestiones morales que se

pueden analizar en su aspecto más práctico o clínico, pero también por la generalización social de dichas intervenciones, también necesitan una dimensión social en su deliberación (pensemos simplemente en el aspecto moral de una "mejora cognitiva" a nivel de la sociedad). Cabe preguntarse hasta qué punto hemos de intervenir y modificar el cerebro, de qué modo se ha de respetar su autonomía, cuáles son sus ventajas e inconvenientes, riesgos y beneficios personales y sociales.

En el debate libertad-determinismo existen dudas filosóficas sobre si la decisión de realizar una acción se hace siguiendo la voluntad libre de un sujeto o se trata de mecanismos de funcionamiento cerebral que están determinados por otros anteriores. Según el profesor Bonete existen muchas dudas de que se pueda demostrar científicamente que nuestras acciones respondan a una acción que surge de una decisión voluntaria y libre, o si bien son el resultado de una ilusión que surge de la actividad inconsciente del cerebro. Serían por tanto acciones dirigidas por nuestro cerebro de forma inconsciente sin ser resultado del ejercicio de la libertad personal, aunque de su revisión y reflexión tengamos la impresión de ser un acto propulsado por la voluntad. Existen complejos experimentos neurocientíficos (Libet *et al.*, 1983: 623-642; Libet, 1985: 529-566) que han intentado profundizar en este debate, el cual hasta hace poco se podía considerar exclusivamente filosófico.

En relación con este debate encontraremos un trabajo muy interesante de José M. Giménez-Amaya y José I. Murillo (2009: 13-46) para entender mejor la naturaleza de la libertad y su inserción en los procesos neurobiológicos. Podremos profundizar analizando su trabajo en los debates entre la libertad, los diferentes tipos de determinismo, la correlación entre el pensamiento, los conocimientos de neurociencias y el funcionamiento cerebral. Podremos comprobar lo útil que es el punto de vista multidisciplinario entre lo puramente científico biológico y otros enfoques, en particular el de la Filosofía. Las nuevas técnicas de neuroimagen no han conseguido mostrar el funcionamiento de nuestro cerebro en su conjunto y de manera unitaria, ni desde el punto de vista cognitivo ni en el campo de la afectividad o la memoria.

En el debate deontologismo-consecuencialismo, según el profesor Bonete existen dos formas de afrontar dilemas éticos sobre los actos humanos y así se establecen de forma diferente unos criterios de moralidad. Las éticas deontológicas establecen ciertos principios o reglas que existen con anterioridad a la acción, mientras que los consecuencialistas se sitúan en los efectos de la acción para demostrar si la regla que hemos seguido posee o no validez. Es la filosofía la que nos da a conocer los rasgos principales de estos modelos, pero investigaciones psicológicas y neurocientíficas investigan y profundizan también sobre estas perspectivas y su base fisiológica. Se ha considerado que los juicios morales deontológicos se apoyan en procesos mentales cognitivos, racionales, mientras que los consecuencialistas respondían a procesos psicológicos emocionales, pero hay planteamientos justo al contrario. Este debate está evolucionando con los estudios científicos que analizan estos aspectos, pues algunos experimentos con tecnología de neuroimagen pueden estudiar si con juicios de tipo deontológico existe una activación cerebral de zonas de pensamiento abstracto, racionalidad y, por tanto, superioridad cognitiva, o bien se activan zonas vinculadas a la emoción. La neuroética filosófica tiene que revisar a la luz de nuevos datos los debates clásicos y analizar en detalle investigaciones con carácter filosófico que suceden en la actualidad. Churchland (1988: 744) refiere que existen limitaciones importantes en la comprensión del proceso cognitivo, a pesar de defender que la neurobiología básica es indispensable en la tarea de descubrir las teorías que explican actividades tales como ver, pensar y ser consciente; refiere que incluso si pudiéramos simular, sinapsis por sinapsis, todo nuestro sistema nervioso, ese logro, por sí solo, no sería lo mismo que entender cómo funciona el cerebro.

El materialismo antropológico intenta explicar la naturaleza humana a partir de los componentes fisiológicos, así como explicar la espiritualidad del hombre con fenómenos biológicos y anatómicos. Existen debates respecto a las teorías evolucionistas en las que el materialismo intenta explicar el origen de la mente mediante un neurobiologicismo funcionalista. Gazzaniga (2006) entiende la neuroética como la búsqueda de una especie de ética integrada en el cerebro con lo que se podrían definir unas respuestas biológicas a los dilemas morales y así llegar a una moral universal. Existen debates actuales respecto a la intimidad y justicia, neurociencia y derecho (Mora, 2007) y la búsqueda de la responsabilidad apoyada en la tecnología. Muy interesante es el debate que establece Sánchez-Migallón en el trabajo "La ambigüedad de la Neuroética". El empeño en buscar una ética guiados sólo por el criterio de su universalidad fáctica (en este caso, neuronal), y no por el de lo bueno y debido, es semejante al intento de buscar el conocimiento mediante el criterio de la aceptación, y no por el de la verdad.

Un planteamiento radical en estas tesis daría como resultado la pérdida del sentido del valor y la dignidad del hombre, que hacen de éste un ser especial en la naturaleza. El pensamiento humano no se ha podido explicar hoy en día con los avances de la tecnología; se intenta encontrar unos patrones de comportamiento, la razón y génesis de la violencia con el funcionamiento del cerebro (Eastman y Campbell, 2006: 311-318), su definición con pruebas de neuroimagen, lo cual plantearía dilemas importantes respecto a si sería pertinente tomar medidas preventivas y a la privacidad de dicho conocimiento. No obstante, existen muchas limitaciones todavía en los resultados obtenidos con estudios de neuroimagen como la resonancia magnética nuclear, como para eliminar el debate mente-cerebro y reducir los hallazgos bajo la mirada de un materialismo científico (Martínez Freire, 2007); con esta técnica de neuroimagen no resulta claro cómo explicar la activación e inhibición de un lugar específico del cerebro, lo que se obtiene es una imagen de un individuo y siempre se trata de normalizar las conclusiones a una generalidad y así poder elaborar un mapa cerebral aplicado a la generalidad de individuos; la propia intervención en la investigación es una limitación metodológica, además de que no poder acceder al mundo inconsciente del cerebro con toda su trascendencia hace que hoy por hoy esté lejos el momento de clarificar los mecanismos de funcionamiento de los contenidos de la mente.

El rápido progreso de la neurociencia produce la necesidad de que se evalúen y se delibere sobre las posibles consecuencias de actuaciones médicas en psicofarmacología, las técnicas de estimulación cerebral profunda, los implantes mecánicos u orgánicos, los avances en la neuroimagen o el diagnóstico precoz de enfermedades mentales. Pero no se trata sólo de valorar aquellas cuestiones éticas en cualquier avance diagnóstico-terapéutico o en el proceso de la investigación médica, sino que la manipulación o intromisión de una experimentación o actuación sobre un ser humano puede atacar o cuestionar directamente la esencia del ser humano, su pensamiento, decisiones, cultura, etc. (Könneker 2003: 56-59).

La neuroética proporciona una oportunidad de superación del enfrentamiento entre el mundo experimental y filosófico, pues permite incorporar al mundo investigador argumentaciones procedentes de disciplinas de tipo más teórico filosófico, conjuntando los hallazgos de la investigación procedente de la neurociencia, biología y neurología con deliberaciones de tipo filosófico moral, siendo esta relación una oportunidad de encuentro interdisciplinario.

Conclusiones

Podemos establecer como fundamentos de la neuroética algunos de los siguientes: una confluencia de conocimientos sobre cerebro humano y la enfermedad, el devenir de la investigación en humanos en el último siglo, los conocimientos de biología molecular y biotecnología, todos y cada uno de los progresos en relación con las implicaciones morales y éticas de los avances en las neurociencias, tal y como Illes y Bird describieron en un artículo publicado en la revista *Trends of Neurosciences* (2006), sobre la neurociencia del yo, del actuar, de la responsabilidad y el amplio capítulo de la autoconciencia.

Los desafíos actuales de las neurociencias son muchos, mientras que la ética de la práctica clínica de la ciencia neural tiene una importancia singular por sus implicaciones en la salud y bienestar de las personas. Entre los nuevos conocimientos en las neurociencias podemos destacar que la producción científica en este terreno es muy abundante, no obstante, no hay una correlación proporcional con la producción científica sobre neuroética, sobre todo cuando se trata de encontrar revisiones o sinopsis basadas en la evidencia. La razón parece obvia: existe gran producción científica y avance vertiginoso desde el punto de vista técnico con estudios y publicaciones, no siempre bien proyectados o planteados, con a veces poca reflexión ética subyacente. El desarrollo tecnológico a menudo no va acompañado de un planteamiento de las repercusiones éticas que surgen del mismo. Los temas que han generado las mayores controversias en los últimos años son aquéllos que afectan a la memoria y la conciencia, el estudio de la lesión cerebral, aspectos legales y de consentimiento en la investigación, afecciones en la infancia de enfermedades neuropsiquiátricas, progresos en técnicas de neuroimagen y sus implicaciones en distintos padecimientos y, lo más inquietante, qué es el comportamiento humano, los conocimientos sobre regeneración neuronal y fisiopatología de los trastornos mentales, los nanorrobots para el tratamiento oncológico cerebral, la estimulación cerebral profunda, etc. Todos y cada uno de estos progresos deberán ser valorados en sus aspectos éticos, sólo así se podrá considerar un auténtico progreso para el hombre, respetando su intimidad, libertad y privacidad, proporcionando oportunidades para mejorar su salud y sus condiciones de vida.

La neuroética pondrá de manifiesto debates éticos sobre los hallazgos de la tecnología y la medicina y le dará una dimensión moral, filosófica, social, etc., tan necesaria en este terreno. No sólo tiene un extraordinario interés lo científico para el hombre, sino todas las demás dimensiones que surgen del conocimiento y que afectan la forma de vivir y la esencia del mismo ser humano.

Los desafíos actuales de la psicología social como consecuencia del desarrollo de la neurociencia y la valoración ética de la misma son de gran trascendencia para el conjunto de la sociedad. La psicología social se ha encargado de describir los procesos cognitivos y las estructuras que influyen en el comportamiento social. Rebasando el ámbito de lo personal, surgen del debate moral y del progreso tecnológico y científico implicaciones en políticas sociales derivadas de dicho conocimiento. La neurociencia está presente en el discurso público y en la formación. La importancia de la difusión del conocimiento y que sus conquistas sean asumidas por autoridades y legisladores son objetivos comunes para la humanidad. Tiene repercusión psicosocial el papel de las neurociencias en la explicación, evaluación y tratamiento del comportamiento de personas dentro del contexto legal, psicología jurídica y forense, inimputabilidad, estudios y explicaciones sobre la violencia, psicopatía, desarrollo mental, aprendizaje, detección de la mentira y engaño. Existen críticas por la evolución de la psicología social al verse demasiado influida por temas de neurociencia, desarrollo cognitivo y la pérdida de puntos de vista tradicionales y temas de estudio más amplios. Lo que sí parece obvio es que falta debate y análisis de cómo los avances científicos del conocimiento del funcionamiento cerebral pueden explicar comportamientos sociales complejos.

Bibliografía

Allman, J. M. 2003. *El cerebro en evolución*. Barcelona: Ariel.

Beorlegui, Carlos. 2008. Ética y neurociencia. Una relación necesitada de clasificaciones. *Letras de Deusto de la Universidad de Deusto*, 38 (119).

Bird, S. J. 2005. Neuroethics. En C. Mitcham (ed.), *Encyclopedia of Science, Technology, and Ethics*. Macmillan Reference.

Bonete, Enrique. 2010. *Neuroética práctica*. Bilbao: Desclée de Brouwer.

Churchland, Patricia y T. J. Sejnowski. 1988. Perspectives in Cognitive Neuroscience. *Science*, 242.

Churchland, Patricia. 2012. *El cerebro moral*. Barcelona, Paidós.

Cortina, Adela. 2012. *Guía Comares de neurofilosofía práctica*. S. L.: Comares.

Damasio, Antonio. 1996. *El error de Descartes: emoción, razón y cerebro humano*. Chile: Andrés Bello.

Eastman, N. y C. Campbell. 2006. Neuroscience and legal determination of criminal responsibility. *Nature Reviews Neuroscience*, 7(4).

Editorial. 2006. Neuroethics Needed. Researchers Should Speak Out on Claims Made on Behalf of Their Nature. *Nature*, 441.

Gazzaniga, Michael S. 2006. *El cerebro ético*. Barcelona: Paidós.

Giménez-Amaya, J. M. y J. I. Murillo. 2009. Neurociencia y libertad. Una aproximación interdisciplinar. *Scripta Theologica*, 41(1).

Greely, H. 2007. On Neuroethics. *Science*, 318.

Illes, Judy y B. J. Sahakian. 2011. *Oxford Handbook of Neuroethics*. Oxford: Oxford University Press.

Illes, Judy y Stephanie J. Bird. 2006. Neuroethics: a modern context for ethics in neuroscience. Trends in Neuroscience. 29(9).

Illes, Judy y Thomas A. Raffin. 2002. Neuroethics: An emerging new discipline in the study of brain and cognition. *Brain and Cognition*, 50(3).

Könneker, C. 2003. La visión materialista de la Neuroética. Entrevista a Wolf Singer y a Thomas Metzinger. *Mente y Cerebro*, 4.

Levy, Neil. 2007. *Neuroethics*. Cambridge: CUP.

Libet, B. 1985. Unconscious cerebral initiative and the role of conscious will in voluntary action. *Behavioral and Brain Sciences*, 8.

Libet, B. *et al.* 1983. Time of conscious intention to act in relation to onset of cerebral activity (readiness-potential). The unconscious initiation of a freely voluntary act. *Brain*, 106.

Marcus, S. J. (ed.) 2002. *Neuroethics*. Nueva York: Mapping the Field, The Dana Press.

Martínez Freire, Pascual. 2007. *La importancia del conocimiento. Filosofía y ciencias cognitivas*. La Coruña: Netbiblo.

Mora, F. 2002. *El reloj de la sabiduría. Tiempos y espacios en el cerebro humano*. Madrid: Alianza.

——. 2007. *Neurocultura. Una cultura basada en el cerebro*. Madrid: Alianza.

National Commission for the Protection of Human Subjects. 1978. *The Belmont Report: Ethical Principles and Guidelines for the Protection of Human Subjects of Research*. Government Printing Office.

Northoff, G. 2009. La conciencia y el libre albedrío y "el yo". *Mente y Cerebro*, 35.

Pfaff, D. W. (ed.) 1983. *Ethical Questions in Brain and Behavior: Problems and Opportunities*. Nueva York: Springer-Verlag.

Roskies, Adima L. 2002. Neuroethics for the New Millenium. *Neuron*, 35.

Safire, William. 2002. Visions for a New Field of "Neuroethics". En S. J. Marcus, (ed.) *Neuroethics*. Nueva York: Mapping the Field, The Dana Press.

Sánchez-Migallón Granados, Sergio y José Manuel Giménez Amaya. Neuroética. En *Philosophica*: http://www.philosophica. info/archivo/20092008/voces/neuroetica/Neuroetica.html.

Sánchez-Migallón, Sergio. La ambigüedad de la "Neuroética". Recuperado el 12-10-15, de http://www.unav.es/cryf/

Valenstein, E. S. 1986. *Great and Desperate Cures: The Rise and Decline of Pyschosurgery and Other Radical Treatments for Mental Illness*. Nueva York: Basic Books.

Vincent, J. D. 1995. *In Proceedings. Third Session*. International Bioethics Committee of UNESCO: Ethics and neurosciences.

Capítulo II

ALGUNAS NOTAS
SOBRE EL LIBRE ALBEDRÍO

Juan Díaz Romero*
Mauricio Díaz Muñoz**

*Maestro normalista. Estudió la licenciatura en Derecho en la UNAM. Se desarrolló profesionalmente en diversos puestos dentro del Poder Judicial. Fue ministro de la Suprema Corte de Justicia de la Nación (1986-2006) y director fundador del Instituto de Investigaciones Jurisprudenciales y de Promoción y Difusión de la Ética Judicial. Es catedrático en la sección de Posgrado de la Facultad de Derecho de la UNAM y autor de numerosos libros, ensayos y tesis. Conferencista por invitación; humanista y estudioso de la naturaleza humana.

**Biólogo por la Facultad de Ciencias y doctor en Investigación Biomédica Básica por la UNAM. Es investigador titular C de tiempo completo en el Instituto de Neurobiología de la UNAM y pertenece al Sistema Nacional de Investigadores nivel III. Su investigación se centra en el estudio del metabolismo energético y la señalización celular, y ha tocado campos diversos como la fisiopatología hepática, elementos de la dinámica del calcio intracelular y las bases bioquímicas de los ritmos circadianos. Es autor de más de 100 publicaciones especializadas y de difusión científica.

Correo electrónico: mdiaz@comunidad.unam.mx

Introducción

El orfeón de simbolismos que es el Génesis bíblico señala que habiendo Jehová creado al hombre, lo puso en el Edén para que gozara de todo lo creado, pero le prohibió que comiera el fruto del árbol que crecía en el centro del paraíso, o sea, el "árbol de la ciencia del bien y del mal"; la orden fue cumplida al pie de la letra, primero sólo por Adán y después con su compañera Eva, pero ésta fue persuadida por la serpiente para desobedecer el decreto con un argumento que ella no podía rechazar: le dijo que si comían del árbol de la ciencia "serían como dioses"… y comieron, con el resultado de que la progenie humana fue expulsada del paraíso, aunque con un conocimiento rudimentario de la ciencia, del bien y del mal; como hombres, nunca seremos dioses: "¡He ahí la falacia de la serpiente! Estamos entre la animalidad y lo angélico", como dice Pico de la Mirandola (2004).

Tal vez de esta dualidad –ángeles o demonios– deriven tantas incertidumbres y vacilaciones con que el hombre tropieza constantemente, como el dilema de saber si sus decisiones, actos, conductas y obras están impresas en nuestro ser como si fueran instintos o si son adoptadas por nosotros con toda libertad, esto es, a nuestro libre albedrío.

Sobre esta alternativa es, precisamente, que versarán las siguientes notas de investigación, empezando por la teoría conocida como determinismo para a continuación hacer referencia a las escuelas sobre la libertad o libre albedrío, con la esperanza de que el contraste entre ambas consideraciones, dando mayor claridad al tema, pueda suplir la falta de profundidad de este trabajo.

Determinismo

Hablar del determinismo es referirse a la doctrina "que reconoce la universalidad del principio causal y que, por lo tanto, admite también la determinación necesaria de la acciones humanas por parte de sus motivos" (Abbagnano, 1999: 312).

Tan parca descripción requiere algunos otros datos a fin de redondear o acercarse más al concepto. Desde luego el determinismo no se está refiriendo a que la acción o decisión que en un momento se realiza o se toma ya estaba prevista desde el origen del ser, esto es, como si estuviera predestinada; no se trata de eso que más bien es una finalidad desde el génesis y que se conoce comúnmente como destino. Lo que en realidad significa el determinismo es la relevancia que da a la relación de causalidad que hay entre un fenómeno natural y su consecuencia, relación que es común o más bien, ordinaria, en la física y en las ciencias naturales en general; por ejemplo, si el agua se calienta a 100 °C a nivel del mar, empieza a hervir; hay una relación causal "necesaria" entre un fenómeno y otro, de modo que dándose el primero, el otro se presenta como consecuencia forzosa. Independientemente de que, como más adelante se hará notar, esto es ordinario pero no principio absoluto en las ciencias duras, el determinismo se caracteriza por entender que la misma relación causal se da en el actuar de los seres humanos y desde este punto de vista bien puede llamarse "predeterminismo", como lo hacen algunos, puesto que su observación los lleva a concluir que toda acción humana no está determinada por el poder del sujeto, sino por el acto que le precede y del que depende como dominante, de modo que, conociendo éste, el otro se da por seguro.

El más relevante de los investigadores que sostuvo el determinismo fue Claudio Bernard (1813-1878), fisiólogo francés que adquirió fama por ser uno de los primeros que aplicó la ciencia a la técnica; en la *Introducción al estudio de la medicina experimental* formuló el determinismo científico que puede llamarse clásico. Dijo:

> El principio absoluto de las ciencias experimentales es un determinismo necesario y consciente de las condiciones de los fenómenos. Si un fenómeno natural cualquiera es dado, nunca un experimentador podrá apreciar la existencia de una variación en la expresión de este fenómeno sin que al mismo tiempo hayan sobrevenido condiciones nuevas en su manifestación. Es más, tiene la certeza a priori de que estas variaciones están determinadas por relaciones rigurosas y matemáticas (Abbagnano, 1999: 313).

Abbagnano agrega: "Explícitamente Bernard extendía también este principio a los seres vivientes" (1999: 313).

Pero el determinismo, como principio absoluto, tal como era aceptado en el siglo xx, ya no puede sostenerse en la actualidad. Paradójicamente, fue precisamente en la física, una de las ciencias duras por antonomasia, donde Werner Heisenberg descubrió en 1930 el principio de indeterminación. Apunta Heisenberg:

> [...] Nuestra descripción usual de la naturaleza y particularmente la idea de una rigurosa causalidad en los acontecimientos de la naturaleza reposan en la admisión de la posibilidad de observar un fenómeno sin influir en él de manera sensible... En la física atómica, sin embargo, a cada observación se relaciona, por regla general, una perturbación finita y hasta cierto punto incontrolable, cosa ésta que era de esperarse desde el principio en la física de las más pequeñas unidades existentes (Abbagnano, 1999: 312).

En similares términos se expresan Max Planck y De Broglie, con lo que se confirma el demérito del determinismo como valor incondicional, ya que si en las ciencias naturales, donde el principio fundamental es el de causalidad, éste resulta disminuido, con mayor razón resulta mermado tratándose de las ciencias humanas, en las que no opera la causalidad, sino la comprensión, aunque es importante señalar que no se borra el determinismo; éste se sigue aceptando, sólo que de manera débil o imperfecta; más bien debería decirse que sigue rigiendo en determinadas dimensiones; es el método de la relación condicional y de la previsión probable.

Esto último, por supuesto, siempre que se trate de las ciencias duras o ciencias naturales, mas no cuando se trata del obrar humano, esto es, de las ciencias humanísticas, como lo pone en evidencia Immanuel Kant cuando escribe:

> Si yo digo de un hombre que lleva a cabo un robo, que este acto es una consecuencia necesaria según la ley natural de la causalidad, de los fundamentos de determinación del tiempo precedente, era, pues, imposible que dejara de realizarse; ¿cómo puede, pues, el juicio según la ley moral hacer aquí una modificación y presuponer que ese acto ha podido, sin embargo, ser omitido porque la ley dice que hubiera debido serlo? Es decir, ¿cómo puede en el mismo momento, teniendo la intención dirigida sobre la acción, ser llamado completamente libre quien en ese tiempo y con esa misma intención está sometido a una inevitable necesidad natural? (Kant, 2010a: 177).

LAS ESCUELAS DE LA LIBERTAD

Si el determinismo enseña, en síntesis, que las acciones del ser humano se pueden explicar como una consecuencia necesaria de su conducta precedente (causa-efecto), según ya se mencionó, en la orilla opuesta se hallan las múltiples corrientes que podrían llamarse de la libertad, que aun cuando coinciden en lo general sobre la aceptación de que en el actuar del hombre, éste tiene autodeterminación, autocausalidad o libertad, difieren, sin embargo, en el grado de autonomía que le reconocen, en sus condiciones y en sus alcances.

Son tantas las doctrinas en esta corriente que sólo asumiendo el riesgo de inexactitudes y superficialidades, como este trabajo hace, se puede realizar la siguiente clasificación somera de tales orientaciones.

Orientación aristotélica

La idea de libertad más absoluta del ser humano, la que en rigor podría llamarse "libre albedrío", fue propuesta por Aristóteles en la maravillosa obra que legó a la posteridad, principalmente en su *Ética nicomaquea* que tanto admira Alasdair MacIntyre (2004).

Toda la concepción filosófica aristotélica sobre la virtud, como punto cardinal de su ética, se funda en el libre albedrío. En un pasaje especialmente sintético, Aristóteles dice:

> [...] la función propia del hombre es una actividad del alma según la razón o que implica la razón, y si, por otra parte, decimos que esta función es específicamente propia del hombre y del hombre bueno, como el tocar la cítara es propio de un citarista y de un buen citarista, y así en todo, añadiéndose a la obra la excelencia, queda la virtud; [...] cada uno se realiza bien según su propia virtud; y si esto es así, resulta que el bien del hombre es una actividad del alma de acuerdo con la virtud, y si las virtudes son varias, de acuerdo con la mejor y más perfecta (Aristóteles, 1985: 6-18).

La razón, esto es, la razón del hombre bueno, lo conduce a la virtud (o virtudes). Por otra parte, siendo el objeto de la voluntad el fin, éste puede variar y conducirnos hacia la virtud o al vicio.

> Y así, tanto la virtud como el vicio están en nuestro poder.
> En efecto, siempre que está en nuestro poder el hacer, lo está
> también el no hacer, y siempre que está en nuestro poder el
> no, lo está el sí, de modo que si está en nuestro poder el obrar
> cuando es bello, lo estará también cuando es vergonzoso [...]
> (Aristóteles, 1985: 1113b, 8-13).

Esta concepción de la libertad incondicional de Aristóteles se halla extendida a lo largo de toda la historia filosófica, aunque con diversas variantes. Abbagnano nos informa, por ejemplo, que para Cicerón "Los movimientos voluntarios del alma no deben requerir una causa extraña, ya que el movimiento está en nuestro poder y depende de nosotros [...]" (1999: 739).

No sólo Cicerón se ve influido por Aristóteles; el pensamiento de éste se extiende a toda la cultura occidental, que en lo fundamental es una secuencia griega, judía y cristiana, por lo cual resulta explicable que haya tenido gran autoridad sobre Tomás de Aquino, que en *Suma contra los Gentiles*, dice: "El libre albedrío es la causa del propio movimiento porque el hombre, mediante el libre albedrío, se determina a sí mismo a obrar" (Abbagnano, 1999: 739).

Kant, por su parte, también recoge la semilla del libre albedrío, refiriéndola en varias ocasiones como "causa sui". En su *Crítica de la razón práctica* señala que el ser racional se considera a sí mismo como determinable sólo por leyes que él se da a sí mismo por la razón, teniendo conciencia de que cuando actúa en contra de esa ley pudo, también, omitir esa acción contraria, pues ésta "con todo lo pasado que la determina pertenece a un único fenómeno de su carácter que él se ha proporcionado y, según el cual, él, como causa independiente de toda sensibilidad, se imputa a sí mismo la causalidad de aquellos fenómenos" (Kant, 2010a: 179).

Como más adelante se hará notar, en una obra posterior Kant modificó un tanto este criterio original, seguramente influido por las entonces nuevas ideas que desencadenaron la Revolución Francesa, que él seguía con vivo interés.

También se puede catalogar dentro de esta orientación aristotélica a Jacques Maritain, quien partiendo del libre albedrío profundiza un poco más para llegar a la autonomía de la personalidad; Juan Manuel Burgos, filósofo de la Universidad Complutense de Madrid, apunta que Maritain entiende:

> […] Que en el hombre existe un dinamismo de la libertad que conduce del libre albedrío (ausencia de coacción) a la libertad de autonomía y de exultación que supone el dominio sobre las propias acciones y sobre el propio yo… ése es el objetivo final de la libertad: la posesión de sí y de la propia interioridad y la activación espontánea de esa posesión (Burgos, 2006: 88).

Lo anterior –sigue diciendo Maritain–, lleva el riesgo de conducir al hombre a dos derrotas o humillaciones: la primera, por cuanto siempre llega un momento en que tu capacidad queda más abajo de tus aspiraciones; la segunda, cuando la vejez te lo impide. Sólo Dios es verdaderamente autónomo (Burgos, 2006: 89).

Es, en fin, una pléyade de pensadores la que sigue este horizonte del libre albedrío. Abbagnano incluye, entre otros, a Henri Bergson y Jean-Paul Sartre (1999: 739-742).

Hay una variación importante de este concepto de libertad que se viene comentando, pues aunque sigue haciéndose consistir en el libre albedrío, éste ya no se concibe como absoluto, sino en cuanto logra captar la sintonía con un orden universal o absoluto, llámese divinidad, naturaleza o Estado. Abbagnano incluye aquí a Spinoza (naturaleza), Hegel (Estado) y otros.

Orientación platónica

En el libro décimo de *La república*, Platón narra lo que se ha conocido como el Mito de Er. Éste era un guerrero armenio que "murió" en batalla, pero cuando ya lo iban a incinerar "revivió" y pudo contar la experiencia que tuvo en el mundo de los muertos: ahí las almas reciben premios o castigos como consecuencia de su comportamiento en vida; en cierto momento, Láquesis –una de las tres parcas– anunció a las almas que iban a reencarnar para una nueva vida y que cada una de ellas debía escoger, como si fuera un paquete, un cierto "género de vida"; había una gran cantidad de éstos, pero no era fácil elegir porque cada uno de ellos guardaba glorias y vergüenzas, honores y descréditos, fortalezas y debilidades, etc. Y las propias almas eran las que debían decidir para que no culparan a nadie, mucho menos a los dioses.

A primera vista, podría pensarse que aquí estamos frente a un "determinismo", puesto que cada uno tiene que vivir el "género de vida" que escogió, pero no es así, porque todos tienen a su libre alcance todo tipo de virtudes o de vicios con los cuales afrontar cada uno de los lances que les depara el "paquete", esto es, manejar su propia vida dentro del marco establecido: cada uno tiene libertad para decidir, aunque dentro de los rangos que le depara su vida; se trata de una libertad finita o limitada.

Abbagnano incluye en esta orientación a Thomas Hobbes y a John Locke (1997:15), aunque debe reconocerse que aquí se aplica a lo que puede entenderse como libertad jurídica o política, que siguiendo el mito platónico del armenio Er, implicaría admitir sólo lo que cada uno aceptó dentro de su paquete de vida, es decir, yo rechazo toda imposición de otro, sólo admito libremente aquello en lo cual intervine con mi aceptación. Así, Locke dice: "La libertad del hombre en sociedad consiste en no hallarse bajo más poder legislativo que el establecido en la nación por consentimiento, ni bajo el dominio de ninguna voluntad o restricción de ninguna ley, salvo las promulgadas por aquél según la confianza en él depositada" (Abbagnano, 1999: 745).

En el mismo sentido, Immanuel Kant, sentando las bases del liberalismo, lo mismo que Montesquieu, observó: "Hay que definir mi libertad exterior (jurídica) como la facultad de no obedecer a las leyes exteriores si no en tanto en cuanto he podido darles mi consentimiento" (Kant, 2010b: 253n).

EL LIBRE ALBEDRÍO VISTO DESDE LA PSICOBIOLOGÍA

Independientemente de las diferentes acepciones filosóficas que se han sintetizado sobre el libre albedrío, es necesario formular un enfoque empírico-analítico que permita su estudio sobre bases psicobiológicas que exprese los esfuerzos por entender el tema desde un punto de vista más cercano a las ciencias biológicas.

En esta parte del ensayo seguiremos el punto de vista de Mahner y Bunge (1997), que enuncia que el método más adecuado para abordar el análisis del libre albedrío, desde la perspectiva psicobiológica, es el *materialismo emergentista*. Se entiende por materialismo emergentista la doctrina monista que postula que el universo es material y que está en continuo flujo. Consiste en una posición que defiende que lo mental es un producto peculiar de lo físico y por su peculiaridad irreductible a lo físico. Dicho de otra forma, inicialmente sólo existe la materia, pero ésta es capaz de desarrollar productos cualitativamente distintos. Sus principales tesis aplicadas a la psicobiología son las siguientes:

- Todos los estados, eventos y procesos mentales son estados del cerebro de algún organismo, o eventos y procesos en el mismo.

- Estos estados, eventos y procesos son emergentes en relación con los de los componentes celulares del cerebro.

- Las llamadas relaciones psicosomáticas son interacciones entre diferentes subsistemas del cerebro, o entre algunos de ellos y otros componentes del organismo, tales como los sistemas muscular, digestivo, endócrino e inmune.

Mediante este enfoque se evita reducir la identidad del cerebro a su función o actividad, por lo que también se evade la reificación de los procesos propios del sistema nervioso y se le da una perspectiva científica al problema mente-cuerpo. No es que el cerebro cause la mente (en cuyo caso serían dos cosas diferentes), sino que la mente es el cerebro en funcionamiento. De lo anterior se sigue que no toda actividad cerebral es mental, y no todos los sistemas neuronales son capaces de llevar a cabo funciones mentales.

Adelantemos la observación de que el ejercicio del libre albedrío es resultado de la actividad cerebral del ser humano. Sin embargo, es necesario puntualizar las bases neurofisiológicas que capacitan al sistema nervioso humano para realizar este proceso. No basta un conjunto de neuronas organizadas en un sistema, es necesario además que el agrupamiento neuronal sea plástico, esto es, que presente conectividad variable a lo largo de la ontogenia. La plasticidad es la propiedad que tienen algunos sistemas nerviosos de mostrar cambios en la estructura, función y organización de sus redes neuronales. Estos cambios hacen posible procesos como el aprendizaje y capacitan a los organismos para una mejor adaptación a su medio ambiente. Por esto, las funciones en sistemas no plásticos no son mentales, por ejemplo, el hambre, la sed y el deseo sexual; lo que puede ser mental *es* la conciencia de cualquiera de estos procesos. Una consecuencia de lo anterior es que todos los animales dotados de sistemas neuronales plásticos, y sólo ellos, son capaces de desarrollar estados o procesos mentales.

El libre albedrío se concreta en cerebros que presentan algo más que la simple actividad mental. El concepto de mente se refiere a un conjunto de actividades específicas, no a alguna entidad, ya sea material o inmaterial (visión dualista). No tiene sentido decir que el cerebro es "la base física" de la mente, tal como no tiene sentido decir que el tubo digestivo es la "base física" de la digestión. De hecho, el libre albedrío requiere no tan sólo de procesos mentales, sino que se sustenta en la más compleja de todas las funciones cerebrales: la conciencia o el autoconocimiento. Es importante distinguir entre la simple reactividad que se reconoce en la mayoría de la materia viviente (irritabilidad), de la capacidad de apercepción que se presenta únicamente en especies que poseen un sistema nervioso central de cierta complejidad. Es la apercepción la facultad que hace posible que un cerebro "conozca", esto es, procese y codifique información ambiental. Nótese, sin embargo, que un animal puede apercibirse de lo que lo rodea pero no de lo que él mismo está sintiendo o haciendo. Por lo tanto, la conciencia definida como el conjunto de los procesos y actividades cerebrales que capacitan el monitoreo (registro, análisis, control o seguimiento) de alguna otra actividad en el mismo cerebro, se considera como la forma superior o más desarrollada de apercepción, pero es necesario puntualizar que es muy probable que los procesos neurofisiológicos involucrados en la apercepción bien podrían ser diferentes de los de la conciencia (Zeki, 1993).

Estar consciente de un proceso mental en uno mismo es estar en cierto estado mental que equivale a que el cerebro esté en ese cierto estado. Por eso se dice que toda conciencia es conciencia de algo. La conciencia sin contenido, como ciertas formas de meditación, no es conciencia en absoluto, sino un cierto estado similar al sueño profundo. Estar consciente de algo es un *estado* del cerebro (tal vez una secuencia de estados o proceso), por lo que no pueden existir "estados de conciencia". Éstos serían ejemplos de reificación.

La conciencia de uno mismo, la llamada autoconciencia, se presenta en sujetos que son conscientes de sus propias percepciones y pensamientos. Parece que el término autoconciencia es redundante, pero se han reportado evidencias en la clínica de que sujetos con ciertas patologías a menudo se confunden sobre la fuente de sus propias experiencias e incluso acciones mentales. Por eso la siguiente definición es pertinente: un animal es autoconsciente, o tiene un yo en un momento dado si y sólo si sabe quién y qué es. Esta definición implica que el sujeto autoconsciente debe recordar con fidelidad aspectos de su pasado (anteroautoconsciente), imaginar o visualizar algo de su propio futuro (pro-autoconsciente) e integrar adecuadamente el momento presente con sus vivencias anteriores y la prospectiva de su devenir (totalmente autoconsciente).

Para que las ideas y premisas anteriores se puedan aplicar al concepto de libre albedrío, es necesario considerar un aspecto extra que es el de la intencionalidad. Sólo algunas de las conductas conscientes son intencionales. Por ejemplo, un acto voluntario puede volverse automático (el manejo de una bicicleta o automóvil), lo que implica que aunque tiende a metas u objetivos, ya no sea intencional. Además, la conducta consciente puede carecer de objetivos, como cuando se "sueña despierto". Los actos de albedrío, sin embargo, son conscientes e intencionales. Es conveniente enfatizar que el libre albedrío no es una entidad sino una actividad neural: el albedrío, como una expresión de un sistema nervioso altamente evolucionado, se debe ejercer con un propósito consciente. Hay que clarificar que los actos voluntarios pueden ser libres u obligados, por lo que el libre albedrío se debe considerar como volición con libre elección de meta, con o sin previsión del posible resultado. Finalmente enunciamos que un sujeto actúa por su propio y libre albedrío si y sólo si su acción es voluntaria y si tiene elección de metas, es decir, no está bajo obligación externa para alcanzar la meta elegida.

La forma anterior de definir el libre albedrío evita la posición de materialistas comunes, así como de positivistas y conductistas, de que el libre albedrío es ilusorio y no asequible por el método científico. Los primeros niegan que pueda ser ejercido por un sistema molecular, y los segundos lo rechazan como inobservable. Asimismo, los idealistas (o espiritualistas) aceptan la noción de libre albedrío, pero le niegan estatus científico porque consideran el acto voluntario libre como impredecible.

A continuación desarrollaremos la noción de que el libre albedrío se puede entender como una propiedad emergente surgida de la interacción del cerebro altamente complicado del *Homo sapiens* con el sistema complejo que se genera en el entorno social que caracteriza la convivencia de los grupos humanos.

Sistemas complejos y propiedades emergentes

Los sistemas complejos están conformados por múltiples componentes cuya interacción es dinámica y altamente sensible a condiciones internas y externas. Por lo regular se conceptualizan como entidades termodinámicas abiertas, esto es, recambian energía y materia con su medio, y alejadas del equilibrio, lo que vuelve su comportamiento no totalmente predecible y en muchas ocasiones hasta caótico. Otra característica distintiva de los sistemas complejos es que son no-lineales. Esto quiere decir que el devenir de esta clase de sistemas no tiene equivalencia directa con la suma de la acción de cada una de sus partes componentes. Por lo anterior, se considera que los sistemas complejos muestran actividades y propiedades que no son deducibles de la naturaleza individual de los elementos que los forman.

No existe una rama de la investigación científica que se encargue de caracterizar a los sistemas complejos. Es necesario un enfoque transdisciplinario para conceptualizarlos, evaluar la dinámica de sus elementos y analizar las propiedades que surjan de sus interacciones.

En la clasificación de los sistemas complejos se reconoce la existencia de sistemas que son capaces de mostrar adaptación a las condiciones azarosas del medio ambiente, lo que les permite responder de manera adecuada a las necesidades externas. En algunas instancias, esta capacidad adaptativa de los sistemas complejos exhibe un potencial de aprendizaje emanado de las vivencias experimentadas.

Es en este contexto que se definen las llamadas propiedades emergentes. Según Luigi-Luisi (2010), el término "emergencia" se aplica a la aparición de propiedades novedosas cuando surge un nivel superior de complejidad a partir de componentes menos complejos, donde "novedosas" significa que dichas propiedades no están presentes en el nivel inferior. Esto se suele condensar en el popular aforismo de que "el todo es más que la suma de las partes", que se identifica de alguna manera con la escuela "holista", en contraparte a la "reduccionista".

La noción de emergencia ya se había puesto en relieve por los químicos del siglo XIX, con el multicitado ejemplo de que la molécula de agua muestra propiedades no predecibles con las características de los átomos individuales de hidrógeno y oxígeno. En la actualidad el concepto de emergencia se ha extendido a campos de la biología y a una variedad de disciplinas como la cibernética, la inteligencia artificial, la dinámica no lineal y la informática. Más recientemente, se ha aplicado la idea de emergencia al lenguaje, la memoria, la evolución biológica y la fisiología del sistema nervioso.

Para fines del presente ensayo, es oportuno mencionar que ya en 2006, Goodenough y Deacon examinaron la aplicación del concepto de emergencia en la esfera humanística, incluyendo la ética y el naturalismo religioso.

El libre albedrío como una propiedad emergente

Como ya se ha hecho notar en la primera parte de este documento, la naturaleza y definición del libre albedrío varía en función de la doctrina filosófica e ideológica que se considere para su estudio y análisis. Sin querer dirimir una polémica tan compleja y con el ánimo de aportar otros elementos de análisis y discusión, en los siguientes párrafos se desarrollará la tesis de que la capacidad de libre albedrío en la especie humana es una propiedad emergente que surge en el contexto de las relaciones sociales que caracterizan a nuestros semejantes.

Muchos vertebrados presentan conductas complejas que en apariencia semejan situaciones de elección, pero que en sentido estricto son respuestas instintivas que se han afinado a lo largo de la evolución. Por ejemplo, la estrategia de caza de muchos carnívoros en la que se "selecciona o elige" una presa a modo y se le atrapa por medio de una acción concertada. Este patrón tan elaborado de conducta es aprendido por generaciones, y es muy complejo en todas las facetas que implica; sin embargo, en ninguna de las etapas en que podríamos dividir estas acciones podemos reconocer algo equivalente al libre albedrío. Los leones sienten hambre y se activa un módulo de respuesta de búsqueda de alimento; la forma comunal en la que conviven les ha enseñado que la búsqueda es más efectiva si se hace de manera grupal. También de manera instintiva y aprendida, unos sujetos persiguen a la presa mientras que otros la acechan y atrapan. En ningún momento reconocemos la autoconciencia que se mencionó en secciones previas haciendo una elección libre.

Los seres humanos son capaces también de acciones complejas y concertadas, pero debe tenerse en cuenta que la capacidad biológica del cerebro humano se expresa de manera completa dependiente de contexto. Esto se debe a que el humano nace con un desarrollo neuronal incipiente, principalmente por la falta de mielinización y de conectividad sináptica eficaz, deficiencias que se superan tras los primeros años de vida. Hay que enfatizar, sin embargo, que no basta la herencia genética para que el infante asegure su maduración y el funcionamiento ortodoxo de su sistema nervioso central. Se ha documentado de forma extensa que niños abandonados en ambientes agrestes o selváticos y que han sido "adoptados" por animales, los llamados "niños selváticos", pierden o no desarrollan muchas de las facultades que caracterizan a los humanos. De hecho, después de ser recuperados es por lo regular muy difícil reintegrarlos a la civilización. Las carencias que exhiben se interpretan al considerar que los seres humanos tienen un periodo crítico en la maduración de sus funciones cerebrales cuya culminación requiere de manera ineludible la convivencia con sus semejantes en un ambiente social propio del género humano. Por lo tanto estos seres humanos, a pesar de sus genes, fenotipo y naturaleza, no son capaces de ejercer su libre albedrío, ya que no desarrollan la autoconciencia requerida para comportarse de forma libre e intencional.

Por lo tanto se sigue que para ejercer el libre albedrío es necesario que el periodo crítico de maduración del sistema nervioso humano se lleve a cabo en tiempo y forma, esto es, en los primeros años de la infancia y en un ambiente social que puede ser familiar o comunal. Es en este aspecto que postulamos al libre albedrío como una propiedad emergente del cerebro "social" de las personas. No es posible deducirlo de la estructura y anatomía cerebral (primates como los bonobos tienen cerebros desarrollados y una estructura social compleja, pero no son autoconscientes), ni tampoco de las relaciones interindividuales de la convivencia en grupo (cinocéfalos como los papiones se organizan en tropas de decenas de individuos en donde se reconocen una gama extensa de jerarquías que sustentan una dinámica social muy intensa y compleja; sin embargo, ni en lo individual ni en lo colectivo se aprecia algo semejante a volición libre y consciente). A diferencia de los sistemas meramente químicos, el sistema complejo que se debe considerar en esta instancia se basa en dos factores: un cerebro complejo y una actividad social que favorezca la maduración y desarrollo del potencial de ese cerebro.

Perspectivas

Sin lugar a dudas, la ciencia moderna impone un enfoque multidisciplinario al estudio y análisis de problemas tan complicados como el de la naturaleza distintiva de los seres humanos. Es un reto aplicar los conceptos y métodos de disciplinas como la neurofisiología y la genómica al entendimiento de las facultades superiores humanas como la ética y el derecho. Será necesaria la creación de nuevos enfoques, la generación de nuevos especialistas y la implantación de una nueva visión que trate de compaginar las ciencias analíticas formales con las ciencias sociales y humanidades. Cuando estas iniciativas fructifiquen, conceptos como el libre albedrío se verán altamente favorecidos.

Bibliografía

Abbagnano, Nicola. 1999. *Diccionario de filosofía*. México: Fondo de Cultura Económica.

Aristóteles. 1985. *Ética Nicomáquea*. Julio Pallí Bonet (trad.). Madrid: Gredos.

Burgos, Juan Manuel. 2006. *Para comprender a Jacques Maritain. Un ensayo histórico-crítico*. Madrid: Fundación E. Mounier.

Goodenough, U. y T. W. Deacon. 2006. Emergence, Ethic and Religious Naturalism. En Philip Clayton (ed.). *Oxford Handbook of Religion and Science*. Oxford: Oxford University Press.

Kant, Immanuel. 2010a. *Crítica de la razón práctica*. México: Porrúa.

———. 2010b. *La paz perpetua (con Fundamentación de la metafísica de las costumbres)*. México: Porrúa.

Locke, John. 1997. *Ensayo sobre el gobierno civil*. México: Porrúa.

Luigi-Luisi, Pier. 2006. *La vida emergente*. México: Tusquets.

MacIntyre, Alasdair. 2004. *Tras la virtud*. Barcelona: Crítica.

Mahner, M. y M. Bunge. 1997. *Fundamentos de biofilosofía*. México: Siglo XXI.

Pico de la Mirandola, Giovani. 2004. *Discurso sobre la dignidad del hombre*. Adolfo Ruíz Díaz (trad.). México: DGP y FE, UNAM.

Platón, 2008. *Diálogos*. Vol. IV: La República. Madrid: Gredos.

Zeki, S. 1993. *A Vision of the Brain*. Oxford: Blackwell.

Capítulo III
LIBRE ALBEDRÍO Y TOMA DE DECISIONES

Víctor Hugo de Lafuente Flores*

* Doctor en Ciencias y desde 2010 investigador en el Instituto de Neurobiología de la UNAM. Realizó sus estudios de doctorado en el Instituto de Fisiología Celular de la misma universidad y una estancia posdoctoral en el Instituto Médico Howard Hughes, en la Universidad de Washington en Seattle. Sus investigaciones se centran en la actividad neuronal relacionada con la percepción sensorial y la toma de decisiones en los sistemas visual y somático. Actualmente desarrolla un proyecto sobre las bases neuronales de la percepción del tiempo en primates. Correo electrónico: lafuente@unam.mx

"La realidad es simplemente una ilusión, aunque una muy persistente."

Albert Einstein

Introducción

La sensación que tenemos de estar a cargo de nuestras decisiones, de tener el control último de nuestras acciones, es una percepción tan arraigada que pocas veces cuestionamos su veracidad. Sin embargo, a medida que las neurociencias aumentan nuestro conocimiento sobre la manera en que el cerebro toma decisiones y genera nuestra conducta, el alcance de lo que llamamos libre albedrío, esa percepción de elegir nuestras acciones a voluntad, se ve cada vez más limitado.

Los neurocientíficos han descubierto que existe actividad cerebral que predice nuestras acciones varios segundos antes de ser conscientes de querer realizar esa acción. Aunque las implicaciones de estos resultados continúan debatiéndose intensamente (Haggard, 2008), es para muchos científicos cada vez más claro que la sensación de estar a cargo de nuestras acciones es una ilusión, un truco que el cerebro juega con la consciencia a fin de generar una imagen coherente y explicable del mundo.

A pesar del determinismo que rige el funcionamiento de nuestro cerebro, el ruido presente en la actividad neuronal evita que nuestra conducta sea del todo predecible. La conciencia que tenemos de nuestras acciones, aun cuando llega después de la actividad neuronal que las genera, permite un cierto nivel de control sobre nuestra conducta en el futuro, algo así como un timón que, siendo incapaz de alterar las corrientes del océano, permite sin embargo cierto control sobre el rumbo del barco.

La ilusión de la voluntad.
Experimentos de Libet, Fried y Haynes

Imaginemos qué sorprendente sería decidir dar un sorbo a nuestra taza de café para voltear y darnos cuenta de que nuestro brazo y mano se han adelantado y que de hecho ya están sosteniendo la taza. Por el contrario, en lugar de sentir que nuestras acciones se adelantan, lo que percibimos normalmente es que nuestras acciones vienen después de la voluntad de realizarlas. La sorpresa que se llevó Benjamin Libet a principios de los años ochenta, estudiando los potenciales eléctricos de las cortezas premotoras en humanos, fue la presencia de actividad neuronal que precedía la voluntad de los sujetos de realizar una acción, tal como si el cerebro se adelantara a las decisiones que los sujetos reportaban haber tomado tiempo después.

Los participantes en los experimentos de Libet realizaban una tarea muy sencilla: mirar el movimiento de una manecilla de reloj para presionar un botón en el momento que ellos así lo decidieran. El reloj se detenía al presionar el botón y los participantes debían retrasar la manecilla para indicar, no el momento en que físicamente presionaron el botón, sino el momento en que tomaron la decisión de presionarlo.

Los resultados muestran que los participantes retrasaban la manecilla, en promedio, 1/5 de segundo (200 milisegundos), indicando que su intención de presionar el botón había precedido, no por mucho, el movimiento de su mano. Pudiera parecer trivial mencionarlo, pero es muy importante notar que en ningún caso los participantes indicaron que la acción de presionar el botón había ocurrido antes de su voluntad de realizar esta acción. Siempre la acción ocurría 200 milisegundos después de su intención de realizarla, lo cual es congruente con la percepción cotidiana que tenemos de que nuestras acciones se encuentran bajo nuestra voluntad. La veracidad de esta percepción, tan arraigada en nuestra consciencia, se puso en entredicho cuando Libet y sus colaboradores analizaron la actividad neuronal de los participantes.

Al mismo tiempo que los participantes realizaban la sencilla tarea de detener el reloj, Libet y colaboradores registraron los potenciales eléctricos en la superficie del cuero cabelludo mediante una técnica llamada electroencefalograma (EEG), la cual refleja la actividad coordinada de grandes grupos de neuronas situados bajo los electrodos de registro.

Para sorpresa de Libet y colaboradores, la técnica de EEG demostró actividad neuronal que reflejaba la intención de presionar el botón hasta casi un segundo antes de que los participantes reportaran haber decidido iniciar el movimiento. Los resultados no hubieran sido sorprendentes si estos investigadores hubieran encontrado, como era su propósito original, actividad neuronal que coincidiera con la intención de los participantes de iniciar una acción. Sin embargo, el descubrimiento de actividad neuronal que precede a la percepción que tenemos de querer realizar un acción fue, por decir lo menos, inesperado.

Vale la pena reflexionar sobre estos resultados por un momento. Antes de realizar cualquier acción, la percepción común es que nuestra voluntad puede decidir el momento de iniciar esa acción. Sin embargo, lo que muestran los resultados de Libet es que para el momento en que una persona decide realizar una acción, su cerebro ya se adelantó y tomó esa decisión desde por lo menos un segundo antes. Lo que esto significa es que esa sensación que tenemos de estar controlando el momento de iniciar un movimiento viene después de que el cerebro ya decidió iniciarlo. La conciencia no hace creer que nuestra voluntad toma una decisión y nuestro cuerpo la lleva a cabo después. Lo que en realidad sucede es que el cerebro toma las decisiones informándole después a la conciencia.

Estos resultados han sido corroborados por numerosos investigadores. En 2011 los experimentos de Libet fueron replicados por el neurólogo Itzhak Fried en humanos a los cuales se les colocó electrodos en diversas áreas del cerebro con el fin de localizar focos epilépticos intratables mediante medicamentos y que debían ser extraídos por cirugía (Fried *et al.*, 2011). Estos electrodos permitieron registrar los potenciales de acción de neuronas individuales en distintas áreas de la corteza cerebral, lo cual representó un gran avance con respecto a la técnica de eeg usada por Libet. Los resultados de estas nuevas investigaciones no sólo corroboraron los resultados de Libet, sino que revelaron que el área motora suplementaria de la corteza cerebral frontal contiene neuronas que predicen el inicio de un movimiento hasta dos segundos antes de que los sujetos sean conscientes de su intención de moverse.

Tanto en los experimentos de Libet como en los de Fried, la acción que los participantes realizaron fue en extremo sencilla: presionar un botón. ¿Será el caso que la actividad que precede a nuestra voluntad aparezca solamente en decisiones triviales como mover un dedo? Para probar esto, el investigador J. D. Haynes, en 2013, le pidió a un grupo de voluntarios que decidieran libremente sumar o restar dos números presentados en un monitor de computadora. Mientras los sujetos sumaban o restaban números, de acuerdo con su propia decisión, Haynes y colaboradores midieron la actividad cerebral mediante resonancia magnética, una técnica que permite medir los cambios en la concentración de oxígeno en la sangre que acompañan los cambios en actividad neuronal (Soon *et al.*, 2013). La ventaja de la resonancia magnética sobre el eeg y los potenciales de acción de neuronas únicas es que esta técnica permite estudiar la actividad del cerebro completo con una resolución espacial cada vez más alta y que actualmente se encuentra por debajo de un milímetro cúbico.

De manera parecida a los experimentos de Libet y Fried, los sujetos decidían libremente el momento de realizar una acción. En estos nuevos experimentos, sin embargo, además de seleccionar libremente el momento en el tiempo, los sujetos decidían también si la operación sería una suma o una resta entre dos números, acción mucho más abstracta que la simple intención de presionar un botón. En entrevistas posteriores a la publicación de los resultados,

Haynes y colaboradores narran que en un principio ellos mismos no creían los resultados que obtuvieron, por lo que realizaron numerosas variantes y controles de sus experimentos. Las imágenes de resonancia funcional mostraron que tanto en la corteza prefrontal como en la parietal existe actividad neuronal que permite predecir si los sujetos van a realizar una suma o una resta hasta con 4 segundos de anticipación al momento en que los sujetos reportan haber tomado la decisión.

Los resultados originales de Libet, así como su confirmación y extensión mediante electrofisiología y resonancia magnética, muestran de manera contundente que la conciencia sobre la intención de realizar un movimiento llega, no al mismo tiempo, sino segundos después de la actividad neuronal responsable de esa acción. La sensación que tenemos de que nuestras acciones siguen a nuestra voluntad es algo que el cerebro genera después de haber preparado una acción de manera inconsciente.

Piedra, papel o tijera

Tanto cazadores como presas pueden aumentar sus posibilidades de éxito si sus acciones resultan impredecibles. Lo mismo en la guerra como en los negocios, un adversario puede vencer a otro si es capaz de predecir sus acciones y tomar medidas por adelantado. En numerosos escenarios es deseable que nuestra conducta sea impredecible.

De acuerdo con la definición de libre albedrío, deberíamos ser capaces de generar decisiones sin influencia de otro factor más allá de nuestra voluntad. Contrario a lo que pudiéramos pensar en primera instancia, es muy difícil ejercer esta libertad, aun esforzándonos.

En el sencillo juego de "piedra, papel o tijera" la mejor estrategia es escoger nuestras respuestas al azar. De esta manera, nuestro oponente no podrá predecir nuestro próximo movimiento.

Si optamos por seguir alguna estrategia del tipo "voy a contestar piedra porque creo que mi oponente va a contestar tijera", el oponente puede usar esta tendencia para predecir nuestros movimientos y escoger una respuesta vencedora. Usar estas estrategias en contra de oponentes humanos puede ser divertido, pero al jugar contra una computadora armada con algoritmos de inteligencia artificial, lo mejor es generar respuestas azarosas. Aunque nos esforcemos en ello, sin embargo, ha sido demostrado repetidamente que no somos capaces de generar secuencias de respuesta verdaderamente azarosas (Rapoport y Budescu, 1997). Lo que se ha observado es que los humanos tendemos a alternar y a balancear demasiado nuestras respuestas con pensamientos del tipo "ya he contestado demasiadas veces piedra ahora voy a contestar tijera". En una secuencia verdaderamente azarosa, la respuesta siguiente no tiene ninguna relación con la anterior. Sin embargo, a nuestro cerebro le resulta muy difícil, si no es que imposible, olvidarse de los acontecimientos anteriores y no tomarlos en cuenta para la siguiente decisión. Algoritmos relativamente sencillos de inteligencia artificial pueden detectar las tendencias en nuestras respuestas y usar esa información para ganarnos en una porción significativa de los juegos, tal como lo puede comprobar cualquiera que se enfrente a una computadora en este juego.[1]

El no poder generar secuencias de respuestas azarosas pudiera parecer una observación trivial, pero nos dice algo muy importante: las decisiones siempre están influidas por nuestras experiencias previas. Tal como nos enseñan los juegos de azar, aun esforzándonos somos incapaces de librarnos de este bagaje al momento de tomar la siguiente decisión. Eso que llamamos voluntad no es nada más que nuestro cerebro decidiendo, sin consultar a la conciencia, el mejor curso de acción, y para ello se basa en nuestra experiencia, conocimiento y expectativas.

---

[1] Consúltese: <http://www.nytimes.com/interactive/science/rock-paper-scissors.html>.

La responsabilidad de nuestras acciones

¿Somos responsables de las acciones que nuestro cerebro toma? Una pregunta mal planteada no puede tener una respuesta congruente. La pregunta asume que las personas tienen un "yo" separado de su cerebro, como si existiera alguna cualidad o característica de nuestra personalidad separada del funcionamiento físico del cerebro. Al preguntar quién es el responsable, estamos suponiendo que existen dos entes diferentes a los cuales se les puede atribuir la responsabilidad. Si nos deshacemos de la dualidad mente-cerebro, aceptando que nuestras acciones son producto de la actividad de nuestro cerebro, la respuesta a la pregunta de si el cerebro es responsable de lo que hace es obvia: nadie más puede ser responsable, nosotros somos nuestro cerebro. Es mi opinión que, además de la responsabilidad individual que tenemos de preparar a nuestros cerebros para tomar las mejores decisiones posibles, como sociedad tenemos la responsabilidad de asegurar que todos tengan acceso a la educación mínima que se necesita para tomar decisiones acertadas.

El cerebro siempre nos engaña

Hemos visto que, contrario a lo que percibimos, nuestras acciones se generan a partir de actividad cerebral de la cual no somos conscientes. ¿Cómo surge, qué mecanismo explica, esa sensación que tenemos de tener el control, de poseer el volante, de estar al mando?

Nuestros cerebros viven en un ambiente cambiante, ruidoso, impredecible y ambiguo. Para analizar el significado y las implicaciones de la información que nos llega, el cerebro elabora modelos sobre el funcionamiento del mundo. Más que una colección fragmentada de hecho sobre el mundo, el cerebro mantiene una especie de maqueta que permite la integración congruente de la información nueva con las experiencias pasadas. Esto es similar a lo que ocurre, por ejemplo, en la industria automotriz, en donde los planos y ecuaciones que describen el funcionamiento de un motor de combustión interna permiten predecir su respuesta ante diversas condiciones. Los modelos que mantiene el cerebro le permiten utilizar la información sensorial para hacer inferencias sobre el estado del mundo exterior. Sin embargo, como en todos los modelos, para hacer uso eficiente de los recursos limitados de cómputo, es necesario hacer muchas suposiciones. El sistema visual, por ejemplo, da por hecho que la iluminación que reciben los objetos proviene de fuentes de luz que se encuentran arriba de nosotros (lo cual no siempre se cumple y puede dar lugar a interesantes ilusiones visuales). Sabe también que el mundo en general es estable y nos evita percibir el movimiento de la imagen sobre la retina que se produce cuando los ojos se mueven. Estas suposiciones son generalmente útiles pues dan orden y coherencia a lo que de otra forma sería un continuo flujo de información en exceso detallada, cambiante y ruidosa. Lo que percibimos no es una representación fiel de los parámetros físicos del mundo, sino una interpretación que nuestro cerebro construye con el objeto de generar conductas motoras óptimas para cada contexto. ¿Por qué el cerebro incluye la sensación de conciencia en sus modelos del mundo? No lo sabemos. Sin embargo, experimentos con pacientes a los que se les ha realizado una callosotomía, interrumpiendo la mayor parte de la comunicación entre los hemisferios cerebrales, han arrojado luz sobre la necesidad que tiene el cerebro de explicarlo todo.

El cuerpo calloso es un haz de fibras que comunica a los hemisferios izquierdo y derecho, y en ciertos pacientes con epilepsia se tiene que seccionar para evitar que un foco epiléptico se propague. Debido a que la comunicación está interrumpida, en estos pacientes es posible presentar información visual a un hemisferio cerebral sin que el otro se entere. Debido a que las funciones del lenguaje se encuentran generalmente en el hemisferio izquierdo, los sujetos sólo pueden describir la información que llega a este hemisferio. La información que llega al hemisferio derecho, aun cuando influye en algunos aspectos de la percepción del individuo, no puede expresarse mediante la narrativa que sólo es capaz de generar el hemisferio izquierdo. Esto fue demostrado por Gazzaniga y sus colegas, los cuales presentaron una imagen diferente a cada hemisferio de un paciente cuyo cuerpo calloso fue seccionado mediante cirugía en el tratamiento de epilepsia (Gazzaniga, 2013).

En los experimentos que Gazzaniga realizó después de la operación, el sujeto debía escoger un objeto que se asociara con una imagen presentada en un monitor de computadora. Cuando al hemisferio izquierdo se le presentó la imagen de una pata de gallina, la mano derecha controlada por ese hemisferio escogió correctamente la imagen de una gallina completa. Cuando al hemisferio derecho se le presentó la imagen del exterior de una casa en la que se apreciaba que había caído nieve, la mano izquierda escogió correctamente la imagen de una pala para nieve.

Después de remover las imágenes originales, le preguntaron a la persona por qué su mano derecha apuntaba hacia una gallina, a lo cual respondió que se debía a que antes había visto la imagen de una pata. Sin embargo, cuando Gazzaniga y colaboradores le preguntaron la razón de que su mano izquierda apuntara hacia una pala de nieve, el sujeto contestó que la pala era necesaria para limpiar un gallinero, una historia a todas luces inventada para dar sentido a la evidencia presente. Lo que sucedió en este experimento fue que el hemisferio derecho, incapaz de hablar y generar narrativa, no pudo explicar la razón de que la mano izquierda hubiera señalado la imagen de una pala de nieve. El hemisferio izquierdo, encargado de generar la narrativa del mundo, tomó el control e inventó una razón para explicar las acciones que el otro hemisferio había realizado.

Los experimentos de Gazzaniga sugieren que el sentimiento de estar en control, de conocer el propósito y el resultado de nuestras acciones, tal vez proviene de la actividad del hemisferio izquierdo, el cual construye narrativas que ayudan a dar sentido a nuestra conducta y a nuestras percepciones.

El papel del ruido en nuestro comportamiento

Al dejar fuera influencias metafísicas como el Yo o el libre albedrío, podría pensarse que nuestro comportamiento está determinado de antemano por la inexorable cadena de causas y efectos que gobiernan el funcionamiento del cerebro. Sin embargo, el determinismo de las leyes físicas que nos rigen está acompañado, se ve compensado, podríamos decir, por la naturaleza ruidosa y en gran medida impredecible de la actividad eléctrica de las neuronas. Desde los estudios pioneros de E. Adrian a principios del siglo xx, sabemos que las respuestas neuronales ante presentaciones repetidas de un mismo estímulo no son idénticas. Debido al ruido inherente a las propiedades eléctricas de las neuronas, la actividad neuronal contiene un nivel de ruido que evita predecir cuál será el estado exacto de una neurona en el futuro. El ruido no está presente solamente en las respuestas sensoriales de las neuronas ante estímulos externos, sino que es inherente a cualquier computación que el cerebro realiza. De esta manera, dos operaciones cognitivas o dos decisiones pueden diferir aun cuando nada haya cambiado en el exterior. Imaginemos que somos capaces de generar una copia idéntica de una persona. Debido a la naturaleza estocástica de las operaciones neuronales, podemos afirmar con seguridad que el comportamiento de estas copias no será idéntico en el largo plazo. Este azar, esta imprevisibilidad, deja lugar para la creatividad y la posibilidad de generar ideas y comportamientos nuevos.

¿Dónde queda nuestra libertad de acción?

Hemos visto que el cerebro toma decisiones y luego informa de ellas a nuestra conciencia, la cual elabora una historia en la que resulta que fue nuestra voluntad la encargada de tomarlas. ¿Cómo podemos modular un proceso en que la conciencia no tiene influencia? La respuesta es que podemos modular las decisiones futuras que todavía no se han tomado.

Numerosas investigaciones en neurociencias sugieren que, en lugar de evaluar la evidencia sensorial para luego escoger el mejor curso de acción, lo que el cerebro en realidad hace es iniciar los planes motores relevantes de manera simultánea, usando la información sensorial para favorecer uno u otro curso de acción (Romo y De Lafuente, 2012; Cisek, 2005). Es decir, en lugar de la secuencia de eventos Información-Decisión-Plan motor, lo que sugieren las investigaciones es que son los planes motores los que determinan las posibles decisiones, es decir Plan motor-Información-Decisión.

Nuestra libertad de acción, entonces, se centra en dotar a nuestro cerebro de planes motores, opciones y alternativas disponibles para las decisiones futuras. Sabemos que, aun cuando estas decisiones sean inconscientes, el cerebro echará mano de las opciones y planes previamente preparados. De esta manera, al prepararnos para las decisiones futuras, estaremos moldeando nuestras decisiones y dotando al cerebro de un repertorio más completo de posibles acciones y alternativas (Shadlen y Roskies, 2012). Disponer de planes de acción con antelación es una manera de influir y decidir conscientemente sobre nuestro comportamiento en el futuro.

Bibliografía

Cisek, P. 2005. Neural representations of motor plans, desired trajectories, and controlled objects. *Cognitive Processing*, 6(1): 15-24.

Fried, I., R. Mukamel y G. Kreiman. 2011. Internally generated preactivation of single neurons in human medial frontal cortex predicts volition. *Neuron*, 69(3): 548-562.

Gazzaniga, M. S. 2013. Shifting Gears: Seeking New Approaches for Mind/Brain Mechanisms. *Annual Review of Psychology*, 64: 1-20.

Haggard, P. 2008. Human volition: towards a neuroscience of will. *Nature Reviews Neuroscience*, 9(12): 934-946.

Libet, B. *et al.* 1983. Time of conscious intention to act in relation to onset of cerebral activity (readiness-potential). The unconscious initiation of a freely voluntary act. *Brain*, 106(3): 623-642.

Rapoport, A. y D. V. Budescu. 1997. Randomization in individual choice behavior. *Psychological Review*, 104(3): 603.

Romo, R. y V. de Lafuente. 2012. Conversion of sensory signals into perceptual decisions. *Progress in Neurobiology*.

Shadlen, M. N. y A. L. Roskies. 2012. The neurobiology of decision-making and responsibility: Reconciling mechanism and mindedness. *Frontiers in Neuroscience*, 6.

Soon, C. S. *et al.* 2013. Predicting free choices for abstract intentions. *Proceedings of the National Academy of Sciences*, 110(15): 6217-6222.

EL FANTASMA EN LA MÁQUINA Y LA TOMA DE DECISIONES

Robert T. Hall*

* Es doctor en Filosofía por la Universidad Drew y en Sociología por la Universidad de Pittsburgh. Es profesor invitado y coordinador del Programa de Bioética de la Universidad Autónoma de Querétaro y autor de varios artículos y 10 libros, incluyendo recientemente *La casuística: una metodología para la ética aplicada* (coordinado con Salvador Arrellano, 2013) y *Bioética de la biotecnología* (con Salvador Arrellano, 2012).

Correo electrónico: bobwvsc@yahoo.com

La materia de este simposio, "Libre albedrío, responsabilidad y toma de decisiones," consiste, en mi opinión, en dos temas distintos: el libre albedrío (problema de la ética teórica) y la toma de decisiones (problema de la ética aplicada). Puesto que no considero al libre albedrío como un problema, éste no tiene mucho que ver con la toma de decisiones. Permítanme explicar.

El libre albedrío y el dualismo cartesiano

Pensar en el problema del libre albedrío es resultado, en palabras de uno de mis profesores, Gilbert Ryle, de un error de categorías, una confusión entre dos conceptos diferentes, muy fijada en nuestra cultura e incluso en nuestro lenguaje.

Cuando era joven, mi tío abuelo irlandés, Billy O'Brien, me preguntaba: "¿Crees que es más frío en el invierno o en el campo?" Para él era graciosa mi confusión. Sentí pena al entender que éstas no eran categorías equivalentes, sino categorías distintas e inconmensurables. El campo es un lugar y el invierno es una temporada. Éste es un ejemplo de un error de categorías.

El profesor Ryle explicó que las "cosas" y los "procesos" son distintas categorías: saber que éste es un edificio es saber un hecho, pero no es igual a saber jugar tenis ni a saber cantar "Las mañanitas", estos últimos son casos de procesos. Cuando pensamos, por error, que la mente o la consciencia son una cosa separada del cerebro, tenemos que imaginar algo más, "un fantasma en la máquina", para poder conceptualizar el proceso de la consciencia. Además, nos lleva a problemas para explicar la relación entre el funcionamiento de este fantasma –mente o consciencia– y el cerebro. Nos preguntamos: ¿cómo funciona este hombrecillo espiritual mirando a la pantalla en nuestro cerebro donde se proyectan nuestros pensamientos?

La mejor conceptualización es que el cerebro forma parte del cuerpo, es cosa, mientras que la mente no es un objeto, sino un proceso que ocurre dentro de o por medio de las neuronas que componen el cerebro. En realidad, el término "mente" es lo que utilizamos frecuentemente para hacer referencia al funcionamiento del cerebro, pero puesto que la imaginamos como una cosa, necesitamos llamarla "proceso mental" para referirnos a la función.

Las funciones del cerebro son la habilidad para pensar en cosas y en fases (el flujo de la experiencia), así como, de hecho, para reflexionar en sí mismo: el proceso de conciencia que Edmund Husserl llamó la perspectiva fenomenológica enfocada en actos o procesos mentales. Así tenemos acceso a este proceso mental de tres maneras: podemos pensar en el cerebro mediante la biología y neurología; imaginar cómo funciona la mente de otra persona mediante la neurobiología y la psicología; y podemos reflexionar sobre nuestros propios pensamientos mediante la fenomenología.

Con respecto al famoso problema mente-cuerpo, seguimos planteándolo como si se tratara de dos cosas. Cometemos un error de categorías. Nuestra filosofía sufre la enfermedad de una esclerosis de categorías. Pero si no suponemos que la máquina tiene un fantasma, no existe el problema del dualismo mente-cuerpo. En el sentido en el que a menudo ha sido objeto de debate en la filosofía, el libre albedrío es en realidad un dilema basado en el supuesto dualismo mente-cuerpo. Se supone que la mente es una cosa y que, por lo tanto, el cerebro determina todas sus funciones. Así que el problema, supuestamente, consiste en cómo tenemos la experiencia de las decisiones libres o si la forma en que funciona la mente es puramente física.

El hecho es que la toma de decisiones y sus acciones son procesos: la manera extraordinaria en la cual el cerebro funciona. Es como la vista o el tacto. Tenemos experiencias conscientes de la vista y el tacto, y aceptamos que ésta es la manera en la cual funcionan las neuronas. La decisión libre es otra función. Aceptamos la capacidad de ver y sentir, pero simplemente no concebimos la capacidad de decidir la manera en cómo funciona el cerebro.

El libre albedrío, en mi opinión, no es problema. Éste es para el bioeticista la determinación de la capacidad de las personas para tomar sus propias decisiones o, más correctamente, para tomar responsabilidad de ellas. La equivocación fue pensar a la mente como una cosa, buscando dónde puede estar localizada, y esto es un error de categoría.

Así que, con respecto a la neurobiología, no es sorprendente que los investigadores descubran que ciertas funciones conscientes tienen lugar en ciertas partes del cerebro. Se ha prestado mucha atención al descubrimiento de que cuando la gente siente empatía por los demás, ciertas partes del cerebro se activan. Pero esto es lo que podría esperarse. Nunca debimos haber pensado que experiencias como la empatía tienen lugar fuera del cerebro. Lo que resultaría sorprendente es que no se pudiera identificar la empatía u otras emociones morales con actividades cerebrales. Creo que se puede decir lo mismo con respecto a los descubrimientos genéticos; el cerebro es, después de todo, un producto del desarrollo genético. Así es de esperarse que haya una configuración genética particular que programa a la gente para la empatía o el altruismo.

Esto nos lleva directamente a la segunda parte del título de este simposio: las decisiones morales y la responsabilidad. La suposición de que la conciencia es una "cosa" ha provocado un problema de determinismo, porque las cosas no tienen libre albedrío. Ésta es la razón por la cual "la máquina necesita un fantasma". Los procesos, sin embargo, incluyen decisiones, por ejemplo, para golpear una pelota de tenis de derecha o de revés.

LA TOMA DE DECISIONES BIOÉTICAS

Como bioeticista, mi enfoque se centra en la toma de decisiones y la responsabilidad. En la bioética, la libertad de albedrio, o lo que llamamos autonomía, es un asunto muy práctico. El médico o el investigador tienen que evaluar a su paciente o sujeto con respecto a su capacidad para tomar sus propias decisiones, para dar su consentimiento informado a su tratamiento o involucrarse en investigaciones, como señala la Ley de Salud.

Cuando hablamos de autonomía o consentimiento informado en la bioética, decimos, por consenso, que una persona es responsable de sus propias decisiones si es capaz mentalmente, si no actúa bajo coacción y si tiene información suficiente. Un testigo de Jehová adulto, maduro, capaz, y con toda información, por ejemplo, puede rechazar el tratamiento con productos de sangre; pero esta persona no puede rechazar el uso necesario de sangre para salvar la vida de su hijo menor, porque el hijo tiene el derecho de crecer hasta la madurez, cuando pueda decidir sobre su propia religión. El testigo tiene el derecho de ser mártir por su fe, pero no hacer mártir a su hijo.

Más problemático es determinar la capacidad de personas con "ideas raras". En una de mis experiencias como parte de un comité de bioética clínica, una señorita de 65 años que necesitaba una operación para remover su vesícula dijo al cirujano que tenía miedo de recibir sangre y que no podía aceptar la sangre de otra persona. Es posible, dijo, que esa sangre proviniera de una persona negra, y no le gustaba recibirla en lo absoluto; tampoco le gustaba la idea de recibir la sangre de una persona homosexual, porque podría adquirir tendencias homosexuales. De hecho, incluso si el donante era una amiga, tenía miedo de que, por medio de esa sangre, fuera a desarrollar atracción por el marido de su amiga. Estaba segura de que si aceptaba la sangre de otra persona iba a arrepentirse el resto de su vida. Aunque sus ideas parecían locas, era problemático decidir si la señorita tenía o no la capacidad para tomar sus propias decisiones, ya que podía hacer uso de su derecho al consentimiento informado y, probablemente, era correcto prever que, después de la operación, ella se habría arrepentido si hubiera sido forzada a someterse al tratamiento con sangre.

Para determinar la capacidad en la bioética clínica usamos estándares funcionales. Es suficiente para indicar su capacidad, si el paciente:

1) puede entender los hechos,
2) puede comunicar,
3) puede apreciar las consecuencias de su decisión,
4) puede formular una decisión con respecto a
   sus valores, deseos, u objetivos y
5) puede mantener una decisión estable por
   un tiempo.

Para afinar esta metodología, serían de gran ayuda las evidencias que la neurobiología pudiera ofrecer para verificar que la persona comprende los hechos, que puede apreciar las consecuencias de su decisión y que puede formular una decisión con respecto a sus valores, deseos u objetivos.

A veces es muy difícil determinar cuándo existen impedimentos a la autonomía o enfermedades que la limiten, especialmente impedimentos neurobiológicos. Un hombre en los Estados Unidos, por ejemplo, fue condenado por pedofilia en la década de los noventa. Antes de su encarcelamiento, le descubrieron un tumor cerebral. Al removerlo, su pedofilia desapareció. Cuando se regeneró el tumor, regresó su pedofilia. Tenía una autonomía dañada y eso afectaba tanto su responsabilidad como la forma en que los tribunales iban a tratarlo. Fue bueno descubrir su impedimento, porque abrió más opciones, tanto para el tribunal como para la libertad del individuo.

Desde la perspectiva de la bioética clínica, otra dificultad es el criterio (o los criterios) de la muerte. A pesar de que la definición de muerte cerebral total está aceptada casi universalmente, hay preguntas sobre el tratamiento de personas en estado vegetativo. Alternativo al concepto de muerte cerebral total se ha sugerido el criterio de pérdida total e irreversible de conciencia (como personas en estado vegetal persistente). Si por medio de la neurotecnología pudiéramos determinar o detectar la conciencia de manera más segura, sería más fácil cambiar la definición de la muerte, y a su vez esto afectaría la disponibilidad de órganos para trasplante.

Otros problemas tienen que ver con el consentimiento informado de sujetos de investigaciones médicas. El asunto principal con respecto al consentimiento informado es: ¿cómo debemos aconsejar a los sujetos de investigación sobre los riesgos de cambios en su personalidad, facultades o habilidades? Hubo un caso trágico, el de Jesse Gelsinger, joven de 19 años. Gelsinger sufría una enfermedad rara y se sometió voluntariamente a un ensayo clínico de medicina genética aprobado por un comité de bioética formado por conocidas expertas. Desafortunadamente, Gelsinger falleció en 48 horas.

Respecto a investigaciones neurobiológicas en seres humanos, los problemas de consentimiento informado no son sencillos. ¿Cómo vamos a explicar a una persona capaz, pero con algunos síntomas de Alzheimer, los riesgos de un ensayo clínico de neuroestimulación magnética o de medicina genética?

La neuro-biotecnología ha proporcionado beneficios potenciales muy importantes. Ahora es posible borrar fobias (agorafobia, acrofobia, paranoia, autismo), eliminar memorias (tortura, experiencia traumática, violación), tratar el desorden obsesivo-compulsivo, mejorar la atención y la memoria. Hay interfaces cerebro-computadora que permiten a las personas que han perdido algún miembro de su cuerpo controlar sus prótesis directamente con su cerebro. Estos avances son importantes, pero en cada caso es necesario asegurarse de la capacidad de decidir de los sujetos.

Además, con los avances de la neurobiología, hay tipos de prácticas que merecen ser consideradas con cuidado:

- La neuroestimulación o estimulación cerebral profunda, en la cual se implantan electrodos en el cerebro para tratar enfermedades como el Parkinson y la depresión severa.

- La estimulación eléctrica transcraneal, que está siendo utilizada para tratar algunos trastornos psiquiátricos y para ayudar a la rehabilitación.

- El uso de las células madres neurales insertadas en el cerebro para el tratamiento de pacientes con accidentes cerebrovasculares y demencias.

- La estimulación magnética transcraneal no invasiva para tratar a los pacientes con depresión y para mejorar las habilidades cognitivas tanto en pacientes como en sujetos sanos.

Esto último, el mejoramiento de habilidades cognitivas en pacientes y sujetos sanos, nos lleva a problemas de futuro inmediato. ¿Cómo vamos a decidir si es o no éticamente apropiado modificar la mente (el proceso cerebral) de una persona?

La cuestión de la eugenesia y la política pública[1]

Normalmente distinguimos la eugenesia negativa (un tratamiento o corrección de deficiencias y anormalidades) de la eugenesia positiva (el mejoramiento o aumento de habilidades). Es más fácil aprobar la

---

[1] La eugenesia tiene una historia larga y despectiva; hay aspectos interesantes en México debido a la influencia de José Vasconcelos. Véase el capítulo 10 de mi libro *Bioética de la biotecnología* (Hall y Arellano, 2012).

eugenesia negativa o terapéutica que la eugenesia positiva. Sin embargo, a veces no es posible distinguir entre tratamiento y mejoramiento. Por ejemplo, ¿una vacuna es considerada un tratamiento preventivo o un mejoramiento del sistema inmune? Incluso una sencilla cirugía de los ojos puede mejorar la visión más de lo que es normal.

En adición con los problemas del consentimiento informado, enfrentamos la cuestión sobre si los "mejoramientos" deben permitirse o no. La eugenesia del inicio del siglo xx, caracterizada por la esterilización, las políticas de migración y el genocidio, fue una atrocidad. Permítanme comentar un caso hipotético adaptado del libro de cuatro filósofos estadounidenses (Buchanan, 2002). Dos individuos están solicitando un puesto en la administración de una gran empresa. Uno tiene un certificado de mejoramiento neurobiológico: un procedimiento genético que le da resultados superiores en pruebas de memoria, habilidad de trabajar en condiciones de estrés y mejor atención a los detalles. Otro solicitante no tiene este certificado. La pregunta ética es si sería injusto o discriminatorio que la empresa ofreciera el puesto al candidato certificado. Los autores proponen que dar prioridad a la persona con certificado de mejoramiento puede ser contrario al principio de igualdad de oportunidad o discriminación por clase social, porque los pobres no pueden pagar un tratamiento costoso. Este argumento, con mucha especulación, me parece futurístico, pero el principio involucrado es importante.

Además, y como caso ejemplar de precedente, los mejoramientos por modificación genética o por cirugía ya existen con respecto a los deportes. En 2012, el Comité Olímpico Sudafricano permitió a Oscar Pistorius, una persona con piernas artificiales, competir en los Juegos Olímpicos de Londres. ¿Acaso sus prótesis le daban alguna ventaja? Al principio, el comité indicó que no era elegible. Posteriormente, el tribunal de deportes le permitió entrar en la competencia. De hecho, en otro concurso, Pistorius se quejó por la naturaleza de la pierna artificial de otro corredor.

El libre albedrío, entendido como problema de consentimiento informado en la bioética, no es cuestión teórica del fantasma en la máquina, sino de la autonomía y de la capacidad de decidir con respecto a la medicina clínica y la participación en ensayos clínicos de investigación. Pensar en la naturaleza de decisiones y acciones implica la lógica de las decisiones; decir que algo es correcto, bueno o malo es la ética teórica. Pensar en la justificación (personal y social) de nuestras acciones y decisiones, incluyendo la capacidad de decidir de manera autónoma y responsable, es la ética aplicada. Para finalizar, con respecto a la justificación de decisiones y acciones en la práctica de la medicina e investigaciones neurobiológicas, podemos decir que la neuroética forma parte esencial de la ética aplicada.

Bibliografía

Buchanan, Allen *et al.* 2002. *Genética y justicia*. Madrid: Cambridge University Press.

Hall, Robert T. y José Salvador Arellano. 2012. *Bioética de la biotecnología*. México: Fontamara.

Capítulo v

CEREBRO, VOLUNTAD Y LIBRE ALBEDRÍO

José Luis Díaz Gómez*

* Investigador del Departamento de Historia y Filosofía de la Medicina en la Facultad de Medicina de la UNAM. Ha sido profesor visitante en las universidades de Arizona y de Santiago de Compostela. Sus intereses han abarcado la neuroquímica, la psicofarmacología, la etnofarmacología, la etología, la ciencia cognitiva y la epistemología. Es autor de 175 artículos científicos y de varios libros, entre los que destacan *La mente y el comportamiento animal* (1994), *El ábaco, la lira y la rosa* (1997) y *La conciencia viviente* (2007), publicados por el Fondo de Cultura Económica.

Sitio web: www.joseluisdiaz.org

Neurociencia de la ética: el tema de la voluntad

Aunque la vida ética no se puede reducir a la actividad cerebral, es inseparable de ella, pues más allá de los problemas morales planteados por la neurociencia básica y clínica (la ética de la neurociencia), la neurociencia de la ética (Roskies, 2007) remite a los correlatos neuronales de la condición ética del ser humano, en particular a los que se refieren a la voluntad, la autoconciencia, la conciencia moral, la conciencia de los otros, la empatía o la compasión. Afirma Juliana González (2011) que las neurociencias deben contribuir de manera decisiva a una refundamentación de la ética al recuperar la trascendencia vital de la conciencia moral. Avanzar en este proyecto implica abordar con las herramientas de la neurociencia cognitiva precisamente aquellos aspectos que constituyen la condición ética del ser humano. Una ética naturalizada necesariamente estará enlazada a la vida y al universo neuronal del cerebro humano, pero esto sólo puede plantearse si consideramos que las redes neuronales son tan abiertas, dinámicas y plásticas como para constituirse como enjambres emergentes y autónomos capaces de albergar los notables fenómenos que nombramos conciencia, voluntad y libre albedrío (Díaz, 2007).

En el presente escrito me referiré, desde la perspectiva de la neurociencia cognitiva, a la voluntad y el libre albedrío que constituyen capacidades mentales elementales e imprescindibles para que puedan ocurrir el resto de las actividades éticas y morales. El conjunto de actividades que tienden al cumplimiento de objetivos conforma la vida mental *propositiva*, la cual incluye la operación más o menos concertada de varios sistemas o funciones mentales particulares, entre los que destacan la motivación, el deseo, la toma de decisiones, la intención y la modulación de la acción. La *motivación* es el conjunto de tendencias, disposiciones o impulsos que suelen desarrollarse con un fuerte tinte afectivo y una clara orientación resultante. El *deseo* consiste en intensas emociones de apetencia y anticipación acompañadas de una representación del objeto o fin deseados. La voluntad también involucra *intenciones* y *toma de decisiones* además de una capacidad resolutiva de selección para planear y encauzar la acción en programas que se estiman eficaces o valiosos. De esta manera, para mejor comprender la voluntad y sus fundamentos y correlatos cerebrales, es conveniente echar una mirada más cuidadosa a cada una de estas facultades y operaciones.

Los diccionarios de nuestra lengua enlistan varios significados respecto al concepto de voluntad. Los más usuales son los siguientes: 1) el deseo o la inclinación para actuar, 2) la elección o intención, 3) aquello que se desea, 4) el proceso consciente de elegir, 5) la acción dirigida a una meta, 6) la capacidad mental que organiza la acción de acuerdo con ideales o principios, y 7) el poder de controlar las acciones y emociones propias. Como sucede con otras facultades mentales, se debe concebir a la voluntad como una capacidad compuesta por una serie de sistemas particulares que se engarzan para dirigir la acción en cauces definidos. El conjunto de actividades mentales deliberadas, resolutivas y decisivas que tienden hacia el cumplimiento de una finalidad u objetivo implica una habilidad para elegir entre disyuntivas haciendo uso patente del conocimiento y del acervo de creencias y valores. Tanto en la formulación de la intención como en el esfuerzo hacia su cumplimiento hay una referencia hacia algo valioso y ausente. De hecho, el apremio y el querer la realización del valor son intrínsecos a la voluntad, que de esta manera se enlaza fuertemente no sólo con el sistema afectivo y otros conjuntos de actividades mentales, sino también con el sistema cultural que configura normas, intereses y expectativas en referencia a aquello que se considera bueno o malo, permitido o prohibido, triunfo o derrota, éxito o fracaso.

LA MOTIVACIÓN Y EL DESEO

La motivación es el conjunto de tendencias, disposiciones o impulsos que suelen engendrarse y desarrollarse fuera de la conciencia con un fuerte tinte afectivo y una clara orientación resultante que inician, guían y mantienen el comportamiento hasta alcanzar una meta u objetivo (Deckers, 2004). Si bien la motivación se constituye por el conjunto de factores que inclinan a realizar determinadas acciones y a persistir en ellas, es posible diferenciar una *motivación intrínseca*, que se define por el placer y reforzamiento que procura el propio comportamiento, de una *extrínseca*, ligada a una recompensa en el medio externo. La motivación y el esfuerzo resultantes son resultado de lo atractiva que se considere la recompensa y la representación mental de la relación entre esfuerzo y recompensa.

De forma tradicional se ha considerado la motivación como una causa de la conducta que se encuentra ligada de manera estrecha a mecanismos fisiológicos básicos de equilibrio u homeostasis, de tal manera que, habiendo perdido una homeostasis funcional, el organismo estaría impelido o "motivado" para recuperar el equilibrio perdido. Desde luego que las conductas así motivadas existen, pero también se sabe que al menos en los seres humanos no son meros reflejos cibernéticos sino que suelen ser objeto de regulación no sólo por elementos cognoscitivos o afectivos, sino por factores externos ecológicos y sociales (Klein, 1982). Tales influencias afectan al comportamiento mediante una modulación de la respuesta de tal manera que en los seres humanos puede ocurrir una conducta orientada hacia la obtención de un objetivo no sólo en ausencia de una necesidad fisiológica, sino muchas veces en contra de ella, según se ve en trastornos de la alimentación como la anorexia, en las huelgas de hambre por motivos políticos o en los ayunos de orden religioso. De esta manera se puede comprobar que aun las motivaciones aparentemente más elementales y fisiológicas están sujetas a control más o menos voluntario a través de expectativas, juicios o valoraciones cognoscitivas vinculadas a la vida social. De hecho es precisamente esta flexibilidad en la conducta dirigida hacia un objetivo lo que le confiere a la motivación una propiedad genuinamente psicológica en el sentido de que no se trata de una serie de reflejos, como sería la siguiente cadena de eventos:

DESHIDRATACIÓN → SED → BÚSQUEDA DE AGUA → BEBER → SACIEDAD

El efecto psicológico de la sed es hacer de la saciedad su objetivo directo, lo cual trasciende el mecanismo puramente fisiológico para convertirse en un dispositivo no sólo motivacional y afectivo, sino también cognoscitivo. La motivación entendida de esta manera constituye una actividad cognoscitiva porque, al estar guiada la conducta por un objetivo ausente (el agua y la saciedad), debe existir algún tipo de representación de éstos para que la motivación ocurra. De esta manera la conducta no está guiada simplemente por un estímulo fisiológico interior, como sería la deshidratación, o incluso por su aspecto o consecuencia psicológicos, como sería la sed, sino por la brecha o pulsión entre un estado fisiológico tal y como se siente conscientemente y un estado potencial de satisfacción que está también registrado en el cerebro debido a la memoria. La ligazón intrínseca que se establece entre el estado motivacional y el afectivo es directa, pues el estado fisiológico de desequilibrio (la deshidratación) no sólo se siente como un estado mental apetitivo (la sed) que genera un anhelado objeto de deseo (¡agua!) sino también acontece que este estado se percibe como intrínsecamente desagradable (la avidez), en tanto que la corrección del desequilibrio, tanto la conducta de beber (el deleite) como la resultante de restablecer la homeostasis de líquidos y electrolitos, se perciben como satisfactorios (la saciedad).

En una continuidad con la motivación difícil de deslindar, el deseo implica no sólo la representación de una satisfacción, sino que el querer o anhelar la realización y el disfrute de algo con anticipación y apremio otorgan a ese algo un valor más general. El apremio y el querer la realización o el disfrute de un valor son entonces intrínsecos al deseo y la palabra *valor* hace una referencia general a algo deseable y ausente. Frondizi (1972) postula que el valor es una cualidad o atribución *sui generis* de un objeto (precisamente *el objeto del deseo*) que modifica actitudes y comportamientos. El deseo es una emoción *propositiva* muy potente que ha sido el centro de numerosas teorías e interpretaciones. Doctrinas tan distantes entre sí, como el budismo, la filosofía de Spinoza o el psicoanálisis de Freud, le adjudican un papel fundamental en la conformación de la mentalidad y la personalidad humanas. Hegel consideraba al deseo como aquello que llena el vacío que se establece entre sujeto y objeto. Los modernos filósofos de la mente plantean al deseo como una actitud proposicional en el sentido de que implica la representación mental de una satisfacción. La liga entre deseo y satisfacción es muy directa e intensa pero puede plantearse que debe ser muy diferente entre los diversos animales y las distintas personas, o incluso entre instancias particulares de deseo en la misma persona. Hay sin duda deseos simples como el mencionado del agua requerida por la sed, pero los hay mucho más complejos, en especial aquéllos que requieren una deliberación, una toma de decisiones y la elección de un curso de acción entre muchos posibles mediante intenciones particulares.

Hace más de medio siglo se realizó un importante hallazgo psicobiológico con técnicas de condicionamiento en cajas de Skinner, en las cuales las ratas podían estimular diversas zonas de su propio cerebro al pulsar la palanca situada en la caja (Olds y Milner, 1954). La autoestimulación de algunas zonas del cerebro fue tan reforzante que las ratas persistían indefinidamente en ella. A partir de estos ingeniosos experimentos se ha determinado que el cerebro está dotado de una red de núcleos que participan de manera central en la sensación de placer o recompensa y en la de displacer y frustración, la cual es de orden aversivo y aun doloroso. Este circuito se sitúa en zonas anterobasales del cerebro y está compuesto de varios núcleos, como el *accumbens* o el *septum* inervados por neuronas de estirpe dopaminérgica provenientes del tallo cerebral, de tal forma que la dopamina y los opioides endógenos locales son los neurotransmisores de mayor relevancia en los circuitos cerebrales del placer y la recompensa.

Estos mecanismos neurobiológicos básicos impactan de diversas maneras la vida volitiva, lo cual queda bien ejemplificado con la enfermedad adictiva, pues se conoce que los fármacos y las actividades que producen habituación, dependencia y adicción tienen una acción predominante en los núcleos del circuito de la recompensa, lo cual se relaciona tanto con el placer de su consumo como con el displacer de su carencia, una vez desarrollados los mecanismos neurobiológicos de la adicción. Estos mecanismos son adaptaciones plásticas de los receptores a los neurotransmisores operantes en este circuito, en particular la dopamina y los opioides endógenos. La discusión sobre la capacidad de elección en el caso de las adicciones, entendidas polarmente como una enfermedad cerebral o como una degradación moral (Hyman, 2007) es un ejemplo relevante de polémica neuroética en torno a la voluntad.

El sistema de recompensa no trabaja por sí sólo, sino insertado en una red mucho más amplia de sistemas cerebrales que participan en múltiples actividades cognitivas, afectivas y volitivas. A pesar de ello, ese sistema tiene una capacidad muy notoria de generar y dirigir acciones incluso en contra de lo que la persona considera adecuado, deseable o justo, como ocurre no sólo en los trastornos adictivos, sino también, en menor medida, con la difícil y prolongada lucha que muchas personas experimentan entre el placer de la comida y la necesidad de una vida sana o una apariencia estética, o en el terreno de la ética, entre la recompensa que promete la venganza y un sentido de justicia. Gran parte de la vida humana se debate en este tipo de encrucijadas.

LA DECISIÓN Y LA PERSUASIÓN

Las decisiones se toman de forma deliberada de acuerdo con proyectos cuya elaboración requiere de selección y renuncia tanto de impulsos y motivaciones como de cursos posibles de acción. De esta manera, la decisión es una capacidad resolutiva de selección entre alternativas para planear y encauzar la acción en programas que se estiman eficaces o valiosos. Necesariamente la decisión implica la representación de resultados y la selección de un programa de acción mediante una deliberación consciente. Se trata de una actividad cognoscitiva ligada al pensamiento por necesitar de la consideración, reflexión y razonamiento de pros y contras, por establecer una crítica del objetivo en términos del valor del objetivo o el costo de la tarea para obtenerlo, pero también ligada a la emoción pues las decisiones se toman en términos de valores y creencias de intenso tono afectivo cuyos contenidos muchas veces no se integran de manera plenamente consciente.

La deliberación consciente entraña tres etapas: 1) una evaluación de motivos, pulsiones o impulsos de tal manera que puedan ser seleccionados aquellos que se consideren más convenientes o útiles e inhibidos los que se consideran potencialmente dañinos o estériles; 2) una evaluación de la utilidad esperada y el balance costo/beneficio de la tarea en términos de la posible adquisición de un bien o valor; y 3) la selección de la alternativa más adecuada y los programas de acción que se estiman más eficaces para lograr el objetivo. Esta tercera etapa de los programas y métodos para seleccionar alternativas, organizar la tarea necesaria y lograr un objetivo de acción, conforma buena parte de las funciones deliberativas del sistema mente-cerebro, pues requiere de la estipulación ordenada y coherente de metas, estrategias, políticas, directrices y tácticas en tiempo y espacio, así como de los instrumentos, mecanismos y acciones que se utilizarán para llegar a los fines deseados. Por múltiples evidencias de comportamientos animales que se pueden considerar morales o justos en un sentido que va más allá de códigos de valores y normas estipulados verbalmente, Bekoff y Pierce (2009) concluyen que los animales superiores realizan operaciones similares a los humanos aunque de forma no verbal o proposicional.

En la neurociencia cognitiva actual se habla de *funciones ejecutivas* como aquellas operaciones ligadas particularmente al lóbulo frontal del cerebro que intervienen en la formulación de planes, toma de decisiones y regulación de las respuestas en referencia a las consecuencias de los actos más que a las dificultades en su ejecución (Goldberg, 2001; Anderson, Jacobs y Anderson, 2008). Las funciones ejecutivas supervisan o modulan otras funciones afectivas y cognoscitivas para proveer una organización, dirección y regulación definida a la acción. Existen múltiples evidencias de que el lóbulo frontal humano, en especial la llamada corteza prefrontal, la porción más anterior del cerebro (Fuster, 1997), interviene en la anticipación y el establecimiento de metas, la formulación de planes y programas, el inicio de operaciones mentales, la autorregulación de tareas y la habilidad de llevarlas a cabo. Varios autores (véase Barkley, 1996) han establecido que las funciones ejecutivas del lóbulo frontal se ejercen por la modulación del control motor mediante una inhibición. Dichas funciones intervienen crucialmente en la ejecución adaptada a situaciones imprevisibles, lo cual permite reconocer obstáculos y completar tareas a pesar de ellos, establecer alternativas e inhibir tareas inapropiadas. En consecuencia, la disfunción frontal que afecta las funciones ejecutivas se liga a actos impulsivos y problemas interpersonales. Las áreas frontales que fundamentan estas funciones ejecutivas son significativamente las últimas porciones del cerebro en madurar plenamente tanto durante la evolución de los primates y los homínidos como en el desarrollo del infante humano. Se hace necesario explicar la agencia no sólo en términos del sistema cerebral que debe involucrar capacidades frontales, sino en términos de la autoconciencia que parece necesaria para que un sujeto ejerza funciones ejecutivas.

El análisis reciente pero ya vigoroso y abundante del papel del cerebro en la toma de decisiones y la evaluación de riesgos y recompensas ha dado origen a la interdisciplina de la neuroeconomía (Glimcher, 2009). Las imágenes cerebrales durante procesos de decisión económica han mostrado que los modelos tradicionales de racionalidad basados en variables externas cuantificadas de costo y beneficio son incompletos al no incluir variables internas de procesamiento cognitivo, afectivo y conativo de información. De forma paralela se han desarrollado análisis cerebrales durante juicios y emociones morales y razonamiento ético (Jonsen, 2002; Gazzaniga, 2005).

Una decisión *racional* no sólo supone una consistencia entre creencias y deseos, sino también que las creencias estén fundadas en evidencia disponible y ostensible de tal modo que la persona pueda dar razones de sus acciones, en particular que la acción seleccionada sea la mejor forma de satisfacer el deseo o al menos una manera efectiva de realizarlo (Elster, 2002). De esta manera las emociones han venido a formar parte de la cognición y a perder su atribución de fuerzas irracionales que determinan la acción ciegamente y, por otra, la racionalidad ha visto extendido su ámbito mucho más allá de un cálculo de probabilidades. El panorama de la decisión se ha vuelto más complejo, pero también más completo, pues la deliberación, la emoción y la creencia aparecen como contornos traslapados que tienen aspectos conscientes e inconscientes. La neurociencia de la toma de decisiones ha otorgado evidencia empírica y con ello mayor solidez a la idea de que este proceso involucra no sólo al lóbulo frontal sino también a la actividad de varias regiones separadas del cerebro involucradas en la percepción, la atención, la memoria y la emoción que van trabajando o activándose en paralelo, como una "línea de ensamblaje," conforme avanzan las distintas etapas de la decisión, desde la evaluación de la información, la representación de alternativas y la decisión de utilizar alguna de ellas (Mercadillo, Díaz y Barrios, 2007; Glimcher, 2009).

Lejos de ser una actividad encapsulada y de naturaleza puramente endógena, la decisión está densamente informada por mensajes persuasivos provenientes del medio social que modifican motivaciones y convicciones. Tales mensajes conforman tácticas tan variadas como la seducción, la retórica (el arte de la persuasión para Aristóteles), la publicidad explícita o subliminal que se enfoca sobre la producción de objetos de deseo con una finalidad mercantil, o la propaganda coercitiva de índole política o religiosa, denominada popularmente "lavado de cerebro", que puede llegar a manifestarse como sumisión voluntaria por parte de la víctima en el síndrome de Estocolmo.

En un experimento reciente de Emily Falk y colaboradores (2010) se llevó a cabo una correlación entre una señal neurológica asociada a un mensaje persuasivo y la modificación de la conducta resultante de este mensaje. El experimento se realizó con sujetos a los que se sometió a un mensaje persuasivo y razonado sobre la conveniencia de usar crema bloqueadora de sol durante una sesión de FMRI que medía la activación de las diferentes zonas cerebrales involucradas en la captación del mensaje. Al terminar la sesión se proporcionó a los sujetos una crema bloqueadora solar sin mencionarles que se les llamaría para constatar si la usaron o no y se les pidió que llenaran un formulario sobre su intención de usarla. Una semana más tarde se les hizo una llamada telefónica para checar el uso de la crema y se correlacionó el nivel de uso reportado con la actividad de varias regiones cerebrales durante la persuasión llevada a cabo una semana antes. La activación de la corteza medial prefrontal, en particular, se asoció a un cambio de conducta en un grado mayor que el autoinforme de actitudes e intenciones. Si bien el cambio conductual no fue medido directamente, en este experimento se planteó que una señal neurológica puede predecir la conducta mejor que el informe del propio sujeto sobre sus intenciones. Esto pone en entredicho el papel tan prominente que se le ha otorgado a las decisiones conscientes como guías del comportamiento al mostrar que una actividad cerebral se relaciona mejor a una modificación de comportamiento que la propia decisión. El experimento se inscribe, como veremos ahora, en una dilatada línea de indagación en neurociencia que ha cuestionado la validez de la voluntad consciente y el libre albedrío.

La intención y la acción

La filosofía de la acción surgió a mediados del siglo pasado a partir del libro *Intention* de la filósofa católica irlandesa Elizabeth Anscombe (1957), discípula de Ludwig Wittgenstein. Anscombe abrió el tema de las relaciones entre intención, acción, deseo y creencia notando, entre otras cosas, la independencia de la intención y la razón, la capacidad para saber cuáles acciones se ejecutan sin necesidad de observarlas o la naturaleza cognitiva y representativa de la intención. Distinguió entre sentidos del término al notar que una cosa es la intención de iniciar un movimiento a propósito, otra la intención como factor mental que acompaña a la acción deliberada y una tercera la finalidad perseguida. Defendió en todo momento la existencia de la agencia en los seres humanos en términos de la intención y planteó a la intención como una orden que exhibe una relación de ajuste entre un acto mental (la voluntad) y un acto motor (el movimiento propositivo).

En otro ensayo clásico de la teoría de la acción, Donald Davidson (1980) aseveró que la acción es un movimiento ejecutado por un agente bajo algún tipo de intención. Las conductas no intencionales, como resbalar y caerse, no son acciones en este sentido restringido por la intención y la voluntad. De esta manera, lo que un agente realiza para desplazar una parte de su cuerpo es figurar un evento motor del que puede dar cuenta por introspección. Esa figuración es una voluntad de mover esa parte de su cuerpo y supone que es causa suficiente de que se deslice esa parte debido a un conjunto ordenado de estados cerebrales, contracciones musculares y desplazamientos del cuerpo o sus partes en el espacio. La Teoría Causal de la Acción derivada de Davidson afirma entonces que la acción es intencional en tanto posee como causa un estado mental como un deseo, una creencia o una intención. Dicha teoría no toma plenamente en cuenta el aspecto subjetivo y fenoménico de la acción intencional, no se refiere a la conciencia, lo cual es una limitante porque las intenciones son elementos mentales en los cuales el agente juega un papel activo, tienen la potencia de producir precisamente aquellos movimientos y resultados que representan (O'Shaughnessy, 1980).

Otra aportación sustancial a la teoría de la intención es el trabajo de John Searle (1983), quien profundizó en el análisis de los diversos tipos de intenciones esbozado por Anscombe. El hecho de que algunas acciones sean previamente planeadas y otras no lo sean no quiere decir que estas últimas carezcan de intencionalidad pues la "intención en acción" conlleva un tipo de intención mental durante la expresión misma del acto. Searle distingue entonces una *representación* de la acción cuando ésta se intenta hacer de la *presentación* consciente durante la experiencia de estar actuando. La distinción tiene algunas dificultades conceptuales que pueden empezar a clarificarse empíricamente con modelos y resultados de la neurociencia cognitiva (Pacherie, 2000; Ibarra y Amoruso, 2011).

Los sujetos humanos suelen producir imágenes motoras de una acción antes de emprenderla, lo cual es una representación del acto en el sentido tanto de los movimientos necesarios como de la meta de una acción. La representación motora y la imagen mental de la acción son para Jeannerod (1997) una y la misma cosa que implica la actividad de una red neural particular. Esta primera no es sólo un movimiento simple del cuerpo o de ciertas características del espacio y el medio ambiente, sino que se trata de una representación de la relación dinámica entre ambos (Pacherie, 2000). Al parecer el lóbulo parietal tiene un papel decisivo en la intención, pues su estimulación eléctrica en humanos se manifiesta como la intención de mover partes del cuerpo sin que ocurra el movimiento (Haggard, 2008).

EL LIBRE ALBEDRÍO

La supuesta capacidad de elegir con libertad entre varias disyuntivas o de engendrar y realizar movimientos y acciones particulares constituye una pieza clave de la ética, de la ley y de la religión. Independientemente de la discusión filosófica acerca de la existencia del libre albedrío en aparente oposición con un determinismo natural, podemos plantear que la voluntad de elección puede ser estratificada en varios niveles de operación (Dennett, 1992; Bermúdez, 1998).

En la Figura 1 se plantea un modelo estratificado de cuatro niveles de voluntad en una jerarquía ascendente de integración y control en la cual cada uno requiere de la consolidación del nivel inferior: un nivel 0 ocurre cuando al presentarse un estímulo se desencadena una acción sin la necesidad de que exista un procesamiento elaborado de información; está constituido por conductas tróficas en donde la acción depende directamente del estímulo, como ocurre con los reflejos. En un nivel 1, que requiere y se desprende del anterior, la elección de una alternativa se realiza mediante una evaluación pragmática de alternativas, aunque el mecanismo de selección se ve regido de manera no conceptual por la correcta percepción de las contingencias ambientales y el contexto; se trata de una aplicación del conocimiento perceptual común a muchas especies animales, como por ejemplo en la disyuntiva entre pelear o huir ante un contrincante. En el nivel 2 de la voluntad se puede hablar de la elección de una conducta debida a un proceso mental más elaborado, donde existe una representación de metas y un cotejo de posibles cursos de acción, es decir en donde la elección ya tiene un claro contenido representacional probablemente restringido a los animales de mayor proporción cerebral. Por último, en el nivel 3 la voluntad estaría regulada por mecanismos aún más complejos, donde operaría en especial la inhibición por creencias y valores de posibles cursos de acción, aún de aquellos impulsados por deseos y motivos (Díaz, 2007:157). Este nivel es aparentemente exclusivo de los seres humanos y es en particular relevante para la ética.

Nivel	Función	Ejemplo
3	Inhibición de deseos y motivaciones por creencias y valores	El deber
2	Representación y cotejo de posibles cursos de acción	Decisión
1	Selección de acuerdo con contingencias percibidas	Huir o pelear
0	Acción dependiente del estímulo	Reflejos, conductas tróficas

Figura 1. Niveles de operación de la voluntad.

Por su parte, en *The Neurophilosophy of Free Will,* Henrik Walter (2001) plantea tres componentes del libre albedrío: 1) la capacidad de elegir entre alternativas (*alternativismo*), 2) la de actuar en función de razones, intenciones, deseos o creencias (*inteligibilidad*) y 3) la de emprender actos y acciones (*originación*). Derivamos entonces la noción de que la voluntad y el libre albedrío tienen niveles de operación que los hacen factibles y capacidades sutilmente diferentes que requieren de mayor elucidación empírica.

En los niveles más elaborados de la voluntad es donde la identidad personal adquiere un sello más definitivo, pues las pulsiones y motivaciones suelen ser múltiples en intensidad y dirección, en tanto que las intenciones y decisiones se toman de forma deliberada de acuerdo no sólo con tendencias, sino también con proyectos, valores y creencias cuya elaboración requiere de selección e inhibición tanto de impulsos y motivaciones como de cursos posibles de acción. La función última de la voluntad es entonces el dar sentido a la existencia y es ese curso lo que de manera más clara define a un individuo tanto para sí mismo como para los otros. En el mismo sentido, el psicoanalista Otto Rank declaró que el ser humano experimenta su individualidad en términos de voluntad, y esto significa que su existencia personal es idéntica a su capacidad para expresar su voluntad en el mundo. En relación estrecha con esta función de individuación, en el entendimiento de la voluntad es importante mencionar el factor que popularmente se llama "fuerza de voluntad", el grado de determinación, firmeza y resolución con el que un sujeto es capaz de llevar a cabo sus decisiones, intenciones o deseos.

Sin entrar en detalles de la extensa discusión sobre la posibilidad del libre albedrío (Dennett, 1992), se plantean cuatro alternativas que se pueden presentar en una tabla de contingencias; dos de ellas se refieren al determinismo (que sea una realidad totalmente determinada o bien que exista indeterminación), y las otras dos al libre albedrío (que se acepte o no que existe tal capacidad) (Figura 2). En referencia a la ética, parece necesario argumentar a favor de un tipo de *compatibilismo*, pues la responsabilidad moral implica el aceptar y mostrar dos hechos: que las acciones provienen de estados mentales como deseos, motivaciones o elecciones y que el sujeto ha sido capaz de decidirlas. En suma, necesitamos mostrar con argumentos lógicos y datos empíricos que el determinismo es compatible con el libre albedrío.

	No hay libre albedrío	Sí hay libre albedrío
La realidad está determinada causalmente	Determinismo duro	Compatibilismo
La realidad no está determinada causalmente	Indeterminismo duro	Libertarianismo

Figura 2. Posiciones en referencia al determinismo y el libre albedrío.

William James, pionero de la psicología científica moderna, en abril de 1870 ponderó las opciones entre determinismo científico y libre albedrío moral y declaró lo siguiente: "My first act of free will shall be to believe in free will" ("Mi primer acto de libre albedrío será creer en el libre albedrío"). Más tarde, hacia 1884, el propio James (1956) elaboró un compatibilismo que reconcilia un determinismo fisiológico con un libre albedrío cuya clave es que la voluntad no nace de la nada, sino que se encuentra determinada por otros factores. Otro filósofo de la mente que argumenta a favor de un compatibilismo es Daniel Dennett (1992), quien defiende que el libre albedrío existe en un mundo causalmente determinado que permite a los humanos la habilidad de actuar de manera impredecible o imprevisible.

Desde la década de los años setenta, el investigador estadounidense Benjamin Libet llevó a cabo una serie de ingeniosos experimentos neurofisiológicos en humanos con relación al movimiento voluntario que en diversos momentos se han considerado evidencias en contra del libre albedrío por el hecho de que se registra un potencial en la corteza premotora del cerebro antes de que el sujeto haya tomado la decisión de mover un dedo en el momento que lo desee (Libet *et al.*, 2000). Sus experimentos fueron realizados en humanos a quienes se registraba el EEG en tanto tomaban la decisión espontánea de mover un dedo y procedían a moverlo. Los sujetos reportaban el momento de su decisión al observar un reloj segundero cuya manecilla se movía muy rápido, de tal forma que el sujeto podía decir en qué milisegundo había tomado la decisión de mover el dedo. Se registraban y se correlacionaban entonces las siguientes variables: el potencial preparatorio, la decisión voluntaria y el inicio de la acción. En general el potencial preparatorio se inicia 500 ms antes de la acción y 300 ms antes de la decisión. Dado que se registra un evento cerebral del cual el sujeto no está consciente y que antecede unos 200 ms a la decisión, se consideró que los eventos cerebrales relacionados a la toma de decisión ya estaban en marcha cuando el sujeto la tomó, de tal forma que la libertad de acción podría ser un epifenómeno de un evento nervioso subyacente en curso.

Si bien los experimentos de Libet son trascendentales por abordar de forma experimental un problema filosófico y existencial de primera magnitud, no parecen ser concluyentes en el sentido de demostrar que el libre albedrío es un epifenómeno que lo hace inoperante o incluso inexistente fuera de una engañosa conciencia de libertad. Por una parte, la prueba involucra el movimiento de un dedo en una situación lejana a la experiencia habitual de los humanos y, en segundo lugar, no se realizó una medida directa del momento de la toma de determinación, sino que los sujetos mismos estimaron su tiempo de decisión, un evento bastante incierto, en especial si se mide en el rango de los milisegundos.

Un experimento del mismo tipo fue realizado hace pocos años en Leipzig mediante el uso de imágenes cerebrales obtenidas por resonancia magnética funcional antes, durante y después de decidir apretar un botón con la mano derecha o con la izquierda. De esta forma Soon *et al.* (2008) registraron eventos cerebrales desde 5 segundos antes de tomar la decisión y pudieron incluso predecir cuál mano se iba a usar desde antes de que el sujeto decidiera. Los autores consideran que la latencia obtenida probablemente refleja la operación de una red de áreas encefálicas de alto nivel de control que preparan una decisión inminente tiempo antes de que la decisión se haga consciente. En este tipo de experimentos es muy importante recordar que el poder deducir que algo sucederá, como predecir con cuál mano el sujeto va a apretar el botón, no equivale a decir que esto debe necesariamente suceder o que ninguna otra cosa podría acontecer. En suma: la predicción es compatible con la libertad de elección.

Estos experimentos muestran que existe una serie de eventos cerebrales inconscientes y preparatorios para la toma de la decisión, pero no demuestran que estos eventos sean una causa única, suficiente y necesaria para que ocurra. En algún momento de este proceso que será difícil determinar, ocurre un estado de volición que necesariamente tiene un correlato nervioso que aún no se conoce.

Un tipo diferente de experimentos sobre el mismo problema involucra la estimulación de zonas cerebrales en pacientes durante neurocirugía realizada con anestésicos locales (Desmurget *et al.*, 2009). En estos estudios se encontró que al estimular la corteza parietal los pacientes sintieron el deseo o el impulso de mover partes de su cuerpo, pero no lo hicieron; en cambio, la estimulación de la corteza frontal premotora produjo movimiento sin conciencia de haberlo realizado. Los autores concluyen que la sensación de intención puede originarse en la corteza parietal, en la cual no se ha encontrado un potencial preparatorio del movimiento, sino sólo en la frontal. Es posible entonces que la intención de mover un dedo involucre la actividad de zonas muy diversas de la corteza cerebral, como ocurre con la parietal que en general no se asocia a la toma de decisiones.

Un argumento *COMPATIBILISTA* desde la neurociencia

Hace más de 30 años, en uno de mis primeros trabajos sobre la epistemología de la conciencia y del problema mente-cuerpo, presenté un argumento neurocognitivo para apoyar un compatibilismo que avenga el determinismo neurofisiológico con la libertad de elección tal y como la experimentamos en la vida diaria (Díaz, 1979 y 2007). Actualizo y formalizo el argumento de tres premisas y una conclusión de esta manera:

- La voluntad es un fenómeno que se ejerce en un estado de autoconciencia (pues durante la conciencia habitual de la vigilia opera un determinismo estímulo-respuesta más automático).

- En tanto estado de conciencia, la voluntad debe tener un correlato nervioso que involucra zonas frontales premotoras y parietales, entre otras.

- Esa red neuronal involucrada en la autoconciencia y la voluntad se activa por ciertas causas (procesos cerebrales de motivación y preparatorios) y tiene consecuencias (procesos cerebrales decisivos y motores que modulan actos deliberados).

- *Por lo tanto*: la libertad de acción o "libre albedrío" es un evento psicofísico compatible con un determinismo neurológico y se rechaza tanto la tesis determinista dura de que un mundo causal es incompatible con la libertad de elección y de acción como la tesis libertaria de que el libre albedrío implica una acausalidad. Las posiciones libertaria y determinista consideradas en conjunto conducen a un buen argumento para afirmar la falsedad de cada una de esas tesis que no resultan lógicamente incompatibles.

El argumento implica y postula que un proceso neurofisiológico de cierta complejidad y topología alcanza con ello la capacidad de autorregulación y dirección. Parafraseando una afirmación previa (Díaz, 2007), se puede decir que una decisión conscientemente tomada, un deseo conscientemente aceptado y una creencia conscientemente ejercida, en tanto tienen un aspecto neurológico de la más alta jerarquía funcional, adquieren direccionalidad y capacidad ejecutiva, por lo que pueden y deben influir en una cadena de eventos nerviosos que desemboquen en comportamientos y acciones dirigidos a metas. La voluntad es entonces un fenómeno real que se puede correlacionar con la actividad e interacción de ciertas zonas cerebrales, actividad que tiene causas y consecuencias. La teoría reconcilia el determinismo con el libre albedrío pues la libertad se experimenta en un estado de autoconciencia que no implica ausencia de causa. La autoconciencia aparece entonces como una capacidad humana del más alto nivel y valor que debe examinarse a la luz de una neuroética básica. En efecto, en el proyecto de naturalización de la ética se vuelve fundamental considerar a la autoconciencia como una capacidad de la más alta jerarquía funcional, pero una capacidad fundamentada en funciones naturales que no requiere de un homúnculo rector extraneural.

La autoconciencia y la *heteroconciencia*: fundamento neurobiológico

Bermúdez (1998) y otros autores (Díaz, 2007) hemos propuesto que la autoconciencia surge y se expresa en el estrato más elevado de una pirámide de funciones orgánicas y fisiológicas que tienen su raíz más básica en la propiocepción, la información proveniente del propio cuerpo en los seres vivos dotados de sistema nervioso central. Ya en animales de escaso desarrollo filogenético la propiocepción informa de los límites y movimientos del propio cuerpo que permiten la navegación en el medio ambiente físico, es decir, el disfrutar de una representación corporal primordial y no proposicional, sino sensorio-motriz que constituye "el andamiaje primitivo del yo" en la idea de Pellicer (2011). Tal representación se convierte más tarde en el desarrollo en una imagen corporal que permite a los simios y homínidos la representación y reconocimiento del propio cuerpo. En los seres humanos tal reconocimiento se torna en una representación semántica que estipula los pronombres en primera persona ("yo", "mi" y "mío") cuyo significado y uso apropiados se adquieren con el desarrollo del lenguaje. A su vez, estas capacidades dan lugar a, o se asocian estrechamente con, la conciencia de la muerte y la conciencia de los otros, para finalmente desembocar en el humano maduro y en funciones de la conciencia moral, fundamento de la ética. De esta manera, la autoconciencia surge de una manera natural y explicable pues preexiste en sistemas de autodiferenciación y reconocimiento de límites de los organismos y se desarrolla arduamente a lo largo de la evolución biológica. Un estadio crucial de esta evolución está en llegar a tener la representación de sí mismos en animales de alto nivel de desarrollo encefálico proporcional, como simios, elefantes y córvidos que son capaces de reconocerse ante el espejo, lo cual es una capacidad estrechamente relacionada con la advertencia de los otros y un desarrollo natural de la empatía (De Waal, 2008).

Varios elementos de la autoconciencia como el comportamiento voluntariamente dirigido, el sentido de agencia o la percepción de uno mismo implican sistemas sensitivo-motores de auto-escrutinio o *automonitorización* del sistema motor (Grande, 2011). Ya Helmholtz en el siglo XIX había notado que cuando movemos los ojos, aunque la imagen exterior se mueve en la retina, vemos al mundo estable y explicó este notable y cotidiano fenómeno proponiendo que la descarga neuronal que ordena el movimiento de los ojos al mismo tiempo envía otro mensaje a las regiones visuales para compensar el movimiento ocular de tal forma que la imagen del mundo se presenta estable en la conciencia visual, a diferencia de cuando movemos el globo ocular con un dedo. El movimiento ocular y de hecho todo movimiento voluntario está intrínsecamente etiquetado como *propio* por el cerebro. Todas nuestras acciones están así monitorizadas y debe existir un modelo de estados motores actuales y anticipados que otorga el sentido de la propiedad del cuerpo y permite diferenciar de manera primaria si el movimiento es autogenerado o está generado por fuerzas externas, como sucede si alguien nos mueve el brazo. La *automonitorización* es entonces otro fundamento fisiológico de antigua raigambre biológica que sustenta a la autoconciencia humana. Estas ideas permiten empezar a explicar cómo un organismo biológico, un individuo, puede monitorear el transcurso de la acción porque existe una representación que se anticipa a ella. Como lo mencionan Ibarra y Amoruso (2011) la acción intencional se encuentra íntimamente vinculada al control del movimiento corporal guiado por un plan motor en el cual está representada la meta como el estado final de la acción.

Es necesario volver a destacar que la voluntad de elección y de acción ocurre y se ejerce en ese estado de conciencia de alto nivel que denominamos autoconciencia, la capacidad de la mente humana y quizá de algunos animales de buen desarrollo encefálico de tener una representación de sí mismos y de observar sus propios estados mentales o sus propios actos. Y si bien se ha reiterado desde Locke que es precisamente la autoconciencia la que permite tener una *heteroconciencia*, una conciencia de los otros y una teoría de la mente ajena, es también posible que la conciencia de los otros haya antecedido en la filogenia y la ontogenia como requisito para el desarrollo de una representación del propio organismo en tanto sujeto y agente. La heteroconciencia, la representación del otro como ser sensible y pensante, ciertamente es un elemento o ingrediente necesario para el fenómeno de la alteridad, pero no es suficiente pues la alteridad implica la conciencia del otro desde la conciencia de uno mismo en una resonancia de empatía. Al parecer los dos sistemas, el de auto y heterorrepresentación, necesitan de un desarrollo para permitir esta representación de la relación y dependencia del Yo (*autoconciencia*) con el Otro (*heteroconciencia*) y que constituye la alteridad en el análisis de los fenomenólogos humanistas como Paul Ricœur y Emmanuel Lévinas; una alteridad que más allá de reconocer al otro, se responsabiliza por él en el contexto de una comunidad de relaciones de interdependencia y reciprocidad sobreponiendo la ética a la ontología. ¿Tiene algo que aportar la neurociencia a esta visión ampliada de la autoconciencia, la heteroconciencia y la alteridad que debe ser parte constitutiva de una bioética laica y moderna? Ciertamente.

El descubrimiento de las llamadas neuronas espejo y de otras que responden a imágenes diversas de personas particulares constituye una información toral, pues el que existan redes de neuronas involucradas no sólo en el movimiento propio, sino en la observación del mismo movimiento y otras en el reconocimiento particular implica la existencia de un sistema de representación de los otros, un sistema biológico de empatía (De Wall, 2008; Rizzolatti y Fabri-Destro, 2010). La investigación y la teoría contemporáneas en neurociencia cognitiva vienen así a sustanciar la idea de que la autoconciencia en relación y reciprocidad con la heteroconciencia es la quintaesencia de la ética, pues sin esa capacidad de observar, criticar y modificar nuestros estados mentales, sin la capacidad de inferir que el prójimo tiene también una conciencia similar a la propia, que es capaz de sufrir, gozar, desear, razonar y de tener voluntad, sin sentirnos responsables y dependientes del prójimo, no habría ética posible.

Agradecimientos

Un primer manuscrito sobre este tema fue presentado en la sesión de Diálogos de Ética y Bioética de la unam el 25 de mayo de 2011 y seguido de una amplia y fructífera discusión. El autor agradece en particular la réplica de Mauricio Cuevas y los comentarios y sugerencias de Paulette Deterlen y Juliana González, pues por ellos fue sustancialmente corregido y ampliado para un libro en prensa del Programa Universitario de Bioética (González y Linares, en prensa). El manuscrito ha sido editado y depurado para la presente publicación.

Bibliografía

Anderson, V. *et al.* 2008. *Executive Functions and the Frontal Lobes. A Lifespan Perspective.* Nueva York: Taylor & Francis.

Anscombe, E. 1957. *Intention.* Ithaca, Nueva York: Cornell University Press. (Existe traducción en español: *Intención.* Barcelona: Paidós, 1957).

Barkley, S. (ed.). 1996. *Perspectives in Behavioral Inhibition.* The John D. and Catherine MacArthur Foundation.

Bekoff, M. y J. Pierce. 2009. *Wild Justice: The Moral Lives of Animals.* Chicago: The University of Chicago Press.

Bermúdez, J. L. 1998. *The Paradox of Self Consciousness.* Cambridge: The MIT Press.

Cheshire, W. P. Materias grises: Neurociencia, matiz y neuroética. Alejandro Field (trad.). En: *El Centro para la Bioética y la Dignidad Humana.* Recuperado el 4 junio de 2011: http://www.bioethix.net/resources/neuroethics/cheshire_2006-12-01_es.htm.

Davidson, Donald, 1980. *Essays on Actions and Events.* Oxford: Oxford University Press.

Deckers, L. 2004. *Motivation. Biological, Psychological, and Environmental.* Allyn & Bacon.

Dennett, D. C. 1992. *La libertad de acción.* México: Gedisa.

Desmurget, M. *et al.* 2009. Movement Intention after Parietal Cortex Stimulation in Humans. *Science,* 324(5928): 811-813.

Díaz, J. L. 1979. Un enfoque sistémico de la relación mente-cerebro: hacia una reconciliación del determinismo y el libre albedrío. En A. Fernández-Guardiola (ed.). *La conciencia.* México: Trillas, 107-120.

———. 2007. *La conciencia viviente.* México: Fondo de Cultura Económica.

Elster, J. 1999. *Alchemies of the Mind.* Reino Unido: The Press Syndicate of the University of Cambridge.

Falk, E. B. *et al.* 2010. Predicting Persuasion-Induced Behavior Change from the Brain, *The Journal of Neuroscience*, 30: 8421-8424.

Frondizi, R. 1972. *¿Qué son los valores?* México: Fondo de Cultura Económica.

Fuster, J. M. 1997 (3a ed.). *The Prefrontal Cortex. Anatomy, Physiology and Neuropsychology of the Frontal Lobe.* Philadelphia: Lippincott-Raven.

Gazzaniga, M. S. 2005. *The Ethical Brain.* The Daba Press.

Glimcher, P. W. 2009. *Decisiones, incertidumbre y el cerebro. La ciencia de la neuroeconomía.* México: Fondo de Cultura Económica.

Goldberg, E. 2001. *The Executive Brain. Frontal Lobes and the Civilized Mind.* Oxford: Oxford University Press.

González, J. 2011. Conciencia y neuroética. *Ciencia* (México) 62: 18-23.

Grande García, I. 2011. En busca del yo: ¿Por qué la conciencia requiere de la autoconciencia? *Ciencia* (México) 62: 48-57.

Hyman, S. 2007. The Neurobiology of Addiction: Implications for Voluntary Control of Behavior. *The American Journal of Bioethics*, 7: 8-15.

Ibarra, R. A. y L. Amoruso, 2011. Acción intencional, intención en acción y representaciones motoras: Algunas puntualizaciones sobre la teoría causal revisada y su posible articulación con la neurociencia cognitiva de la acción. *Revista Argentina de Ciencias del Comportamiento*, 3(1): 12-19.

James, W. 1956. *The Will to Believe and Other Essays in Popular Philosophy.* Nueva York: Dover.

Jeannerod, M. 1997. *The Cognitive Neuroscience of Action.* Oxford: Blackwell.

Jonsen, A. R. 2002. Neuroethics: From Plato's Republic to Today. En *Neuroethics: Mapping the Field* (273-277). Nueva York: The Dana Press.

Klein, S. B. 1982. *Motivation. Biosocial approaches.* McGraw-Hill College.

Libet, B., A. Freeman y K. Sutherland. 2000. *The Volitional Brain.* Imprint Press.

Haggard, P. 2008. Human volition: towards a neuroscience of will. *Nature Reviews of Neuroscience,* 9: 934-946.

Marks, J. (ed.). 1986. *The Ways of Desire.* Precedent.

Maslow, A. 1954. *Motivación y personalidad.* Barcelona: Sagitario.

Mercadillo, R. E., J. L. Díaz y F. A. Barrios. 2007. Neurobiología de las emociones morales. *Salud Mental,* 30(3): 1-11.

O'Shaughnessy, B. 1980. *The Will.* Cambridge: Cambridge University Press.

Pacherie, E. 2000. The content of intentions. *Mind and Language,* 15: 400-432.

Pellicer, F. 2011. Conciencia y visión: la mirada dentro del ojo. *Ciencia* (México) 62: 40-47.

Rizzolatti, G. y M. Fabbri-Destro. 2010. Mirror neurons: from discovery to autism. *Experimental Brain Research,* 200(3-4): 223-237.

Roskies, Adina L. 2007. Neuroethics for the New Millenium. En W. Glannon (ed.). *Defining Right and Wrong in Brain Science.* Nueva York: Dana Press, 12-18.

Schroeder, T. 2004. *Three faces of desire.* Oxford: Oxford University Press.

Searle, J. 1983. *Intentionality.* Cambrige: Cambrige University Press.

Soon, C. S. *et al.* 2008. Unconscious determinants of free decisions in the human brain. *Nature Neuroscience,* 11: 543-545.

Thagard, P. 2005. *Mind: Introduction to Cognitive Science* (2ª ed.). Cambridge, Ma.: The MIT Press.

Waal, F. B. M. de. 2008. Putting the altruism back into altruism: the evolution of empathy. *Annual Review of Psychology,* 59: 279-300.

Walter, H. 2001. *The Neurophilosophy of Free Will.* Cambridge, Ma.: The MIT Press.

Capítulo VI

ALGO DE J. P. SARTRE Y LA NEUROÉTICA: EMOCIONES, MORALIDAD Y ALTERIDAD

Roberto E. Mercadillo*

* Es doctor en Ciencias por el Instituto de Neurobiología de la UNAM, donde se centró en el registro cerebral de las emociones morales. Sus intereses, que abarcan la etología, la psicobiología y la neurociencia social, se han mostrado en diversos ámbitos como la rehabilitación de primates en cautiverio y la etnografía de emociones en poblaciones mayas y en los campamentos de refugiados Saharauis. Es autor de los libros *Evolución del comportamiento* (Trillas, 2006), *De las neuronas a la cultura* (Conaculta, 2007) y *Retratos del cerebro compasivo* (Centro de Estudios Filosóficos, Políticos y Sociales Vicente Lombardo Toledano, 2012). Correo electrónico: emmanuele.mercadillo@gmail.com

Desde la propuesta de los humores de Galeno durante el Imperio romano, o incluso antes, en los papiros quirúrgicos de Egipto en el siglo II a. C., el cerebro se ha visto como un órgano clave para comprender la forma en que sentimos, valoramos y juzgamos los actos propios y de otros. No es que el cerebro sea el único rector de nuestro comportamiento, pero la idea de que contiene al mundo dentro deja de ser una metáfora cuando lo vemos como el filtro orgánico de lo que percibimos y como el generador interno de nuestras intenciones y creencias. La denominada Década del Cerebro iniciada en los Estados Unidos en 1990 se extrapoló a diversos países y parece no concluir. Como nunca antes, los avances tecnológicos en neuroimagen han permitido tener acceso a la función cerebral que subyace a los pensamientos y las decisiones humanas. Este avance se ha complementado con propuestas teóricas interdisciplinarias que consideran al mundo cultural como uno de los grandes modeladores, no sólo de nuestros pensamientos, sino también de la estructura y función orgánica que les subyace: el cerebro. Así han surgido propuestas como la neurociencia social, la neuroeconomía o la neuroantropología (Todorov *et al.*, 2006).

La ética, el *éthos*, el "carácter" fundamental para regular nuestras relaciones y para racionalizar la moralidad, *moris*, nuestras "costumbres", no ha escapado de la tendencia a añadirle el prefijo "neuro" en un intento por naturalizarla. A esto se debe mencionar que la emoción, *emotio*, el "movimiento", el "impulso", se ha planteado como un elemento imprescindible para establecer la moralidad y la ética humanas (Nichols, 2002). El tema que aquí toca, la neuroética, se refiere a la indagación de las bases cerebrales que nos llevan a considerar un acto como correcto o incorrecto y a la creación y seguimiento de normas individuales y colectivas. La neuroética también nos lleva a cuestionar el uso de nuevas "neurotecnologías" y sus límites para responder a fenómenos como la "falta ética", la "conducta ilícita", la "mentira" o la "tranza", lo cual se instala cada vez más en un ámbito legal y normativo interesado en las neurociencias (Appelbaum, 2007).

Al pensar en la pertinencia de la neuroética recuerdo al filósofo francés Jean-Paul Sartre, para quien la ética es un problema de la existencia porque implica preocuparse por las consecuencias de nuestras acciones y anticiparse a ellas, implica ser conscientes; es decir, que nosotros, humanos éticos, nos percatemos de las normas y valores que formulamos y decidimos llevar, o no, a cabo.

También viene a mi cabeza la teoría de James-Lange (1884) sobre las emociones, según la cual las aferencias viscerales son las que dan lugar a una emoción. Esto es, vivir una circunstancia desencadena una serie de reacciones fisiológicas y conductuales manifestadas en nuestro cuerpo, como pueden ser la sudoración, la piloerección y la tonificación muscular para poder correr o atacar en una situación peligrosa. Posteriormente, la propia percepción de estas reacciones se lleva a cabo en la corteza cerebral y da origen a una experiencia subjetiva, es decir, a una emoción. La teoría de James-Lang parece haber sido superada desde principios del siglo pasado, en particular su propuesta de la aparente reacción involuntaria o instintiva de las emociones. Es este punto el que, precisamente, critica con fuerza Sartre, para quien las emociones no son sólo reacciones instintivas y fisiológicas de las cuales no tenemos control. Más bien, de acuerdo con su significado etimológico, las emociones son una forma activa de transformar el mundo, de moverlo y movernos con él, de tener conciencia de los sucesos y de las circunstancias que llevan a la acción y que pretendemos modificar.

Figura 1. Jean-Paul Sartre (1905-1980),
retrato por Roberto E. Mercadillo.

Ambas visiones, sin embargo, no son excluyentes. La teoría de James-Lang da un peso importante a las reacciones corporales, a través de las cuales podemos categorizar y saber cuándo sentimos una emoción. El cuerpo sería el conductor de la experiencia y parte de la toma de conciencia a la que, creo, se refiere Sartre. A su vez, como dice este filósofo, las acciones motivadas por la experiencia llevan implícita una relación fenomenológica y referencial. Son acciones motivadas por algo. No tendrían sentido fuera del mundo conocido por el individuo ni fuera de la alteridad, de las relaciones con los otros.

Esta discusión entre la reacción involuntaria y la voluntad, entre lo sentido y lo normativo, es crucial para la neuroética. En este ensayo la abordo considerando un yo activo, moralmente responsable y que se percata de su experiencia a través de un tipo particular de emociones: las emociones morales. El abordaje se sustenta en hallazgos e interpretaciones surgidas de la neuroimagen y se cohesiona con parte de la postura existencialista de Sartre plasmada en su *Bosquejo de una teoría de las emociones* (Sartre, 1983; Calhoun y Solomon, 1996).

LA NEUROBIOLOGÍA DE LAS EMOCIONES MORALES

El concepto central de la Teoría de las Emociones Morales, propuesta por Jonathan Haidt a principios de este siglo, es que se desencadenan como respuesta a la inferencia del quebrantamiento de normas sociales implícitas y explícitas, así como de estereotipos inherentes a los códigos, actitudes y creencias individuales. Dicho de otra forma, sentimos una emoción moral al notar que se ha roto o transgredido alguno de nuestros valores o creencias. La alteridad en las emociones morales se evidencia cuando notamos que la experiencia subjetiva y la expresión motora se originan en función de los intereses o del bienestar de la sociedad en su conjunto, o bien, de personas distintas a quienes experimentamos la emoción. En este caso, el que importa es el otro.

Las emociones morales dependen de deseos y resultados socialmente aceptados, por lo que el individuo elabora un juicio moral a partir del cual acepta o rechaza, afectivamente, una determinada situación. Esto es, tendemos a valorar como bueno aquello que nos es agradable y que es aceptado por nuestro grupo cultural, o bien, desaprobamos una circunstancia que nos desagrada. Estas emociones se caracterizan por motivar acciones prosociales. Motivan comportamientos para restablecer la norma o el valor moral que percibimos quebrantados. Precisamente en este sentido, las emociones morales deben entenderse y discutirse en el marco de fenómenos psicosociales de un alto nivel de integración y que incluyen el castigo, la prohibición, la empatía, el significado de conceptos como bueno y malo, o justicia e ideal, y la aceptación de obligaciones sociales (Kagan, 2005).

Haidt (2003) propone cuatro familias de emociones morales: 1) de condena, 2) de autoconciencia, 3) relativas al sufrimiento ajeno y 4) de admiración.

Las emociones morales *de condena* son la ira, el disgusto, el desprecio y la indignación. Se presentan ante el rompimiento de ciertos códigos morales como podrían ser la ética de la comunidad, el respeto a la autonomía o la pureza física. Pueden motivar tanto conductas egoístas o antisociales como conductas prosociales. Por ejemplo, la ira desencadenada por una transgresión a una comunidad de trabajadores puede motivar el ataque, la humillación o la venganza hacia el patrón transgresor, o bien, puede propiciar la exigencia de políticas institucionales en contra de la explotación.

Las emociones morales *de autoconciencia* incluyen la vergüenza, el pudor y la culpa. Se presentan cuando reconocemos que hemos quebrantado una convención o una norma social. En el caso de la culpa puede que percibamos que nuestro comportamiento ha dañado o causado sufrimiento a alguien más. Estas emociones motivan el aislamiento y en casos extremos el suicidio. En su sentido prosocial pueden motivar la restitución del daño.

Las emociones morales *relativas al sufrimiento ajeno* incluyen fundamentalmente la compasión, que surge siempre de nuestra percepción o creencia de que otro sufre y motiva la ayuda para aliviar al sufriente.

Finalmente, las emociones morales *de admiración* se refieren a la gratitud, la admiración y la devoción. Se consideran emociones positivas ya que son provocadas por una situación placentera y favorecen las relaciones y habilidades sociales cohesivas. La gratitud se liga a un sentimiento amistoso hacia alguien que, creemos, nos ha beneficiado y motiva la retribución de la acción generosa. La admiración y la devoción se desencadenan por la percepción de acciones valoradas como buenas, ejemplares, correctas o incluso estéticas, y nos motivan a imitarlas. Comportamientos definidos por la caridad, la lealtad o el autosacrificio se derivan de estas emociones. También forman parte del fenómeno religioso, ya que motivan la imitación de actitudes que creemos virtuosas y que están asentadas en símbolos como, por ejemplo, Cristo o Buda.

Para estudiar las bases cerebrales de las emociones morales se ha hecho uso de la resonancia magnética funcional. Esta herramienta de neuroimagen supone que mientras realizamos un proceso cognitivo se desencadena una cascada de actividad neuronal y metabólica en determinadas regiones de nuestro cerebro. Estas regiones pueden ser detectadas mediante sus propiedades fisiológicas y magnéticas y se puede deducir que participan en regular o llevar a cabo el proceso cognitivo. La función de esas regiones cerebrales o el tipo de información que procesan se infiere a partir de investigaciones tanto de neuroimagen como de estudios clínicos en pacientes con lesiones neurológicas e investigaciones básicas en animales. Por ejemplo, los pacientes humanos que presentan lesiones en la corteza prefrontal manifiestan falta de inhibición y comportamientos antisociales (Anderson *et al.*, 1999). Los monos que son lesionados experimentalmente en esta región cerebral también manifiestan comportamientos antisociales y tienen dificultades para inhibir la agresión. La investigación básica indica que hay vías neuronales que van de la región prefrontal hacia la amígdala, las cuales inhiben la conducta agresiva (Nelson y Trainor, 2007). Con estos antecedentes, en un estudio de resonancia magnética se puede, por ejemplo, pedir al participante que juzgue la acción de un personaje en escenas que desencadenan indignación. Si el participante manifiesta activación de la corteza prefrontal podemos suponer que está procesando información de tipo moral que inhibe sus respuestas agresivas hacia el personaje. La investigación consiste, entonces, en registrar la actividad cerebral mientras las personas realizan alguna tarea que provoque una emoción moral, como puede ser la lectura de enunciados, la escucha de sonidos o la observación de fotografías. El participante puede observar escenas de niños viviendo en la calle, escenas de guerra o mujeres golpeadas. También se hace uso de la imaginería, mediante la cual el participante es guiado para recordar y experimentar una circunstancia que le generó, por ejemplo, culpa.

Mediante esta metodología sabemos que la experiencia de emociones morales se acompaña de la activación de regiones cerebrales que corresponden a diferentes funciones. Diversas investigaciones han reportado actividad de la corteza prefrontal, la región de más reciente aparición filogenética y reguladora de procesos complejos como el aprendizaje, la planeación a futuro o la valoración moral. También se manifiesta actividad en regiones denominadas límbicas, cuya función se vincula a comportamientos mamíferos básicos como la agresión, la ira o el miedo. A la fecha, los hallazgos para cada una de las emociones son variados y describirlos aquí sobrepasaría la extensión y los intereses de este ensayo. El lector puede consultar a Mercadillo, Díaz y Barrios (2007) y a Casebeer (2003) para una revisión del tema, o bien algunos trabajos experimentales sobre la indignación y el disgusto (Buchanan *et al.*, 2004; Moll *et al.*, 2005; Stark *et al.*, 2005), la culpa y la vergüenza (Berthoz *et al.*, 2002; Takahashi *et al.*, 2004), la compasión (Kim *et al.*, 2009; Mercadillo *et al.*, 2011) o la admiración (Immordino-Yanga *et al.*, 2009).

Con base en los hallazgos sobre la activación cerebral que acompaña a las emociones morales, me limitaré a proponer un trisistema neurocognitivo involucrado en la experiencia, en la expresión y en la acción de estas emociones. Este trisistema se ilustra en la Figura 2, cuyos mapas cerebrales estáticos debemos observar más bien como neuromatrices que se interpretan como procesos dinámicos que intercambian información.

Quizá este sistema empático implica lo que dice Sartre respecto a que las emociones pueden ser formas de huir de nuestras responsabilidades, ya que, al sentirlas, nos situamos en las cualidades asignadas al objeto para huir de lo horrible del otro. Las emociones se volverían estrategias para no enfrentarnos a nosotros mismos, a nuestro propio sentimiento y a la responsabilidad que implica. Esto sucedería porque, a diferencia de lo que a veces se entiende en el sentido común, la empatía no implica siempre una cualidad positiva o agradable. Al otro, al objeto, se le asigna un estado causado, por ejemplo, por una injusticia o una transgresión, para crear una separación de nosotros como la causa de su sufrimiento o malestar, aun cuando también la experimentemos nosotros mismos. Esta asignación, sin embargo, es transpersonal. El contagio del estado del otro es un mecanismo necesario para motivar un cambio que surge no del altruismo sublime y conceptual hacia el otro, sino del dolor, del sufrimiento y de la angustia del otro que nuestro cerebro procesa como propia. El otro se vuelve uno conmigo. En este caso, se rompe la premisa de que no podemos experimentar en cabeza ajena, o dicho a la forma de Sartre (Calhoun y Solomon, 1996: 265): "Para que captemos lo verdaderamente horrible, como generador de cambio, debemos sobrecogernos, inundarnos en nuestra propia emoción […]."

Ahora bien, para generar un cambio en la norma o en la circunstancia de la transgresión, no es suficiente sentir lo horrible de la experiencia del otro. La verdadera emoción, dice Sartre, "va acompañada de creencias… cualidades conferidas al objeto que son tomadas como cualidades verdaderas" (Calhoun y Solomon, 1996: 265).

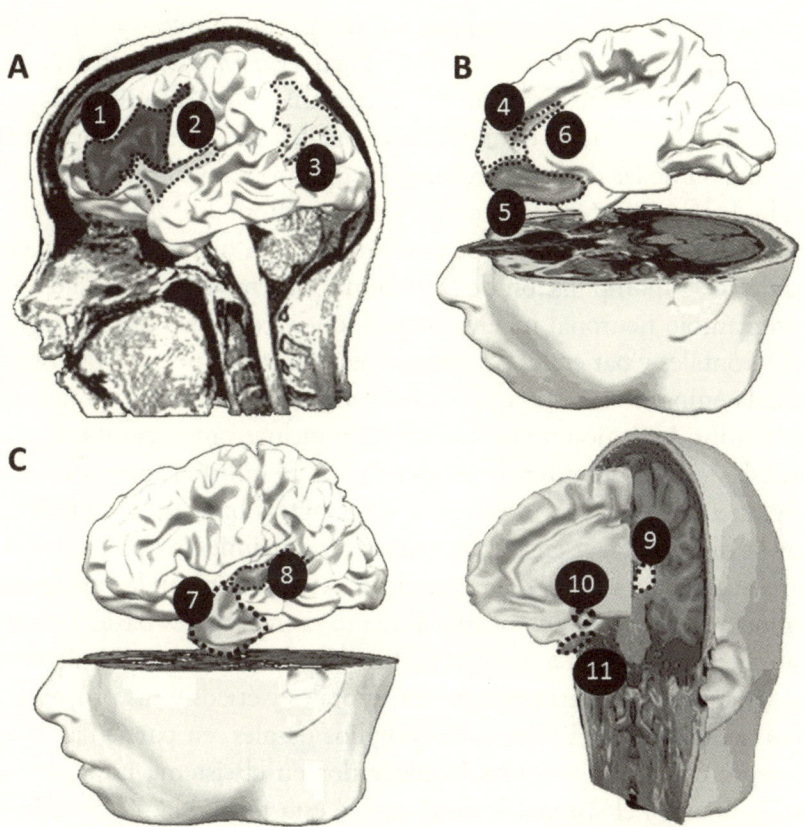

Figura 2. Trisistema neurocognitivo involucrado en las emociones morales.
A. Sistema Empático. B. Sistema Ejecutivo. C. Sistema de Soporte.
1. Neuronas espejo frontales. 2. Ínsula. 3. Neuronas espejo parietales. 4. Corteza prefrontal. 5. Corteza orbitofrontal. 6. Corteza anterior del cíngulo. 7. Polo temporal. 8. Corteza temporal.
9. Ganglios basales. 10. Amígdala. 11. Corteza parahipocampal.

En efecto, el cambio se lleva a cabo mediante acciones guiadas por valores y normas que acompañan y se integran a nuestra experiencia empática. Es aquí donde toma lugar el *sistema ejecutivo* de las emociones morales. Éste integra la empatía con la motivación y la decisión de restablecer el valor que se percibió transgredido mediante la función de las cortezas prefrontal, orbitofrontal y anterior del cíngulo. La función cognitiva de la corteza prefrontal se asocia a la planeación a futuro, a la memoria episódica y a la memoria de trabajo, es decir, la manipulación de la información entrante inmediata. Su intercambio neuronal incluye proyecciones recíprocas con las regiones frontales y parietales del sistema de neuronas espejo, de tal forma que la empatía se sustenta de información mnemónica, de nuestros recuerdos. La región prefrontal también incluye proyecciones al tálamo, las cuales permiten la irradiación de la información a diversas regiones de la corteza cerebral, a los ganglios basales, involucrados en la motivación y en la planeación de movimientos para realizar una acción, y a la amígdala, cuya función se asocia con la valoración emocional y con el desencadenamiento de reacciones básicas como la ira, el miedo o la agresión. La función de la región orbitofrontal se vincula al aprendizaje de valores morales y éticos y sus proyecciones neuronales se dirigen a los ganglios basales, en particular a los receptores dopaminérgicos involucrados en el sistema humano de recompensas, el sistema hedonista. De esta forma, la motivación y el placer se influyen por la valoración moral. La corteza anterior del cíngulo se observa como un integrador de la información que proviene de regiones frontales, temporales y límbicas como la amígdala y la corteza parahipocampal. Esta integración incluye información empática, motivacional, perceptual y motora necesaria para que tomemos una decisión relevante (emocional y moralmente hablando). En el caso de las emociones morales, la decisión y la acción se dirigen a restablecer la transgresión. Así, las emociones son, como sugiere Sartre, formas voluntarias de modificar el mundo, modificación que se realiza a partir de la asignación al objeto (al otro) y de la conciencia de mi propia experiencia del otro (empatía). La conciencia de las emociones, entonces, siguiendo también a Sartre, antes de ser reflexiva sobre uno mismo, es conciencia del mundo, del otro y de las circunstancias que le atañen y me rodean. Este proceso es dinámico y dialéctico porque, según el filósofo francés, una vez que experimentamos la emoción, ésta se desvanece dentro de uno mismo y regresa al objeto, se alimenta de él. Si no fuéra de esta forma ¿cómo podríamos experimentar o hablar de ira o de indignación sin tener presente a quién se transgrede, se lastima o se amenaza? En resumen, un estímulo o una circunstancia moral se traduce en cambios fisiológicos asentados en el cuerpo, de los cuales se percata el individuo y asocia a experiencias previas y conceptos que determinan su decisión de actuar y reparar la ruptura moral.

Además del empático y del ejecutivo, en las emociones morales actúa un *sistema de soporte* que no participa ni en la empatía ni en la decisión propiamente dichas, pero otorga información necesaria para llevarlas a cabo. Este sistema incluye la activación de regiones en la corteza temporal involucradas en la comprensión del lenguaje y de conceptos sociales que implican apreciaciones emocionales como el honor o la valentía (Olson *et al.*, 2007). Este sistema supone que las emociones morales y las acciones éticas incluyen procesos semánticos que definen, lingüísticamente, la escena y la experiencia del individuo. El sistema de soporte también incluye la activación de la corteza parahipocampal (necesaria para analizar el contexto espacial en el cual se desarrolla la escena y para el almacenamiento de la memoria a largo plazo), de la amígdala (vinculada a la valoración emocional) y de los ganglios basales, en particular el putamen y el núcleo accumbens, involucrados en la planeación de movimientos y en la motivación, lo cual concede una experiencia hedonista asociada al acto prosocial: da placer seguir nuestra ética y nuestra moral.

El que las diversas emociones morales utilicen una neuromatriz similar sugiere que no existe una función cerebral exclusiva para la compasión o para la indignación o para la culpa, lo cual sería un enfoque frenológico mal entendido de la neuroimagen actual. Más bien quiere decir que nuestra circuitería cerebral para codificar cada una de esas emociones diferencia el tipo de información que hemos asociado a nuestras diversas experiencias personales y a los conceptos que hemos aprendido para designar una emoción. Aún más interesante es que esta neuromatriz se comparte con la que se ha identificado para la cognición social en general, como puede apreciarse en la Figura 3. Es decir, las emociones morales se montan en el aparato cerebral que está listo para hacer predicciones durante situaciones sociales bajo la inferencia de estados mentales (Frith, 2007). La cualidad cognitivo-social de las emociones morales hace que la ética, las normas que establecemos, no implique solamente al razonamiento sobre la moralidad y sobre nuestros valores. También posibilita que nos percatemos, que tomemos conciencia de la experiencia emocional propia, de la empatía y de la alteridad, y decidamos acciones a partir de esta conciencia. Nos brinda una vasta gama de acciones motivadas de forma intrínseca y necesariamente ligadas a lo social. Así, el hombre está, como propone Sartre, condenado a ser libre, a elegir todo el tiempo y ejecutar acciones basadas en una responsabilidad consciente.

Un ejemplo de esta libertad de acción y ética lo observamos en una investigación reciente realizada en el Instituto de Neurobiología de la UNAM sobre la función cerebral y la etnografía de la compasión en policías de México (Mercadillo, 2012). Mientras los policías experimentaban compasión manifestaban activación del núcleo caudado (ver Figura 4). La activación de este núcleo no se observó en los participantes civiles. La alta densidad de receptores dopaminérgicos de este núcleo, asociados al sistema de recompensas y a vínculos afectivos como el amor y el apego, sugiere que los policías experimentan cierta experiencia de placer asociada a la compasión y a la decisión de ayuda. Tal experiencia puede comprenderse a través de la noción de servicio situada en la representación histórica de la institución policíaca y en los códigos morales que involucran ayuda y servicio,

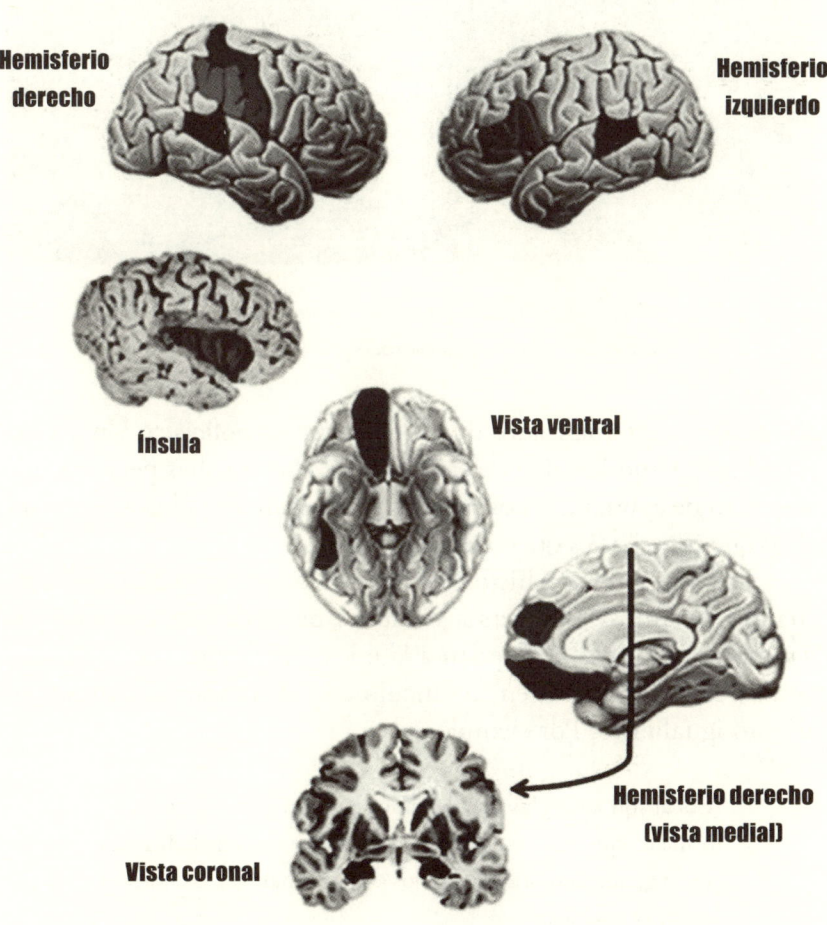

Figura 3. Principales regiones cerebrales involucradas en la cognición social.
Basado en R. Adolphs. 2008. The Social Brain: Neural Basis of
Social Knowledge. *Annual Review of Psychology*, 60: 18.1-18.24.

*Figura 4. Activación del núcleo caudado observada
durante la experiencia compasiva de policías mexicanos.*

aprendidos e internalizados durante la práctica policíaca. Un policía
(hombre, 33 años) lo dijo de esta forma: "Hay muchas personas que
no tratan de ayudar a los otros, ésos no pueden ser policías. Lo principal que necesitas es querer ayudar."

La representación histórica de la policía es aún más interesante
cuando notamos las diversas nociones de ética que conocen sus
miembros. Algunas se referían a la ética y al "deber ser" policíaco
basado en la legalidad, en su vínculo con el comportamiento y en
el trato igualitario. Por ejemplo:

> [Ética] son las reglas que debemos cumplir como policías, la
> forma en que nos comportamos, la manera en que hablamos
> con la gente, la moralidad de los actos humanos y las normas
> jurídicas que nos rigen.
>
> Debe ser la forma de ser y de atención que se le da a la ciu-
> dadanía. Pero se empieza en lo administrativo. Como policía,
> debes recibir el mismo trato, no importa de qué rango seas.
>
> Además de la profesión, tienes la ética que te inculcaron.
> Puedes tener la ética profesional pero no la ética de tus va-
> lores. Por ejemplo, puedes no aceptar el soborno, etc.

Algunas definiciones diferenciaron entre valoraciones de tipo personal y profesional: "La ética puede ser personal y policial, la personal es lo que creemos que está bien o mal, la profesional lo que debemos o no hacer." Otras, en cambio, combinan el quehacer policiaco con actitudes personales. Aquí se aborda la ética como una característica humana y vinculada a experiencias emocionales y a la autorregulación:

> Son bases que uno trae desde sus padres: honestidad y humildad. La ética se maneja en todo, en lo profesional, en el trabajo, en las relaciones personales, etc.

> El comportamiento de uno mismo: no sólo porque eres policía vas a patear a una persona, eso es la ética.

> Es la forma del ser humano de hacer bien las cosas, aunque, cuando aprende algo, a la mera hora no lo aplica.

> Es la forma en que se manejan las emociones y las acciones según el criterio propio.

De acuerdo con algunos policías, este tipo de valoraciones refleja la educación adquirida en el hogar:

> La ética va desde chico, lo que nos van inculcando como personas, y quién lo inculca, los padres, por ejemplo. O desde que estás en el vientre.

> Están la moral y la ética. La moral son los valores que te enseñan los padres. Si traes valores, cumples los códigos de ética.

En sus definiciones de ética, los policías aluden al seguimiento de normas y códigos, aunque no se deja claro de dónde provienen. Aun con la carencia de formalidad en el concepto de ética, se distingue que los policías se percatan de su emoción y de su uso tanto personal como social. La emoción, la moralidad y la alteridad están presentes y se pueden observar en una entrevista realizada a una policía de 35 años, mientras ella se encontraba custodiando a una mujer con notables alteraciones mentales:

Investigador: ¿Es común que atiendan estos casos?

Policía: ¡Uy, sí! Pero no nos han enseñado cómo tratarlos, lo que nos enseñan es con las personas drogadas, pero con los retrasados mentales no. Esto no lo enseñan en la Academia, sólo nos dan unas cosas de derechos humanos y que hay que respetarlos, pero no cómo tratarlos. Muchas veces lo hacemos a criterio con esa gente, pero requerimos apoyo.

Investigador: ¿Cómo se siente usted cuando trata con una persona así?

Policía: Yo me siento a gusto de saber que puedo ayudar a la gente. Cualquiera podría estar así. Uno es muy útil si le ayuda a alguien así, pero hay parejas que le van a decir que ¡a la chingada!, que nomás nos quitan el tiempo. En lo personal, a mí me gustan estas comisiones en que me ponen a cuidar viejitos y todo. Pero pregúntele a los otros, se enojan y dicen que los manden a protección civil.

Investigador: ¿Sería necesario que recibieran algún tipo de entrenamiento para manejar a personas con estos problemas?

Policía: Sí. Los locos hacen un pinche desmadre o luego se meten al desmadre cuando estamos haciendo otras cosas en la calle. Yo tengo tres años aquí, en la policía. Los mandos obligan a tomar una decisión cuando se presenta el caso de ayudar a un indigente o un asalto, y pues hay que apoyar en el asalto y no al indigente. Ésta [la mujer en custodia] es bien agresiva, imagínate si sale y pide algo a alguien y no se lo dan y hasta lo mata, y mata a alguien útil. Ojalá nos puedan dar un curso de esto, leer un libro de psicología sería bien importante, hasta para nosotros cuando te metes en la depresión. Luego nos dicen que para qué nos metemos en esos cursos, pero yo lo hago para aprender a hacer las cosas.

Investigador: ¿Qué otros cursos cree que deberían dar?

Policía: Hacen falta cursos de psicología para saber cómo sobrellevarnos, luego nos insultamos y hasta nos matamos o nos agredimos. Sí nos dan talleres de literatura, pero hace falta aprender más para saber cómo llevarnos con la gente. En cada sector al que vas hay broncas y grandes, y nos amenazamos, más con los comandantes. Aquí los mandos son bien culeros, hay muchas preferencias. Llega un académico y luego, luego lo hacen comandante, pero es igual de pendejo que yo, a veces ni manejar sabe. Por eso estoy mejor, no quiero subir de rango, así estoy bien. Hay mandos que mis respetos, ¡pero otros...!

NATURALEZA Y ÉTICA

Al pensar en las bases neurobiológicas de la ética nos situamos en la discusión entre la naturaleza y la cultura. Hasta ahora hemos visto que la información procedente de la cultura, aunque diversa, utiliza un andamiaje cerebral equivalente en todos los seres humanos. Aunque equivalente, este andamiaje posibilita una vasta gama de acciones y decisiones. La dialéctica entre lo equivalente y la variabilidad se manifiesta en la función cerebral involucrada en comportamientos cooperativos y compasivos, la cual es muy similar a la involucrada en comportamientos opuestos como la violencia. Esto supone que la cooperación y la competencia, la agresión y el altruismo, son mecanismos paralelos y por igual importantes en la evolución humana, como ya habían hecho notar los naturalistas Piotr Kropotkin en *El apoyo mutuo* (1902) y Charles Darwin en *El origen de las especies* (1859). Tanto la compasión como la violencia se sustentan en la alteridad, en la moral y en las emociones (Mercadillo y Arias, 2010).

En *El origen del hombre* (1871), Darwin propone que el sentido moral humano surge de los instintos sociales y es sinónimo de éstos, por lo que puede presentarse en especies que carecen de habilidades empáticas: "La expresión 'bien general' puede definirse como el medio por el cual el mayor número posible de individuos pueden ser reproducidos en plena salud y vigor con todas sus facultades perfectas en las condiciones a que están sometidos" (Darwin, 2007: 56). Aquí, la ética se observaría como una forma natural, muy particular de la especie humana (de su instinto social), para regular la función de la moral, las emociones y la alteridad en sus decisiones.

Sin embargo, pensar en la naturalización de la ética va más allá de entenderla sólo como un mecanismo adaptativo que favorece la reproducción y la supervivencia de la especie humana, como se planteaba en la sociobiología de Edward O. Wilson en la década de los ochenta. Y es que la ética incluye un factor hedonista y experiencial asociado a su cumplimiento, como se observó en los policías. Darwin también deja ver esto: "De este modo, no hay necesidad de colocar en el vil principio del egoísmo los fundamentos de lo que hay de más noble en nuestra naturaleza, a no ser que se llame egoísmo la satisfacción que experimenta todo animal cuando obedece a sus propios instintos y el disgusto cuando no puede realizarlos" (Darwin, 2007: 56).

El elemento hedonista de la ética se asienta en la emoción y en la biología, ya que, como dice Sartre, "en la emoción es el cuerpo el que, dirigido por la conciencia, cambia sus relaciones con el mundo a fin de que el mundo pueda cambiar sus cualidades" (Calhoun y Solomon, 1996: 263). La libertad y la elección son, entonces, tanto individuales como sociales, porque las acciones individuales son representativas de la humanidad y hablan sobre la clase de especie que somos.

El cerebro no es solamente contenedor de la información cultural, también es un órgano cuya función se moldea por esta información. La cultura no sólo es la información externa a la cual el individuo se adapta, también es una creación activa de individuos que pueden tener incidencia en su organización cerebral. En *La moral anarquista* (1890), Kropotkin deja ver esta mutua influencia:

> La historia del pensamiento humano recuerda las oscilaciones del péndulo [...] después de un largo periodo de sueño, viene el despertar; y entonces se libera de las cadenas con las que todos los interesados –gobernantes, magistrados, clérigos– le habían cuidadosamente amarrado [...] Y a cada momento la cuestión de la moral se pone sobre el tapete. ¿Por qué seguiré yo los principios de esta moral hipócrita? Se pregunta el cerebro emancipado del terror religioso, ¿por qué determinada moral ha de ser obligatoria? [...] y no lo entenderá en tanto lo crea un privilegio de la naturaleza humana, en tanto no descienda hasta los animales, las plantas, las razas, para comprenderlo (Kropotkin, 2008: 15-17).

Para Sartre, una cuestión filosófica es algo a lo que cada generación y ser humano tienen que enfrentarse una y otra vez. La neuroética y la relación cerebro-cultura-norma es un enfrentamiento actual. Pensar en la ética y en el cerebro puede hacernos coincidir con Sartre cuando propone que el ser humano no tiene naturaleza, sino que debe crearse a sí mismo y a su propia naturaleza. En efecto, la ética nos conduce a aceptar la libertad y la responsabilidad de nuestros actos y existencia. Son la responsabilidad y libertad de acción consciente, el razonamiento de nuestros valores morales y de nuestra experiencia emocional, los que permiten que cuestionemos las normas, la autoridad y los códigos. Nuestra naturaleza es una continua creación, sí. Pero no carecemos de ella, más bien somos de una naturaleza cultural bajo la cual la ética, acompañada de emociones y de alteridad, constituye un elemento de creación y de interrogación activa hacia nuestro comportamiento.

Bibliografía

Anderson, S. W. *et al.* 1999. Impairment of social and moral behavior related to early damage in human prefrontal cortex. *Nature Neuroscience*, 2(11): 1032-1037.

Appelbaum, P. S. 2007. The new lie detectors: Neuroscience, deception, and the courts. *Law & Psychiatry*, 58(4): 460-462.

Berthoz, S. *et al.* 2002. An fMRI study of intentional and unintentional (embarrassing) violations of social norms. *Brain*, 125(8): 1696-1708.

Calhoun, C. y R. C. Solomon. 1996. *Jean-Paul Sartre. ¿Qué es una emoción? Lecturas clásicas de psicología filosófica.* México: Fondo de Cultura Económica, 260-266.

Casebeer, W. D. 2003. Moral cognition and its neural constituents. *Nature Review Neuroscience*, 4(10): 840-846.

Darwin, C. 1985. *El origen de las especies.* México: Planeta.

———. 2007. *El origen del hombre.* México: Nuevo Talento.

Frith, C. D. 2007. The social brain? *Philosophical Transactions of the Royal Society London B. Biological Science*, 362(1480): 671-678.

Haidt, J. 2003. The moral emotions. En R. J. Davidson, K. Scherer y H. Goldsmith. *Handbook of Affective Sciences.* Oxford: Oxford University Press, 852-870.

Immordino-Yanga, M. H. *et al.* 2009. Neural correlates of admiration and compassion. PNAS 106(19): 8021-8026.

Kagan, J. 2005. Human morality and temperament. *Nebraska Symposium on Motivation*, 51: 1-32.

Kim, J. W. *et al.* 2009. Compassionate attitude towards others' suffering activates the mesolimbic neural system. *Neuropsychologia*, 47(10): 2073-2081.

Kropotkin, P. 1989. *El apoyo mutuo.* Madrid: Nossa y Jara.

———. 2008. *La moral anarquista y otros escritos.* Frank Mintz (trad. y comp.). Buenos Aires: Libros de Anarres.

Mercadillo, R. E. 2012. *Retratos del cerebro compasivo. Una reflexión en la neurociencia social, la policía y el género*. México: Centro de Estudios Filosóficos, Políticos y Sociales Vicente Lombardo Toledano.

—— y N. Arias. 2010. Violence and compassion: a bioethical insight into their cognitive bases and social manifestations. *International Social Science Journal*, 61(200-201): 221-232.

—— *et al.* 2007. Neurobiología de las emociones morales. *Salud Mental*, 30(3): 1-11.

—— *et al.* 2011. Perception of suffering and compassion experience: Brain gender disparities. *Brain Cognition*, 76(1): 5-14.

Nelson, R. J. y B. C. Trainor. 2007. Neural mechanisms of aggression. *Nature Review Neuroscience*, 8(7): 536-546.

Nichols, S. 2002. Norms with feeling: towards a psychological account of moral judgment. *Cognition*, 84(2): 221-236.

Olson, I. R. *et al.* 2007. The Enigmatic temporal pole: a review of findings on social and emotional processing. *Brain*, 130(7): 1718-1731.

Rizzolatti, G. y C. Sinigaglia. 2006. *Las neuronas espejo. Los mecanismos de la empatía emocional*. Barcelona: Paidós.

Sartre, Jean-Paul. 1983. *Bosquejo de una teoría de las emociones*. Madrid: Alianza.

Takahashi, H. *et al.* 2004. Brain activation associated with evaluative processes of guilt and embarrassment: An fMRI study. *Neuroimage*, 23(3): 967-74.

Todorov, A. *et al.* 2006. Toward socially inspired social neuroscience. *Brain Research*, 1079 (1): 76-85.

Capítulo VII
TRES CUESTIONES SOBRE NEUROCIENCIAS Y EMOCIONES MORALES

José Luis Velázquez Jordana*

* Es catedrático de Ética en la Universidad Autónoma de Madrid. Ha publicado, entre otros libros, *Del homo al embrión. Ética y biología para el siglo XXI*. Autor de artículos sobre bioética, filosofía moral y filosofía política. Es miembro del Observatorio de Bioética y Derecho adscrito a la Universidad de Barcelona. Colabora habitualmente con universidades de América Latina y prepara actualmente un nuevo libro cuyo título será *Ética y cerebro*.

"Los hombres deberían saber que del cerebro y nada más que del cerebro vienen las alegrías, el placer, la risa, el ocio, las penas, el dolor, el abatimiento y las lamentaciones."
Hipócrates, *Tratados Hipocráticos.*

Las aportaciones de las neurociencias cognitivas al estudio de las emociones han suscitado una amplia controversia en el terreno de la filosofía moral a causa de las dificultades para incorporar los resultados empíricos al ámbito de la reflexión normativa. Con el fin de medir el alcance de la tensión entre disciplinas de distinta naturaleza, se abordan aquí tres cuestiones: el marco conceptual del término "emoción", el impacto de las técnicas de imagen por resonancia magnética funcional en las concepciones de la moral y la perspectiva inaugurada por las neuronas espejo para predecir las intenciones y comprender las emociones de otras personas.

Parte i

Las emociones morales han pasado de estar bajo sospecha a convertirse en el tema favorito de la generación actual de filósofos y científicos. Durante décadas, las emociones han tenido una importancia secundaria debido a su naturaleza pasiva y al modo parcial y arbitrario de orientar las decisiones y la conducta humana en general. Eclipsada la influencia de la psicología cognitiva abanderada por J. Piaget y L. Kholberg, a mediados de los años ochenta del siglo pasado tiene lugar la "revolución afectiva" con el propósito de asignar a las emociones un protagonismo central y la custodia "del templo de la moralidad ubicada en la colina de la naturaleza humana" (Haidt, 2003: 852). A diferencia de los planteamientos del siglo xix desarrollados por Charles Darwin, William James y

Sigmund Freud, y los enfoques del siglo xx avalados por la filosofía existencialista; la nueva orientación en la investigación de las emociones nace influida, según Antonio Damasio, por tres factores: la consolidación de la perspectiva evolucionista, la vinculación de las emociones con el equilibrio interno de los seres vivos (homeostasis) y una concepción renovada de las relaciones entre mente y cerebro (Damasio, 1989: 54-56). Este panorama se vio ampliado de manera espectacular cuando a estos factores se sumaron los resultados derivados de las investigaciones en lesiones cerebrales de pacientes humanos y el uso de técnicas de neuroimagen. Estos progresos, sin embargo, no se han visto acompañados de una teoría general de la emoción, lo cual sigue dificultando la articulación entre la dimensión empírica de las neurociencias y la dimensión reflexiva del estudio de las emociones en general y de las morales en particular. Una de las causas de esta situación cabe atribuirla a la ausencia de un marco conceptual consensuado.

Antonio Damasio admite su deuda con el planteamiento de William James, a quien reconoce el mérito de captar "el mecanismo esencial para la comprensión de la emoción y el sentimiento" (Damasio, 1994: 127); su idea básica es que los sentimientos son un reflejo de los cambios en el estado corporal. La reformulación de la concepción jamesiana elaborada por el autor de *El error de Descartes* mantiene que una vida regulada requiere de las respuestas homeostáticas de las emociones y los sentimientos para gobernar el proceso vital y promover la supervivencia. Aunque los términos "emoción" y "sentimiento" muchas veces se emplean como sinónimos, el neurólogo portugués asigna a las emociones un lugar previo en el proceso evolutivo y las considera la fuente principal de donde emanan los sentimientos, aunque no todos los sentimientos tienen su origen en las emociones. Es el caso de los llamados sentimientos de fondo: "el sentimiento de la vida" y "el sentido del ser". Sin entrar en el detalle de las sucesivas modificaciones introducidas por Damasio en obras posteriores (Damasio: 2010, 2011), es importante resaltar los puntos débiles de su planteamiento. Él considera que una emoción es una respuesta, en forma de cambios corporales bajo control cerebral, al contenido de representaciones vinculadas a un acontecimiento determinado. A pesar de la rapidez con que se produce una emoción, el proceso de su formación consiste en tres fases: los cambios fisiológicos (presión de la sangre, ritmo cardíaco, color de la piel), la detección de los cambios por receptores asociados a órganos y la transmisión de señales al cerebro y, finalmente, una actividad cerebral para sentir la emoción consistente en la aprehensión subjetiva de esos cambios. En este proceso, los sentimientos proceden de las emociones pero no son estados corporales; son las emociones las que se convierten en sentimientos en forma de imágenes de estados corporales e imágenes del proceso cognitivo. Éste es el punto de partida que conduce a al neurólogo portugués a su "hipótesis del marcador somático" y a la denuncia del error cometido por Descartes: como las respuestas somáticas a las imágenes mentales aumentan la eficiencia de los procesos de decisión racional, no se pueden mantener separados el razonamiento y el juicio moral del sufrimiento procedente del dolor físico y la conmoción emocional (Damasio, 1994: 230).

Si ése es el error de Descartes, ¿cuál es el error cometido por A. Damasio? El científico de origen luso ha contribuido con su trabajo a dar cuerpo a una disciplina creciente que actualmente se encuentra en estado de gracia: la neuroética. Sus investigaciones con pacientes que sufren lesiones cerebrales que obstaculizan el desarrollo de una vida emocional y moral plena, así como la cartografía de las regiones cerebrales como lugares desencadenantes de las emociones y la clasificación de las emociones sobre un criterio funcional como es la regulación homeostática constituyen un empuje notorio en la imparable naturalización de la moral. Sin embargo, el modelo adoptado por Antonio Damasio para conciliar los resultados empíricos de las investigaciones con una estructura conceptual consistente, tropieza con problemas que aumentan el distanciamiento entre la reflexión filosófica y las ciencias cognitivas, como revela su exposición sobre la naturaleza de las emociones. Y es que si bien su posición respecto a la interdependencia entre la emoción y la cognición resulta *ab initio* más plausible y convincente que las propuestas estrictamente cognitivistas, los presupuestos de los que parte están sumidos en una confusión conceptual (Bennett y Hacker, 2003). Ocurre que si admitimos que las emociones consisten en cambios somáticos causados por imágenes mentales, entonces tenemos que aceptar al menos tres cosas: una, que el aprendizaje del significado de las palabras sobre emociones consiste en aprender los nombres de los cambios corporales, dos, que no existen buenas razones para sentir una emoción específica y tres, que la corrección o incorrección de una acción quedan atadas a las reacciones corporales. Pero si ninguna de estas consecuencias es admisible, entonces la caracterización de la emoción es errónea. Veamos por qué.[1] En primer lugar, las expresiones referidas a emociones se aprenden en el contexto público del uso del lenguaje y son igualmente lingüísticos los criterios de identificación. Damasio debería haber tenido en cuenta la crítica a la privacidad lingüística y a la privacidad epistémica de las emociones y los sentimientos de L. Wittgenstein (1986: par. 243) antes de hacer una afirmación como esta: "los sentimientos están siempre escondidos, como ocurre necesariamente con todas las imágenes mentales, invisibles a todos los que no sean su legítimo dueño, pues son la propiedad más privada del organismo en cuyo cerebro tienen lugar" (Damasio, 2011: 38). En segundo lugar, la racionalidad o irracionalidad de una emoción depende de las creencias sobre el objeto de la emoción, y esto es algo diferente a la causa de la emoción. Cuando afirmamos que alguien actuó de manera injusta, está claro que la causa no es que montó en cólera, sino que nos indignamos porque se trata de una acción injusta, y sabemos que es injusta no porque tengamos un

---

[1] Sigo aquí a Bennett y Hacker (2003: 199-222) y Kenny (1963: 28). Todos ellos son deudores del planteamiento de Ludwig Wittgenstein.

sentimiento o emoción de indignación, sino porque es la violación de una norma o un derecho. De modo que tenemos razón para sentirnos indignados cuando alguien comete una acción injusta y la indignación es una respuesta normativa ante ese hecho. Por eso, y salvo en casos específicos, la moralidad o inmoralidad de una acción no se puede entender en relación con nuestras reacciones corporales sino en términos normativos (Brinkmann, 2006: 370; Bennett y Hacker, 2003: 216).

Parte ii

A la hora de establecer y examinar las conexiones entre las emociones y la moralidad es necesario tener en cuenta que las emociones no constituyen una clase unitaria sino un grupo muy heterogéneo: unas están ligadas a cambios fisiológicos, otras a estados cognoscitivos, no pocas a actitudes valorativas; tampoco faltan las que poseen expresiones conductuales y las hay también que son más racionales que otras (Hansberg, 1996: 107 y ss.). Y ESTA DIVERSIDAD SE HACE EXTENSIVA A LAS EMOCIONES MORALES A LA VISTA DE LOS DIFERENTES CRITERIOS PARA CLASIFICARLAS. A. DAMASIO (1994: 128-131) sitúa unas en el grupo de las emociones primarias (felicidad, ira) y otras en el de las emociones sociales (simpatía, vergüenza, culpabilidad, gratitud). En cambio, el psicólogo social J. Haidt (2003) considera que las emociones morales son emociones complejas vinculadas a la vulneración de una regla o al bienestar de los individuos y la sociedad, pudiendo agruparse en cuatro tipos: EMOCIONES QUE CONCIERNEN A OTROS (DESPRECIO, IRA, DISGUSTO), EMOCIONES AUTOCONSCIENTES (VERGÜENZA, TURBACIÓN Y CULPA), EMOCIONES RELACIONADAS CON EL SUFRIMIENTO DE LOS DEMÁS (empatía, compasión) y emociones relacionadas con el elogio a los demás (gratitud y admiración). Por su parte, J. Prinz (2009: cap. 23) admite que el término "emoción moral" es ambiguo en la medida que puede apuntar tanto a las emociones implicadas en los juicios morales como a las emociones vinculadas a la conducta digna de elogio por estar moralmente motivada. Esta ambigüedad se ve acrecentada porque es posible que las emociones morales no estén reservadas en exclusiva al ámbito de los juicios y la conducta moral y que deriven de emociones distintas a las morales.

Desde hace más de una década los neurocientíficos disponen de una sofisticada tecnología (imágenes obtenidas por resonancia magnética funcional, tomografía por emisión de positrones, etc.) para identificar los sustratos neurales y los sistemas cerebrales vinculados al conocimiento y las reacciones morales. Inicialmente, el propósito era agrupar las partes del cerebro implicadas en la cognición moral frente a otras funciones cognitivas a partir de voluntarios expuestos a estímulos morales y no morales. Con posterioridad, el objetivo se desplazó hacia las bases neurales de los procesos emocionales y cognitivos implicados en la formación de juicios morales indicando la existencia de una rivalidad entre dos modos de razonamiento moral, como ponen de manifiesto las situaciones dilemáticas. En medio de estas dos líneas de investigación, estudios con personas con daños en el cortex prefrontal ventromedial demostraron una disminución general en su capacidad de respuesta emocional (compasión, vergüenza y culpa) mientras quedaban intactas funciones cognitivo-morales como la aplicación de principios normativos y el uso del razonamiento abstracto.

La obtención de imágenes a partir de técnicas de resonancia magnética permitió aventurar que a la hora de elaborar juicios morales hay partes del cerebro más activas que otras. Uno de los estudios más célebres es sin duda el que realizó Joshua Greene y su equipo a principios del siglo XXI, con el que alcanzó la siguiente conclusión: algunos dilemas morales implican una codificación emocional de mayor alcance que otros y las diferencias afectan a los juicios morales (Greene, 2001: 243-255). Así se *explica* que consideremos moralmente aceptable desviar un tranvía descarrilado, salvar a cinco personas y lamentar la muerte de una persona cercana al tranvía desviado, y en cambio consideremos moralmente inaceptable empujar a una persona obesa desde un puente para detener a un tren y salvar a cinco personas, pues nuestro cerebro se activa de manera distinta en un caso y en otro. Mientras en el ejemplo del tranvía la respuesta está relacionada con el trabajo de la memoria en los lóbulos prefrontales y parietales, en el ejemplo del puente se activan áreas emocionales como el cortex prefrontal y el cortex cingulado posterior. Se comprobó de este modo que cuando las personas se enfrentan a dilemas impersonales, las regiones del cerebro asociadas con el razonamiento abstracto y el cálculo muestran un alto grado de activación, pero cuando las personas se enfrentan a dilemas personales, son las regiones cerebrales asociadas a la emoción las que presentan una mayor actividad.

El desafío de este experimento neurocientífico para la reflexión normativa es el siguiente. Como las zonas cerebrales que se activan son diferentes en función de la naturaleza del dilema (personal o impersonal), la deliberación moral está expuesta a la rivalidad de dos modelos que varía según la carga emocional. Y como el peso emocional, tanto si obedece a la manera en que está hecho el cerebro como si se debe a nuestra historia evolutiva, no sirve para justificar la diferencia entre la intuición deontológica y la intuición utilitarista, pues enturbia los juicios y las deliberaciones morales. Las emociones no sirven para tomar decisiones morales. La respuesta a este desafío se centra en dos aspectos (Levy, 2007: 290-293), el primero relacionado con el papel de las emociones morales en la formación de los juicios morales y el segundo con la metodología empleada en el experimento. El hecho de que los juicios morales estén cargados de emoción no es razón suficiente para descartarlos. Puede y debe hacerse si son presa de prejuicios, pero las emociones o los sentimientos son aceptables cuando tienen su origen en la transgresión de una norma justificada. Es lo que ocurre con el sentimiento de culpa. Además, las emociones también sirven de guía a la conducta prudente de una forma que no las convierte en irracionales. Respecto a la metodología se ha criticado la adopción de estos dilemas y su clasificación para describir la vida moral. Ni ésta reduce las situaciones imaginarias descritas ni cabe tampoco equiparar las reacciones a escenarios hipotéticos con las reacciones a situaciones reales. Tampoco han quedado fuera de las críticas las limitaciones que encierra el empleo de imágenes cerebrales obtenidas mediante resonancia magnética: las incomodidades y molestias a las que están sometidos los voluntarios, la exageración cromática con la que se presentan las imágenes, la actividad simultánea de otras regiones cerebrales, la interpretación estadística y las diferentes causas que pueden activar las áreas cerebrales (Shermer, 2012: 90-96). No se trata por tanto de despreciar los resultados derivados de la intrusión de los neurocientíficos en el terreno de la reflexión moral, pero la explicación sobre lo que nos impiden lanzar a la persona obesa por el puente puede descansar, como veremos, simplemente en la simpatía que sentimos hacia él.

Parte iii

Uno de los hallazgos más destacados de los últimos años en el campo de las neurociencias está relacionado con la identificación de las llamadas neuronas espejo. El neurólogo Vilayanur S. Ramachandran (2012: 109) ha hecho la siguiente predicción para valorar su importancia: "Las neuronas espejo harán por la psicología lo que el ADN hizo por la biología: ofrecerán una estructura unificada que ayudará a dar explicación de numerosas capacidades mentales que hasta ahora han permanecido rodeadas de misterio e inaccesibles a la experimentación." Estas capacidades tienen que ver con la imitación de acciones y la atribución de estados mentales a los demás. Se trata de un aspecto esencial de la sociabilidad, ya que si falla como resultado de la degeneración del tejido neural en las cortezas frontal y temporal, el efecto puede ser devastador para cualquiera. Descubiertas en 1995 por un equipo dirigido por Giacomo Rizzolatti (2006) en monos macacos, reciben este nombre porque se activan cuando se hace algo y cuando se observa hacer lo mismo a otros. Esto es, reflejan las acciones de los otros como si fueran un espejo. Mediante el empleo de escáneres cerebrales se han localizado en la corteza premotora y en la corteza parietal inferior neuronas espejo en el ser humano que abarcan una mayor extensión y poseen propiedades ausentes en los macacos. Estos primeros resultados sirvieron para adelantar nuevas hipótesis sobre funciones diferentes a la de imitar acciones. El investigador Iacoboni considera que las neuronas espejo permiten captar las intenciones de los agentes y V. Gallese afirma que las emociones de los demás se pueden compartir mediante alguna forma de imitación interna. Según esta hipótesis, las neuronas espejo se activan cuando imaginamos las intenciones que guían las acciones de los otros y cuando vemos a los demás expresar sus emociones. En el proceso de esta activación, nos dice Marco Iacoboni, las neuronas envían señales a los centros cerebrales de la emoción que se encuentran en el sistema límbico para hacernos sentir lo mismo (Iacoboni, 2012: 120). Sentir lo mismo que otra persona es un estado mental que habitualmente se asocia con la empatía y por eso no extraña que las neuronas espejo hayan sido rebautizadas con el nombre de "neuronas de la empatía" o "neuronas Dalai Lama". La empatía es un tipo de emoción que carece de contornos claros y por eso a veces se confunde con la simpatía o la compasión. En aras de la simplicidad se puede decir que la empatía no es *per se* una emoción sino una manera emocional de responder que en ocasiones está acompañada de un proceso cognitivo y en otras aparece dentro de un proceso afectivo generado de forma espontánea o contagiosa. Para explicar este contagio se ha recurrido a las neuronas espejo. La idea básica es que la comprensión de las acciones y las emociones de los demás depende de nuestra capacidad para emularlas. Esto se puede explicar así: cuando observamos una acción o reparamos en la emoción de otra persona, las neuronas espejo efectúan una simulación interna de la acción o la expresión facial de la emoción y envían señales al sistema límbico a través de la ínsula; dicho sistema nos permite entender la acción o la emoción (Iacoboni, 2009: 121). La aparente simplicidad de este proceso está muy lejos de ser aceptado sin controversia, no sólo por su discutible mecanicismo sino por la presentación de un extraño escenario donde tienen lugar hechos de muy diferente naturaleza relacionados de una manera cuyos detalles no están todavía suficientemente claros. Tanto si se admiten dos procesos distintos, uno motor y otro interpretativo como si se admite que se trata de uno solo con dos dimensiones, resulta difícil evitar fallos argumentativos como las falacias mereológica o del homúnculo. Se incurre en la primera cuando se atribuyen a las partes constituyentes de un ser humano atributos lógicamente aplicables al ser humano como un todo. Esto ocurre a menudo con los predicados psicológicos como la intencionalidad y en general con aquellos relacionados con las capacidades y su ejercicio, pero no tienen una aplicación literal a las partes. Son los seres humanos quienes perciben, razonan y se emocionan, no sus cerebros (Bennett y Hacker, 2008: 19-20). La amplia variedad de emociones, intenciones, propósitos y objetivos ni se deja someter fácilmente a una correlación directa con estructuras cerebrales ni responde a la teoría de la simulación defendida por autores como Marco Iacoboni. De ahí las pertinentes consideraciones de Patricia Churland (2012: 169). Observar a alguien que está enfadado no siempre genera ira en el observador, sino miedo, vergüenza e incluso risa. Podemos reconocer su queja o disgusto sin tener que quejarnos o disgustarnos, e igualmente podemos reconocer que alguien está enfadado sin sentir decepción alguna. Aún más, alguien puede sufrir dolor y otra persona puede no sentir o tener la más mínima compasión hacia él. Incluso puede llegar a sentir alivio o cierta alegría. Jactarse del mal ajeno es una reacción moral cuando menos discutible pero no menos frecuente y nada indica que no estemos en condiciones de captar su dolor. ¿Cómo actúan en estos casos las neuronas espejo? ¿Acaso no somos capaces de entender las acciones que no podemos llevar a cabo?

He tratado de mostrar que la perspectiva neurocognitiva de las emociones y de las emociones morales en particular debería conceder mayor atención a los conceptos que emplea con el fin de mostrar con más claridad sus progresos. Asimismo, el progreso hacia una radicalización naturalista de la moral tiene que revisar la tecnología empleada que a pesar de su alto grado de sofisticación no está exenta de limitaciones. Finalmente, el llamativo hallazgo de las neuronas espejo y su vinculación con la empatía puede alumbrar en el futuro el aspecto central de la moral: reconocer que todos los seres humanos son merecedores de respeto. El éxito de las neurociencias no radica en descubrimientos que asalten las primeras páginas de los periódicos, sino en su sabiduría para tener una imagen más certera de lo que somos y a lo que aspiramos. Como dijo Antón Chéjov: "El hombre llegará a ser mejor si le muestras cómo es."

Bibliografía

Bennett, M. y P. M. S. Hacker. 2003. *Philosophical Foundations of Neuroscience*. Oxford: Blackwell.

Brinkmann, Svend. 2006. Damasio on mind and emotions: A conceptual critique. *Nordic Psychology*, 58(4): 366-380.

Churchland, Patricia. 2012. *El cerebro moral*. Barcelona: Paidós.

Damasio, Antonio 1994. *El error de Descartes*. Barcelona: Crítica.

———. 2000. *Sentir lo que sucede*. Chile: Andrés Bello.

———. 2005. *En busca de Spinoza*. Barcelona: Crítica.

———. 2010. *Y el cerebro creó al hombre*. Barcelona: Destino.

Greene, Joshua. 2001. An fMRI investigation of emotional engagement in moral judgment. *Science*, 293(5537): 2105-2108.

Haidt, J. 2003. The moral emotions. En R. J. Davidson, K. R. Scherer, y H. H. Goldsmith (eds.). *Handbook of affective sciences*. (852-870). Oxford: Oxford University Press.

Iacoboni, Marco. 2009. Las neuronas espejo. Buenos Aires: Katz.

Kenny, A. 1963. *Action, Emotion and Will*. Londres: Routledge and Kegan Paul.

Levy, N. 2007. *Neuroethics. Challenges for the 21st Century*. Cambridge: Cambridge University Press.

Prinz, J. 2009. The moral emotions. En Peter Goldie (ed.) *The Oxford Handbook of Philosophy of Emotion*. Oxford: Oxford University Press.

Ramachandran, Vilayanur S. 2012. Neuronas espejo y aprendizaje por imitación como la fuerza conductora detrás del gran salto hacia delante en la evolución humana. En J. Brockman (ed.). *La Mente*. Barcelona: Crítica.

Rizzolatti, Giacomo y Corrado Sinigaglia. 2006. *Las neuronas espejo*. Barcelona: Paidós.

Shermer, M. 2012. El necesario escepticismo sobre los escáneres cerebrales. *Mente y cerebro*, 56: 52-57.

Wittgenstein, Ludwig. 1986. *Investigaciones filosóficas*. México: Crítica/IIF, UNAM.

Capítulo VIII

ALGUNAS IMPLICACIONES ÉTICAS DE LAS NEUROCIENCIAS

Paulina Rivero Weber*

* Doctora en Filosofía por la Facultad de Filosofía y Letras de la UNAM, en la que es actualmente profesora titular. Se ha especializado en el pensamiento de Friedrich Nietzsche y Martin Heidegger, así como en temas actuales de ética y bioética, y en los últimos años el Daoísmo y su relación con la filosofía occidental. Entre sus libros publicados destacan *Nietzsche, verdad e ilusión* (UNAM/Ítaca, 2004), *Alétheia: la verdad originaria* (UNAM, 2004), *Se busca heroína* (Ítaca, 2007) y *Nietzsche: el desafío del pensamiento* (Siglo XXI, en prensa).
Correo electrónico: paulinagrw@yahoo.com

[...][N]o sólo en el cuerpo, también en la psique los hábitos, caracteres, opiniones, deseos, placeres, penas, temores, cada una de estas cosas, jamás existen idénticas en el individuo.

Platón, *Banquete* 207d

De actos semejantes, nacen hábitos semejantes. Y el fruto de los hábitos es el carácter.

Aristóteles, Ética *nicomaquea*, ii.

La historia del mundo no es un suelo en el que florezca la felicidad. Los tiempos felices son las páginas en blanco de la historia.

Hegel, *Lecciones sobre filosofía de la historia*.

Aprendamos a reír.

Nietzsche, *Así habló Zaratustra*.

INTRODUCCIÓN

He elegido epígrafes que sintetizan desde el ámbito de la filosofía una de las enseñanzas más fundamentales de la neurociencia. Esto muestra que, como lo han señalado Ansermet y Magistretti, "el terreno conceptual ya estaba preparado para recibir los datos experimentales" (Ansermet y Magistretti, 2006: 13). Dicho en palabras más sencillas: la filosofía ya contaba con conceptos y propuestas capaces de explicar lo que ahora las neurociencias nos enseñan. En este trabajo expondré en qué sentido esos epígrafes encuentran apoyo (por no decir que se corroboran) en las neurociencias.

Las relaciones entre filosofía y neurociencias son cada vez más estrechas. Los descubrimientos de estas últimas han impactado el ámbito filosófico de manera considerable y han provocado un interés creciente. Por su parte, la actitud de los científicos especializados en estas nuevas ciencias ha sido muy variada. Algunos suelen citar precisamente las ideas más bizarras y erróneas de los antiguos filósofos sobre el cuerpo humano para contrastarlas con las de la ciencia actual, dejando en claro lo equivocada que estaba la filosofía antigua y lo acertada que frente a ella resulta la ciencia. Otros se esfuerzan en comprender complejas teorías filosóficas para mostrar los aciertos de algunos filósofos, como lo hace Antonio Damasio en *En busca de Spinoza*, o lo contrario: para desmentir erróneas creencias filosóficas, como lo hace en *El error de Descartes*. Este tipo de análisis se ve irremediablemente expuesto a aclaraciones y acotaciones por parte de los filósofos que comprenden a fondo a un pensador como Descartes, por ejemplo.[1] Sin embargo son trabajos que fructifican al acercar ambas disciplinas en un afán de diálogo auténtico, y si se leen con la intención de dialogar más que refutar, comprender más que criticar, el resultado es bastante más enriquecedor que si se leen con el estéril afán de contradecir a un supuesto oponente.

En este texto intentaré un diálogo entre filosofía y neurociencia para plantear las implicaciones éticas del cambio y transformación en que se encuentra la psique, del cual a su manera ya hablaban Platón y Aristóteles. Este constante cambio ha sido corroborado por la ciencia bajo el nombre de "plasticidad neuronal". Me interesa arriesgar la aristotélica hipótesis de que los individuos pueden conformar considerablemente su carácter gracias a la plasticidad neuronal y por lo mismo pueden, como lo hubiera dicho Unamuno, dejar de ser hijos de su pasado para comenzar a ser padres de su futuro. Quiero también cuestionar en qué medida el psicoanálisis puede pretender ser una cura y en qué medida el uso inadecuado del término "inconsciente" llega a resultar harto engañoso. Mi trabajo concluirá con una reflexión en torno a algunas implicaciones éticas de las neurociencias.

---

[1] Algunos filósofos contemporáneos consideran (no sin razón) que detrás de un texto como *El error de Descartes* se encuentra una pobre comprensión del pensamiento de este filósofo. Si bien es verdad que Damasio no tiene la comprensión propia de un especialista en el pensamiento de Descartes, lo importante es notar lo que intenta decir en esa obra: las emociones y el pensamiento racional se conjugan y son inseparables, tanto como lo son el cuerpo y la mente en el proceso de conocimiento.

EL IMPLACABLE DEVENIR

Quizá haya sido una lectura errónea de Freud o quizá una acertada la que llevó al psicólogo mexicano Santiago Ramírez a acuñar la ahora ya famosa frase: "Infancia es destino." ¿En verdad infancia es destino? Para no variar, éste es un problema de lenguaje: todo depende de cuáles sean nuestros conceptos de "infancia" y de "destino".

La imagen de destino parece medianamente clara al menos en el ámbito de la filosofía. El concepto "destino" está relacionado con el del "*démon*" heraclíteo, que aparece en uno de sus más fundamentales fragmentos de tan sólo de tres palabras: *ethos anthropon dáimon*: "*ethos,* destino humano". Esta idea se contrapone radicalmente al enunciado "infancia es destino". Si el *ethos*, esto es, el *carácter* es para el ser humano su destino, como lo creyó Heráclito y como lo reconsideró Aristóteles al hablar de la *eu-daimonía* (el buen/*eu* destino/*dáimon*), entonces la infancia es algo que puede ser superado. Pero, ¿lo es en verdad? Detengámonos brevemente en esta idea.

En el libro II de la *Ética nicomaquea* Aristóteles considera que todos tenemos un *ethos*, un carácter, que se conforma a través de las costumbres. No viene de nacimiento, como podría ser el caso del temperamento: no es genético, fisiológico o "natural", ni puede aprenderse como se aprenden las matemáticas o cualquier ciencia en general. El carácter es algo que se adquiere a lo largo de toda una vida. Y se adquiere de manera activa o pasiva; esto ya no lo dice Aristóteles, pero podría muy bien haberlo dicho, ya que se deriva de su pensamiento. En efecto, a lo largo de la vida todo individuo adquiere ciertas costumbres, las cuales casi siempre vienen dictadas por lo que atinadamente Heidegger llamó el ámbito público del "uno" o del "se": "uno" debe comportarse de cierta manera porque no "se" deben hacer o decir ciertas cosas. "Uno" no es nadie en particular, es el todo de la sociedad que dicta normas muchas veces sin palabras, imponiendo ciertas costumbres y estableciéndolas como la manera correcta en que "se" vive, en que "uno" debe vivir. Así, todos tenemos un *ethos* conformado por el mundo en que vivimos.

Aristóteles supo escuchar esas tres palabras de Heráclito y propuso una especie de método para definir el propio *ethos* basándose en la transformación etimológica de esa palabra. *Ethos* significa costumbre, pero Aristóteles hizo notar que al flexionar la "e" inicial y escribirse "*eethos*", la palabra tomó el significado de "carácter moral". De este hecho etimológico Aristóteles dedujo que puede haber una manera diferente de conformar el éethos o carácter: eligiendo conscientemente las costumbres. En lugar de que ese ámbito público de la sacrosanta madre sociedad imponga costumbres diciendo lo que "uno" debe o no hacer, o lo que "se" considera propio en una sociedad, el individuo puede (y para Aristóteles debe) elegir sus propias costumbres, las cuales a la larga conformarán su carácter moral.[2] Ése es el carácter que para el ser humano es destino, porque a través de las costumbres adquiridas conformará su existencia y tendrá un cierto tipo de vida: un cierto destino.[3] Es el carácter el que conforma el destino humano, pues con base en él éste actuará y tomará decisiones que le guíen a lo largo de la vida.

[2] Resulta imposible en este breve espacio explicar la ética aristotélica en su totalidad, tema por lo demás apasionante. Sólo no quiero dejar de mencionar que para este griego ese eethos como carácter sólo se adquiere cuando las costumbres se han incorporado de manera radical a la vida del individuo: cuando ya no es necesario luchar por ellas, sino que se llevan a cabo de manera natural, como si se tratara ya de algo que forma parte de la propia forma de ser natural. Esto me parece notable porque no se trata de una ética racionalista ni deontológica como la de Kant, sino de una ética que propone que las normas morales elegidas se "hacen cuerpo", se incorporan y pasan a ser parte del propio individuo.

[3] Interrumpo al lector sólo para comentar que Aristóteles no consideró que esto bastara para ser feliz: era plenamente consciente de que hay bienes materiales mínimos que son necesarios para ello, y que la suerte o fortuna puede arrebatar la felicidad con un mal golpe de la vida. La diferencia para este pensador sería que el individuo que ha conformado un *ethos* consciente logra salir adelante con más facilidad que uno que no lo ha hecho.

Por su parte el concepto de "infancia" es bastante más difícil de delimitar. Si la frase "infancia es destino" remite a los primeros dos o tres años de vida, resulta irrefutable en un sentido físico radical: un niño privado del contacto humano durante esa etapa no genera la estructura cerebral necesaria para llegar a ser humano: el lenguaje. Ahora sabemos que en los así llamados "infantes ferales", el desarrollo del cerebro se ve afectado y no crece adecuadamente. Infancia es destino si por infancia entendemos el periodo en que se crean los patrones básicos de lenguaje que nos hacen ser humanos.

Pero si entendemos "infancia" de una manera más amplia, esta puede abarcar por lo menos hasta los siete u ocho años de vida. Y hablaríamos no ya de un destino físico basado en la estructura cerebral, sino de un destino psicológico basado en las vivencias y posibles traumas acontecidos. Si en efecto en esa etapa de la vida se conformara nuestro destino, no seríamos sólo hijos del pasado, como diría Unamuno, sino meros títeres de nuestro pasado.

Del pensamiento freudiano parecen derivarse una serie de ideas que implican condenar al individuo a su infancia y, sobre todo, a aquellos eventos de esa etapa que ejercieron una fuerte impresión sobre su psique. Como si una vez acaecido el "trauma", el golpe a la psique permaneciera como huella indeleble que acaso pudiera sanarse a través del psicoanálisis, la "cura del habla". Sin embargo, la idea de que "hablar cura" es ajena a muchas culturas no occidentales. Esa idea conlleva la creencia de que el saber o el análisis del propio ser cura, la cual, como bien lo señaló Nietzsche en su primera gran obra, es una idea de cuño racionalista. No pretendo con esto negar los beneficios del habla como catarsis, como búsqueda de orden psíquico y vital, o como medio para el autoconocimiento. Lo que sí pretendo cuestionar es algo tan concreto como usual en nuestra sociedad: la pertinencia de las terapias psicoanalíticas que, al prolongarse de manera indefinida, más que ayudar al individuo, le dañan severamente. Y ya que esto puede resonar con fuerza, preguntémonos: ¿cuál es el daño que ellas pueden ejercer contra el individuo que desea una vida más sana?

LA FUERZA DE LAS EXPERIENCIAS NEGATIVAS
Y EL *FIRED TOGETHER, WIRED TOGETHER*

Una de las enseñanzas de las neurociencias remite a la facilidad con la que el ser humano, por un lado, recuerda y fija las experiencias peligrosas, amenazantes y, por lo mismo, dolorosas, mientras que, por otro lado, tiende a olvidar las experiencias placenteras y felices. Esto, se nos dice, es el resultado de un mecanismo propio para la sobrevivencia humana.

Parece claro que para sobrevivir como especie resultó más útil la fijación de los eventos peligrosos que la de los acontecimientos agradables. No recordar que cierto animal mata o que ingerir cierta planta resulta mortal hubiera hecho que la especie se extinguiera, mientras que recordar lo agradable no ayudaba a sobrevivir a ese ser inmerso en peligros. Experimentos de diverso tipo han confirmado lo anterior. Las expresiones faciales negativas, por ejemplo aquéllas que indican agresión, odio o amenaza, son percibidas más rápidamente y con mayor claridad que las positivas, y son recordadas por más tiempo (Yang, Zald, Blake, 2007). Nos indica la neurociencia que cuando un evento es diagnosticado como algo negativo o peligroso, el hipocampo lo fija para tenerlo claro en el futuro, o como dicen Hanson y Mendius en su ya clásico *Budha's Brain*: "El cerebro es como velcro para las experiencias negativas y teflón para las positivas." De esta manera, aunque en la vida individual las experiencias positivas puedan ser más que las negativas, son estas últimas las que más permanecen y por lo mismo conforman con mayor fuerza la identidad individual. Es como si las experiencias negativas se insertaran en el cerebro para proteger al individuo de correr ese peligro nuevamente, pero el resultado es, por supuesto, la infelicidad.

Nietzsche sabía de esto cuando en su tratado sobre la genealogía de la moral consideró al olvido como una fuerza necesaria y activa capaz de producir salud y bienestar, y consideró necesario aprender a olvidar, ya que el cuerpo parece estar diseñado para recordar aquello que duele, aquello que ha puesto al individuo en situaciones de peligro y de dolor. Por eso dirá Nietzsche: "Sólo lo que duele permanece en la memoria." A eso se refería también Hegel al decir que los días de felicidad son páginas en blanco en los libros de historia. Y suelen serlo en cierta medida en el libro de la vida de cualquier individuo. Pero entiéndase: no se trata de que el ser humano recuerde o valore los eventos negativos porque desee hacerlo; es su cerebro el que funciona de esa manera, y gracias a ello hemos sobrevivido como especie en la faz de la Tierra.

Este cerebro apto por naturaleza para recordar con más fuerza el peligro y los eventos dolorosos enfrenta un problema que ya Spinoza señalaba: una vez que se ha vivido una experiencia, a la hora de recordarla, ésta vuelve a concatenar todo aquello que estuvo presente en la experiencia original. La neurociencia estaría de acuerdo en este punto, a saber: el cerebro reacciona ante el recuerdo como lo hizo ante el hecho mismo, como si no distinguiera con claridad entre experiencias corporales reales y experiencias cerebrales re-vividas, re-presentadas en una realidad cuasivirtual.

Parte de lo que atrajo a Damasio con mayor fuerza a Spinoza fue el pensamiento de este filósofo en torno a esta cuestión: la mente percibe un fenómeno al mismo tiempo que percibe muchos más sin darse cuenta. Luego, al recordarlo, pueden regresar a la mente todos aquellos fenómenos que anteriormente percibió sin darse cuenta. Solamente que Spinoza no se refiere a "el inconsciente", habla más bien de "concatenaciones de la mente", las cuales se pueden llevar a cabo de más de una manera. El matiz es muy importante; Spinoza no propone una entidad abstracta a la que se le pueda llamar "el" inconsciente. Lo que propone es que la mente está siempre en comunicación, concatenando ideas y afectos sin que nos demos cuenta de ello. Para Spinoza el término "inconsciente" podría ser en dado caso un adjetivo que califica la forma de ser del conocimiento.

Es por ello que para Matthew Stewart (2007), filósofo y excelente biógrafo de Spinoza, el pretender que este pensador sea el antecesor de la idea del inconsciente freudiano es "atribuir a una mala teoría un pedigrí mejor del que merece". Para Stewart esa mala teoría es la del inconsciente y el inmerecido buen pedigrí es la concatenación de ideas en la mente. Tenemos pues dos ideas diferentes para explicar el fenómeno mental: una ha sido llamada la teoría del inconsciente, otra la de la concatenación de ideas. Spinoza, dice Stewart, no sugiere "una segunda instancia mental bajo la conciencia" (2007: 170) sino que toda mente es tan sólo parcialmente consciente de sí misma.[4]

De manera cercana a esta revolucionaria idea spinociana, para Damasio este filósofo supo lo que ahora la neurociencia ha descubierto: la mente se "cablea" físicamente con base tanto en las experiencias vividas como en las experiencias recordadas y hechas explícitas una y otra vez. Y mientras más se repita una experiencia, más fija quedará: *fired together, wired together*.

IMPLICACIONES ÉTICAS: ¿NEUROCIENCIA Y PSICOANÁLISIS?

Si lo anterior es verdad, como lo creyó Spinoza y como lo corrobora Damasio, deberíamos tomar en cuenta una serie de vicios en los que creemos de una manera casi supersticiosa. Un vicio mayor es el de repetir verbalmente una y otra vez el trauma acontecido, so pretexto de desahogarse de manera catártica o de analizarlo. Si tomamos en cuenta que cada vez que lo repetimos el cerebro vuelve a vivirlo y vuelve a encenderse el circuito que tomará más y más poder, ¿no debiéramos en lugar de repetirlo y volver a vivirlo, intentar algún método diferente para curar el dolor?

Si, como decía Aristóteles, el individuo se forma a través de los hábitos, ¿no deberíamos tomar como un hábito saludable dejar de

---

[4] Ese aspecto inconsciente de la mente Spinoza no lo encuentra en una entidad mental, sino "entre la idea del cuerpo que construye la mente y el propio cuerpo", lo cual quiere decir que todo acto mental tiene un correlato puramente físico.

repetir los eventos desagradables o traumáticos? Si la mente cambia con base en repeticiones tanto reales como virtuales de experiencias y éstas están concatenadas y se fijan más a través del recuerdo, el mero recuerdo, y no sólo las acciones, contribuye a crear o fijar ciertos hábitos. Y si encima de todo, sucede que el cerebro es más apto para recordar más las experiencias negativas, el riesgo de que el individuo se modele a través de ellas es aún mayor.

De lo hasta aquí dicho quisiera retomar dos cosas:

1. La neurociencia no postula la idea del inconsciente, sino la idea de una mente cuyo dinamismo debería inclinarnos a cuestionar la sustantivación de lo que realmente es un adjetivo calificativo. No podemos hablar de "el inconsciente", sino de procesos inconscientes, de concatenaciones de las cuales el individuo no se da cuenta, como lo decía Spinoza. De hecho para la neurociencia no debería existir el término "el inconsciente", sino más bien la expresión "los procesos inconscientes de la mente". Insisto: es un adjetivo, no un sustantivo.

2. En relación con lo que se ha dicho en los apartados precedentes, la neurociencia no consideraría idóneo que después de una experiencia negativa el individuo la repita, la analice y la recuerde una y otra vez. ¿Por qué? Porque eso la fija aún más: como lo he dicho, *fired together, wired together*.

Viene ahora mi pregunta sin respuesta: creer que a base de repetir y analizar el pasado, un individuo logra hacerlo consciente y no sólo eso, sino creer que ello puede curarle, ¿no parece contradecir en buena medida los datos que la neurociencia presenta? Resulta imposible no recordar una metáfora budista que parafrasearé muy libremente. Imaginemos a un individuo cuya garganta ha sido atravesada por una flecha, y alguien que acude para salvarlo. El individuo podría permitir que lo salvaran o podría decir: "Antes quiero comprender cómo llegó hasta mi garganta esta flecha, quién la lanzó, por qué lo hizo, y quiero analizar los datos necesarios para evitar que esto vuelva a suceder." ¿No es absurdo?

Quisiera sintetizar lo que a mi juicio es una especie de bomba *molotov* para la vida. Los ingredientes de esa bomba podrían resumirse de la siguiente manera: por naturaleza recordamos con más fuerza lo que duele, y cada vez que lo recordamos o hablamos de ello se fija más: pero como eso que creemos recordar con tanta fidelidad en realidad es una construcción en constante cambio, terminamos por tener una identidad creada, inventada, casi virtual, de la cual poco sabemos. Y creemos que al hablar de aquello y crear y recrear una y mil veces esa realidad virtual lograremos sanar. Pero lo que conseguimos es fijar más y más una identidad. Somos una realidad virtual, o como magistralmente cierra Sellers en su última película, somos un estado mental: la vida misma es un estado mental.

CONCLUSIONES

Los hallazgos más importantes para le ética durante el último siglo no han venido de la filosofía, sino de las neurociencias. Estamos habituados a curar nuestros estados mentales con psicoterapias de variados estilos. Sin embargo, en otras latitudes, enfermedades como la depresión o la ansiedad extrema suelen curarse por otros medios, como lo son las sesiones de risa en India o de la así llamada meditación en las tradiciones budistas o daoístas. Hoy, algunos científicos se han interesado en examinar qué sucede en el cerebro de un individuo que ríe o medita. La ciencia encuentra su respuesta en las sinapsis: las neuronas transmiten una carga eléctrica que para pasar de una neurona a otra se transforma en una serie de sustancias químicas. Conforme las neuronas se habitúan a recibir ciertos químicos, poco a poco se transforman y se hacen más aptas para recibirlos y necesitarlos, con lo cual se crea cada vez una necesidad mayor de la sustancia química recibida. El resultado de las sinapsis es la "plasticidad neuronal", que se encuentra en la base de toda adicción, ya sea a fármacos, drogas, a la risa, la meditación o a cualquier estado mental persistente.

¿No sería, como lo dijo Nietzsche, una obligación ética aprender a olvidar y aprender a reír, en lugar de insistir en repetir los viejos dolores hasta la saciedad? Es conocido el ejemplo de lo que sucede con los animales: si un animal enfrenta un peligro, se dispara en su cuerpo el reflejo conocido como "pelea o huye". Si el animal sobrevive, regresa en pocos segundos a su estado de calma.[5] ¿Qué hace por su parte el ser humano? Lo mismo, sólo que una vez que ha logrado vencer o huir del peligro o dolor, lo repite, lo recuerda, lo analiza, lo piensa, lo escribe, lo comenta… pero nunca lo deja ir. Una y otra vez, ya sea en un diván, entre compañeros o en la soledad, cada repetición fija más y más ese recuerdo. El resultado se conoce como "estrés" y es fuente de miedos, frustraciones y mala salud: los animales no padecen todas las enfermedades derivadas de esa forma de vida.

Si tomamos en cuenta los hallazgos de esta joven ciencia, quizá podamos descubrir nuevas técnicas para lidiar con los aspectos desagradables, peligrosos y dolorosos de la existencia, y sí, como dijo Nietzsche: quizá podamos lograr una gran salud a través de aprender a valorar la risa, la danza, el juego y, en general, todos los afectos que Spinoza conceptualizó como parte de la *laetitia*: la alegría. Solamente una sociedad enferma puede valorar el dolor como

---

[5] Dos acotaciones. La primera: excluyo de esta afirmación a los animales en cautiverio, por razones evidentes. La segunda: las investigaciones del primatólogo Frans de Waal muestran que los primates comparten con el ser humano muchos más aspectos de los que solemos imaginar. Entre ellos está la fijación prolongada del miedo después de un evento peligroso. De modo que excluyo de esa afirmación también a todos los primates. Seguramente conforme avance la ciencia de la etología todas nuestras aseveraciones deberán matizarse y acotarse.

algo digno o hasta deseable. La autocomplacencia y el apego a repetir y recordar emociones propias de la *Tristitia*, como las llamaba Spinoza, quizá pueda ser una especie de romanticismo trasnochado, pero no conduce a la felicidad ni a la salud. Sólo de la alegría puede surgir la salud física y emocional: sólo la alegría redime.

Bibliografía

Ansermet, François y Pierre Magistretti. 2006. *A cada cual su cerebro. Plasticidad neuronal e inconsciente.* Buenos Aires: Katz.

Yang, E., D. H. Zald y R. Blake. 2007. Fearful expressions gain preferential access to awareness during continuous flash suppression. *Emotion*, 7(4): 882-886.

Stewart, Matthew. 2007. *El hereje y el cortesano. Spinoza, Leibniz y el destino de Dios en el mundo moderno.* Josep Sarret Grau (trad.). Barcelona: Biblioteca Buridán.

Capítulo IX

ANDAMIOS PARA LA CONSTRUCCIÓN DE LA AUTOCONCIENCIA

Francisco Pellicer Graham*

* Doctor en Ciencias Fisiológicas por la UNAM, es director de Investigaciones en Neurociencias del Instituto Nacional de Psiquiatría Ramón de la Fuente Muñiz. Ha sido profesor invitado en las Universidades del Valle, Colombia, La Habana, Cuba y Sevilla, España. Ha impartido más de 50 conferencias y escrito 38 artículos de divulgación científica y 41 artículos especializados. Sus intereses se centran en la fisiología integrativa del dolor persistente mediante abordajes experimentales electrofisiológicos, neuroquímicos y conductuales.
Correo electrónico: pellicer@imp.edu.mx

Existen dos condiciones en los individuos que de alguna forma determinan o ponderan no tan sólo la viabilidad de su especie sino marcan su evolución: me refiero a la condición de precocialidad y la de altricialidad. Estas condiciones aparecen en las aves y tienen un carácter evolutivo.

La precocialidad le confiere al individuo, inmediatamente después del nacimiento, la posibilidad de interactuar de forma muy rápida con su entorno, dependiendo prácticamente de él mismo. Un buen ejemplo son los pollos de gallina o pato; al romper el cascarón y salir el pollo puede sostenerse en pie por sí mismo y en unos minutos más lograr una marcha coordinada o incluso nadar, además de ser capaces de obtener su alimento sin necesidad de un proveedor parental. Ciertamente la ganancia en esta situación es el aumento en la probabilidad de sobrevivencia por la falta de dependencia de un tercero. La contraparte es que el cerebro que realiza todas estas funciones de manera precoz pierde o tiene muy poca capacidad plástica en cuanto a aprendizaje, interacción social y desarrollo de futuras habilidades. Estos cerebros desde el nacimiento están conformados casi en su totalidad para la función que requiere la especie prácticamente de por vida, no en vano también se les clasifica como nidífugos, que dejan el nido rápidamente.

En el otro extremo del eje se encuentran los pájaros con cerebros altriciales, también denominados nidicolous, los que se quedan en el nido por mucho tiempo, característica de los pájaros tardíos que se desarrollaron en el periodo cretácico (Zhang y Zhonghe, 2000). Estos pájaros nacen completamente desvalidos, desnudos, ciegos y requieren del esmerado cuidado de sus padres para poder sobrevivir. Requieren además de una larga instrucción tutelada para poder volar y son capaces de desarrollar con el tiempo complejas estrategias de cacería e inclusive de cooperación social para la misma. Esto habla por sí de capacidad de aprendizaje y curiosamente agrupa a estos como aves depredadoras (Figura 1).

Figura 1. Las aves precoces (izquierda: Fir0002/Flagstaffotos/GFDL) (pollos, patos y avestruces) producen crías que inmediatamente después del nacimiento son competentes: pueden desplazarse o valerse por sí mismas. En contraste, las altriciales (derecha), como las águilas, búhos y pájaros cantores en general, nacen completamente desvalidas, desnudas y ciegas y requieren de la atención de sus padres para poder sobrevivir. En términos evolutivos se piensa que la precocidad es antigua y la altricialidad, derivada.

Con lo anterior como marco de referencia, diría que la primera condición definitoria que coloca a nuestro sistema nervioso en un contexto evolutivo humano es precisamente la altricialidad. Esta condición cerebral heredada justamente de estos pájaros tardíos, trasladada y acentuada en el sistema nervioso del hombre, es la que nos confiere que al nacimiento no tengamos un cerebro maduro con todas sus funciones y potencialidades, por decirlo así, "activadas". Esto parecería ser una seria desventaja adaptativa en un medio con fuertes y múltiples presiones de entorno, pero justamente lo contrario, habiendo pagado el costo de dejar como individuos la responsabilidad de la crianza temprana en manos de nuestros parientes más cercanos (en realidad el costo puede ser tan alto como la muerte, y creo que es una de las razones por las que se condena tanto la negligencia del cuidado infantil en todas las sociedades, en particular la de la madre), la ganancia de esta situación es un cerebro cuyo programa es justamente no estar programado, particularmente me refiero a las funciones denominadas superiores que recaen en las cortezas, pues es evidente que sí hay funciones reguladoras programadas, por ejemplo, las de control autonómico (la regulación cardíaca, respiratoria, el tránsito intestinal y muchas otras). Tenemos entonces una máquina generadora de hipótesis, cerebros que tienen la posibilidad de seguir aprendiendo en el estado adulto e inclusive en la vejez.

El desarrollo del cerebro humano

En el caso del desarrollo evolutivo del cerebro humano las evidencias apuntan a una serie de cambios súbitos, en primer término en la escala temporal. Con esto me refiero a que nuestros antecesores, los australopitecinos, contaban hace 3 millones de años con una capacidad encefálica calculada en 517 cc. La capacidad de *Homo habilis* protagonizada por el joven de Turkana, denominado *Homo ergaster*, se incrementó en 383 cc en 1.3 millones de años. Éste tenía una capacidad endocraneana de 880 cc que se ha calculado en 900 si hubiera alcanzado la vida adulta. La del Cro-Magnon se incrementó en 400 o 500 cc más, lo que dio como resultado un gran aumento en la ganancia de volumen de forma exponencial en el tiempo, todo ello a favor de las cortezas cerebrales, en particular de la frontal, para llegar a un peso medio de 1 300 gr (Ehrlich, 2005).

Esto me lleva a reflexionar sobre la creencia popular que relaciona el tamaño del cerebro con la evolución y con las capacidades intelectuales, en realidad en dos sentidos; el primero se refiere a cerebros grandes: elefantes y ballenas *versus* cerebros de pequeños roedores, por ejemplo. De ahí que se ha ponderado peso y masa corporal con tamaño de cerebro, de hecho muchos de los parámetros evolutivos "vigentes" se fundamentan en esta correlación que a todas luces no ha resultado satisfactoria. La otra es el tamaño comparativo entre una misma especie, es decir, cerebros humanos pequeños y grandes, como queda de manifiesto en el trabajo publicado por Spizka (1907), en el cual se presenta una tabla de registros de los pesos de los cerebros de distintos personajes que van de los 2012 gr del literato y novelista ruso Ivan Turgenev, hasta el cerebro pequeño del mismísimo Franz Joseph Gall, con sus 1198 gr de peso encefálico. Si la variabilidad en el peso no es un factor sustantivo, al menos para el caso de la inteligencia, ¿cuál sí? Una respuesta más acertada la propone De Felipe (2011) en un trabajo reciente donde compara los elementos neuronales constitutivos de las cortezas cerebrales presentes o no entre varios mamíferos y su posición en la escala filogenética. En este estudio se hace énfasis en la complejidad de la citoarquitectura de las diferentes capas que constituyen la corteza cerebral, no nada más a nivel microanatómico, sino también en cuanto a las diferencias genéticas, moleculares y fisiológicas que presentan las neuronas corticales de cada una de las especies. Si comparamos el tamaño del cerebro de una jirafa encontraremos que es de tamaño similar al del *Homo sapiens*, pero las distancias cognoscitivas y conductuales entre ambos son más que evidentes.

¿Con qué se hace conciencia?

Hace no muchos años este cuestionamiento se contestaba de forma categórica: con el cerebro de hombre, aún peor se pensaba y se afirmaba que los niños pequeños no sentían dolor, de ahí que no se le diera el atributo de conciencia a una fase temprana del desarrollo humano. Por supuesto quedaba descartada la posibilidad de conciencia para cualquier animal "inferior al hombre". En buena medida esta forma de proceder se deriva del concepto de conciencia cognoscitiva que se otorgan a sí mismos y otorgan los grupos sociales dominantes a otras etnias y, claro está, a los animales. Hoy en día está claramente demostrado por varios autores (Griffin, 1984; Gallup, 1970; Díaz, 2007) que la escala evolutiva animal conlleva, de la misma manera, la evolución de la conciencia cognoscitiva, y por ésta nos referimos (de forma acotada) a la capacidad que tienen los organismos con sistema nervioso de autorreconocimiento, hecho que se relaciona con procesos de percepción, atención y memoria, entre otros, por un lado, y al de su interacción propositiva con el entorno, por el otro. Estos conceptos colocan a un grupo de animales, de manera precisa a los primates no humanos (bonobo, chimpancé, orangután, gorila) y también a los cetáceos, en la posición de experimentar en la esfera perceptual algo similar al concepto o interpretación humana de dolor. De alguna manera todo aquel animal que tenga sistema nervioso de acuerdo con su escala evolutiva, presentará una respuesta a la estimulación nociva y ésta será más elaborada o más compleja mientras más alto se encuentre dicho animal en la escala filogenética.

Esto plantea que ahora el hombre tiene conciencia de que los animales tienen conciencia (conciencia animal) y esto de alguna manera nos acerca. El colectivo social hace prójimos no nada más a sus pares sino que extiende su abrigo protector a los animales y les extiende, por ende, su protección legal, moral y ética (Pellicer, 2007).

En la actualidad se han utilizado diversos abordajes para el estudio de la conciencia que van desde conceptos filosóficos y revisiones a las viejas posturas filosóficas hasta los nuevos conceptos neurofisiológicos operativos y mecanicistas. En este sentido, existen modalidades sensoriales dentro del repertorio fisiológico de los vertebrados y especialmente en el hombre que pueden abrirnos una ventana al estudio de la conciencia. Una de estas modalidades sensoriales, ciertamente compleja, es la de percibir dolor.

Existen varias definiciones de dolor que nos pueden ayudar a introducirnos en el campo de la conciencia. En primera instancia está la definición ofrecida por la Asociación Internacional para el Estudio del Dolor, en la cual se expresa que: "El dolor es un mecanismo de alarma de contenido sensorial y emocional desagradable asociado a un daño real o potencial del organismo." Esta definición operativa nos ejemplifica el papel pragmático de un sistema de alarma con el fin de evitar el daño. Parte de este sistema de alarma en realidad es completamente inconsciente y es uno de los ejemplos fisiológicos de la operación de un sistema en el cual no interviene la voluntad ni la conciencia, nos referimos al reflejo espinal antialgésico. La otra parte del constructo es mucho más compleja; en ella interviene el concepto de percepción, es decir, la sensación que nos avisa del daño y que tamizada por el sistema límbico se convierte en desagrado, llanto, repulsión y finalmente en una alarma cognoscitiva con base en el afecto. En este sentido, Chapman (1996) ha ampliado la definición de dolor como: "La emoción no es simplemente la consecuencia de una sensación dolorosa que ocurre después de que la información nociceptiva llega a la corteza somatosensorial, sino que, es en sí una parte fundamental de la experiencia dolorosa."

Un corredor hacia la conciencia

La parte más evolucionada del cerebro del hombre es la corteza. En la corteza motora y en la somatosensorial el hombre contiene un mapa de sí mismo, un mapa referencial y ejecutivo estudiado sistemáticamente por el grupo de Penfield (1937; 1950) en Canadá a mediados del siglo pasado. Este equipo postuló un arreglo rígido en cuanto a sus límites, es decir, como un mapa predeterminado de la topología sensorial del cuerpo, así como la de su ejecución motora (Figura 2).

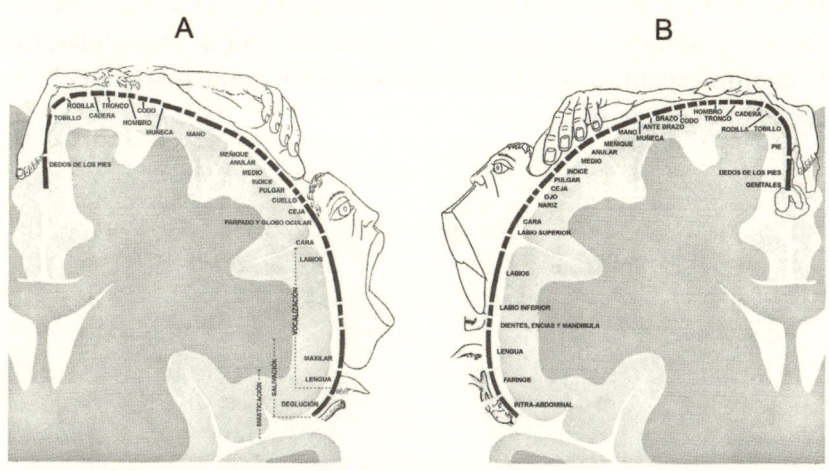

Figura 2. Representación corporal en la corteza motora y somatosensorial del hombre; obtenida por estimulación eléctrica directa de las cortezas por Penfield *et al*. En A se muestra la representación de la corteza motora y en B la corteza somatosensorial; llama la atención que la representación que tiene la faringe y hasta la muñeca ocupa topográficamente más del 80 % de cada una de las cortezas. Esta topología se encuentra funcionalmente en estrecha relación con el lenguaje.

Si observamos estudios análogos sobre las cortezas de monos podemos preguntarnos si en la corteza cerebral está conformado el arreglo con el que hemos evolucionado. Si utilizáramos lo representado en nuestras cortezas como tarjeta de presentación hacia las demás especies, ¿qué nos diríamos? El "changúnculo" nos dirá que tiene una representación enorme de las manos y patas y muy reducida en el cuerpo y la cabeza en la corteza somatosensorial; con lo que respecta a la corteza motora, aumenta la parte del resto de cuerpo a expensas de manos y patas, como lo podemos ver en la Figura 3, lo que corresponde con la gran habilidad que tienen estos primates para moverse en el medio arbóreo donde viven (Woolsey, Chang y Bard, 1947). Observando nuestra representación, la humana, el panorama me queda claro: en gran medida nuestro cerebro evolucionó en términos del lenguaje y, por ende, con la posibilidad de la comunicación, una herramienta necesaria y poderosa para el ser social que nos define.

A   B

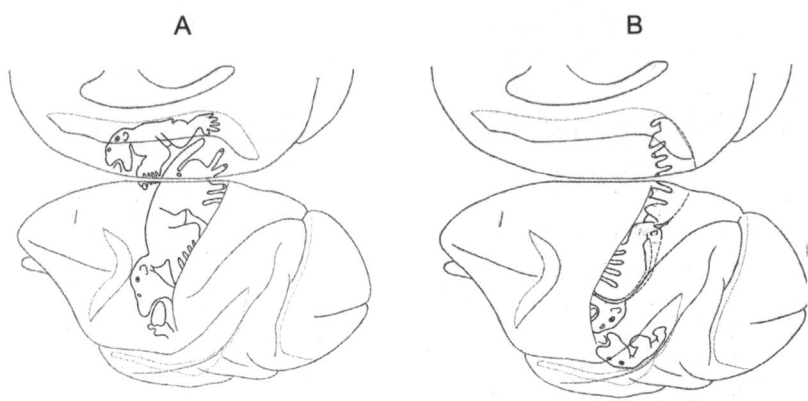

Figura 3. Representación cortical del esquema corporal del mono. Equivalente al homúnculo, tanto para la corteza motora A, como para la somatosensorial B. Nótese la gran área de representación que tienen las manos, las patas y los dedos de manera acentuada en la corteza somatosensorial B.

Mediante estudios de imágenes cerebrales hoy podemos decir que este homúnculo representa lo que se tiene, lo que se es. En otras palabras, la amputación de un miembro modifica la representación cortical del mismo en la corteza somatosensorial con lo que podemos decir que este mapa resulta ser más plástico y movible y muy posiblemente modificará sus dimensiones si se trata de un individuo que ha incrementado su peso corporal o, por el contrario, lo ha disminuido considerablemente.

En este sentido, la definición de individuo cobra cabal dimensión; cuando por algún accidente o proceso patológico se pierde alguna parte de un sujeto que funcionalmente se concibe como inseparable, se producen trastornos de identificación neural con el concepto de uno mismo. Estos trastornos se caracterizan por la sensación que experimentan la mayoría de las personas a las que se les ha amputado un miembro o que han padecido la ablución de un nervio y que consiste en seguir percibiendo la extremidad con un alto grado de realidad, tanto en sus componentes sensoriales como motores; a esta alteración perceptual se la denomina "miembro fantasma".

Una de las explicaciones relevantes para la génesis del miembro fantasma se encuentra en una de la teorías más espectaculares de las últimas décadas: la propuesta por Ronald Melzack, en la que define la existencia de una red neuronal distribuida en varias áreas del cerebro (sistema límbico, tálamo y cortezas) que procesaría información paralela a la entrada somatosensorial y que sería susceptible de ser modificada por la entrada sensorial real. Melzack (1990) denominó a esta red neuronal "neuromatriz". Ésta tiene una referencia del cuerpo genéticamente determinada; el "cuerpo genético del cerebro" que, además de responder a la estimulación sensorial, generaría información precisa que le da al "cuerpo real" la certeza de pertenencia. Si esta matriz se encuentra activada en ausencia de información sensorial periférica (miembro amputado) produce la sensación de tener un miembro presente después de la pérdida (Ramachandran y Blakeslee, 1999; Pellicer, 2002).

Con respecto a la sensación de dolor, podemos determinar los dos extremos de un eje; en uno se percibe dolor temporalmente sin daño real ni potencial, su ejemplo máximo es el de este miembro inexistente y doloroso (fantasma doloroso); en el otro extremo estaría la ausencia del mensaje doloroso como producto del daño. En esta última categoría englobamos a los síndromes de ausencia congénita de dolor, en especial aquéllos en los que los elementos asociados a la transducción y a la transferencia están presentes y funcionales y el problema está, al parecer, relacionado con la interpretación del estímulo, lo que se ha denominado asimbolia al dolor (Berthier, 1988). Estos pacientes presentan una conducta característica que consiste en mutilarse parte del cuerpo (dedos, labios, lengua), lo que sugiere una alteración en la conciencia corporal (Pellicer, Buendía-Roldán y Pallarez-Trujillo, 1998).

El asiento de esta disfunción reside en el componente afectivo del dolor, el cual se encuentra alterado en algunos pacientes con trastornos psiquiátricos, particularmente en aquellos que presentan conductas autolesivas cuya posible alteración en la percepción cognoscitiva obedece a disfunciones en las estructuras límbicas cerebrales encargadas del proceso cognoscitivo del dolor.

Un binomio crucial

Los procesos de memoria juegan un papel fundamental en el fenómeno de la conciencia. En realidad se podría decir que no existe conciencia sin una referencia al conocimiento del pasado inmediato y de largo plazo. Otra estructura muy relacionada al sistema límbico es el hipocampo, en el cual se asientan justamente los procesos de memoria. En este nivel es importante mencionar que si se logra evitar que un impulso llegue a las estructuras responsables de procesarlo y sea "memorizado" por las neuronas, se puede, al menos en modelos experimentales en animales, disminuir la conducta asociada al dolor. Es aquí donde la memoria y la conciencia juegan un binomio inseparable en el que no se puede ser consciente de una sensación si no hay memoria de la misma. En este sentido, la memoria juega un papel muy importante para la activación de la alarma, no evocando al dolor *per se* sino activando zonas del sistema límbico (corteza anterior del cíngulo) relacionadas con el desagrado y aversión, lo que genera un conducta de evitación.

CEREBROS PEQUEÑOS QUE AYUDAN A LOS GRANDES

Las líneas de investigación con animales nos han facilitado conocer el funcionamiento del sistema nervioso para trasladar algunos de los hallazgos al hombre, por ejemplo el modelo de denervación o inflamación en rata para producir dolor neuropático (López Ávila *et al.*, 2004a). Con esta aproximación se ha podido determinar el papel que juega la corteza anterior del cíngulo (López Ávila *et al.*, 2004b) así como el de la corteza de la ínsula (Coffeen *et al.*, 2008; 2011) en los procesos de génesis del dolor neuropático. Nuestro grupo determinó experimentalmente la relación del sistema de neurotransmisión inhibitorio dopaminérgico a partir del área tegmental ventral mesencefálica hacia las cortezas anterior del cíngulo y de la ínsula. Más aún, se estableció la fisiología fina de los receptores dopaminérgicos D1 y D2 en el proceso de nocicepción neuropática, así como la función facilitadora del sistema de aminoácidos excitadores proveniente de los núcleos anteriores del tálamo con los receptores NMDA, es decir, el sistema inhibitorio dopaminérgico disminuye la nocicepción, mientras que el sistema NMDA la incrementa. Exploramos un medicamento inhibidor de los receptores NMDA: la amantadina que produce también liberación de dopamina. La administración de este fármaco, tanto sistémica como directamente en la corteza del cíngulo o en la corteza de la ínsula, disminuye la nocicepción neuropática. Estos hallazgos experimentales pueden tener un papel relevante en la medicina de traducción con gran repercusión en el tratamiento clínico, ya que podrían beneficiar a los pacientes susceptibles de ser amputados con el fin de prevenir la aparición de miembro fantasma doloroso.

En el ámbito de la memoria y el dolor, nuestro grupo ha mostrado que el bloqueo de los receptores colinérgicos muscarínicos con escopolamina en la corteza anterior del cíngulo previo a una estimulación nociceptiva disminuye la memoria asociada a la nocicepción. En la actualidad se investiga la dinámica de los receptores muscarínicos M1 y M2, así como la expresión de los mismos asociados al fenómeno de dolor neuropático (Ortega-Legaspi *et al.*, 2010). Estos estudios han contribuido a desarrollar conocimientos y alternativas terapéuticas para comprender mejor y aliviar uno de los dolores más incapacitantes y que confieren gran deterioro de la calidad de vida a quien lo padece.

En este acotado capítulo se ha echado mano de conceptos de la neuroanatomía y la farmacología emanada de la investigación básica y que tiene que ver con los medicamentos que recetamos y tenemos como arsenal terapéutico. Estos fármacos modernos pretenden restaurar el funcionamiento normal quebrantado por enfermedades ancestrales.

Un punto importante de reflexión es acerca de la materia que se enferma. Por citar un ejemplo, la enfermedad úlcero-péptica; si bien las causas que la generan pueden tener naturalezas diversas (desde una bacteria, la dieta o la motilidad del intestino, hasta factores de índole neurogénico y ambiental como el estrés), de manera sintomática ésta se puede resolver clínicamente mediante fármacos que inhiben la producción de ácido clorhídrico en el estómago. Finalmente se puede cuantificar el pH de las secreciones gástricas y establecer las correlaciones que tiene con la mejoría clínica e inclusive documentarla mediante procedimientos instrumentados: radiología o endoscopía. Por otro lado, cuando "lo que se enferma" es el proceder del individuo, es decir, su comportamiento, su afecto y las relaciones que establece con la sociedad, lo que se enferma es la percepción de la realidad y los parámetros para restablecer el buen funcionamiento en estos ámbitos se tornan complejos, entre otras cosas porque los parámetros de comportamiento varían entre culturas, por lo que establecer dicha norma es un problema complicado. Sin embargo, el cerebro opera básicamente de la misma forma en todos los individuos del planeta. El reto está en encontrar las diferencias culturales que hagan que el tratamiento y el manejo de estos males sea exitoso para todos y que los tratos y las normas clínicas cubran la ética de manera más que elemental.

Bibliografía

Bertheier M., S. Starkstein y R. Leiguarda. 1988. Asymbolia for pain: a sensory-limbic disconnection syndrome. *Annals of Neurology*, 24: 41-49.

Chapman, C. R. 1996. Limbic processes and the affective dimension of pain. *Progress in Brain Research*, 110: 63-81.

Coffeen, U. *et al.* 2008. Dopamine receptors in the anterior insular cortex modulate long-term nociception in the rat. *European Journal of Pain*, 12(5): 535-43.

Coffeen, U. *et al.* 2011. Insular cortex lesion diminishes neuropathic and inflammatory pain-like behaviours. *European Journal of Pain*, 15: 132-138.

Díaz, J. L. 2007. *La conciencia viviente*. México: Fondo de Cultura Económica.

Ehrlich, Paul R. 2005. *Naturalezas humanas*. México: Fondo de Cultura Económica.

Felipe, Javier de. 2011. The evolution of the brain, the human nature of cortical circuits, and intellectual creativity. *Frontiers in Neuroanatomy*, 5(29): 1-17.

Gallup, G. G. 1970. Chimpanzees: Self-Recognition. *Science, New Series*, 167(3914): 86-87.

Griffin, D. R. 1984. *Animal thinking*. Harvard: Harvard University Press.

López-Ávila, A. *et al.* 2004a. Self-injury behaviour induced by intraplantar carrageenan infiltration: a model of tonic nociception. *Brain Research Protocols*, 13: 137-144.

López-Ávila, A. *et al.* 2004b. Dopamine and NMDA systems modulate long-term nociception in the rat anterior cingulate cortex. *Pain*, 111: 136-143.

Melzack, R. 1950. Phantom limbs and the concept of a neuromatrix. *TINS*, 13: 88-92.

Ortega-Legaspi, J. M. *et al.* 2010. Expression of muscarinic M1 and

M2 receptors in the anterior cingulate cortex associated with neuropathic nociception. *European Journal of Pain*, 14: 901-910.

Pellicer, F. 2002. Cuando la conciencia corporal se enferma, *Elementos* 46: 3-8.

———, 2007. Bioethical guidelines for the study of chronic pain in animals: a paradox? *Salud Mental*, 30: 6.

———, I. Buendía-Roldán y V. C. Pallarez-Trujillo. 1998. Self-mutilation in the Lesch-Nyhan syndrome: a corporal consciousness problem? - A new hypothesis. *Medical Hypotheses*, 50(1): 43-47.

Penfield, W. Rasmussen. 1930. *The cerebral cortex of man: A clinical study of localisation of function.* Nueva York: Mac Millan.

———, y E. Boldrey. 1937. Somatic motor and sensory representation in the cerebral cortex of man as studied by electrical stimulation. *Brain*, 60: 389-443.

Ramachandran, V. y S. Blakeslee. 1999. *Phantoms in the Brain.* London: Fourth State.

Spitzka, E. A. 1907. A study of the brains of six eminent scientist and scholars belonginig to the american anthropometric society, together with a description of the skull of professor E. D. Cope. *Transactions of the American Society*, 21: 175-308.

Woolsey, C. N., H. T. Chang y P. Bard. 1947. Distribution of cortical potentials evoked by electrical stimulation of dorsal roots in Macaca mulatta. *Federation Proceedings*, 6(1 Pt. 2): 230.

Zhang F. y Z. Zhonghe, 2000. A primitive enantiornithine bird and the origin of feathers. *Science*, 290: 1955-1959.

Capítulo X

LA DISOLUCIÓN DEL YO. UNA EXPLICACIÓN CONFORME A LA HIPÓTESIS DEL ENJAMBRE

Clemens C. C. Bauer*

* Es médico cirujano por la Universidad Autónoma de Guadalajara, maestro en Ciencias Cognitivas por la Universidad de Osnabrück, Alemania y actualmente es candidato a doctor en el Instituto de Neurobiología de la UNAM. Por medio de la resonancia magnética funcional investiga los procesos de atención dirigida en la meditación, la neurofenomenología, la toma de consciencia y el libre albedrío. Correo electrónico: cbauer@inb.unam.mx

"Todas las verdades son fáciles de entender a partir del momento
en que se revelan. La pregunta es si se pueden revelar."

Galileo Galilei

Introducción

En este ensayo trataré de convencerlos de que no existe eso que llamamos *Yo*. En contra de lo que la mayoría de las personas cree, nadie ha sido ni ha tenido un *Yo*. Esto tiene repercusiones importantes en el entendimiento de nuestra más íntima naturaleza. En los últimos años se han generado nuevas teorías sobre emociones, empatía, sueños, libre albedrío, control de las acciones e incluso la conciencia de las máquinas. Estos nuevos descubrimientos llevan a la misma pregunta crucial: ¿quién es él que siente, empatiza, sueña o se cree autor de las acciones? Y ¿por qué la realidad consciente es *tu* realidad consciente?

En lo que sigue intentaré explicar que lo que comúnmente se piensa como *Yo* en realidad es un proceso de características muy especiales. Para hacerlo me valdré de tres ejemplos de la neurociencia reciente que a su vez se basan en dos conceptos filosóficos básicos. Una vez explicado el proceso de creación, veremos dos ejemplos teóricos que espero sirvan como prototipo para después poder entender cómo, mediante ejercicios de meditación, se puede experimentar en primera persona el proceso de creación del *Yo,* y finalmente comprender su inexistencia.

El *yo* como resultado de un proceso pautado

Las neurociencias modernas han propuesto un conjunto de teorías cognitivas vinculadas a la noción de complejidad y a paradigmas de sistemas dinámicos que proponen un sistema de procesamiento de información distribuido y conexionista (Díaz, 2007). Según estas teorías, la información y el procesamiento de ésta no se encuentran en módulos particulares, sino distribuida en múltiples subsistemas conectados entre sí. Tomando como punto de partida la hipótesis de los procesos pautados o del enjambre de José Luis Díaz (2007), en donde la conciencia emerge junto con los niveles más elevados de la función cerebral, es decir, en el lindero intermodular del órgano completo (cerebro) que está organizado de manera piramidal, vemos que el fenómeno consciente adquiere propiedades que no pueden ser reducidas a las propiedades o procesos de sus partes constituyentes. Esta idea se relaciona estrechamente con los conceptos de autorganización y superveniencia así como con la sincronía neural a gran escala y se definen en oposición total a los conceptos de reduccionismo y dualismo. Este proceso de características emergentes es entonces lo que de alguna manera nos da la experiencia consciente de ser alguien. Y, aunque los mecanismos subyacentes a esta experiencia única muy probablemente se crean a partir del procesamiento de información, mismo que se desarrolla en la detallada microestructura de la corteza cerebral, el fin de este estudio no es encontrar los mecanismos neurobiológicos exactos y los correlatos neurales detallados, sino proponer un marco teórico para explicar la relación proceso-conciencia y el porqué es tan elusiva.

Tres ejemplos de las neurociencias y dos conceptos filosóficos

Introducción

Antes de iniciar con los ejemplos de las neurociencias para explicar al *Yo*, describiré brevemente lo que todos de alguna forma entendemos como el *Yo* (*self*, en inglés) o el proceso de autoconciencia.

El *Yo,* desde el punto de vista encarnado y material, podría entenderse como esa sensación de ser una unidad (de materia física, átomos, moléculas, células, etc.) diferente y separada del entorno o medio ambiente externo. Esa sensación propia en cuanto a ser una partícula discreta, centralizada, distinta al mundo externo, es la que llamamos el *Yo* o el sí mismo (Llinás, 2002). Aunque hay distintos niveles de entender al *Yo,* desde las etapas más bien pasivas donde se crean simples sensaciones o complejas emociones de manera reflexiva a partir del contacto directo con el mundo externo, pasando por niveles más dinámicos o activos mediante la acción o movimiento voluntario, hasta el nivel más elevado en donde se construye una línea en el tiempo de lo que fue, es y será el *Yo*. En resumen, necesitamos de alguna forma percatarnos de que somos una unidad para luego poder explorar y reflexionar acerca de ésta y crear un elemento en el tiempo de nosotros mismos o el *Yo*.

La ilusión de la mano de hule

Una vez aclarado lo que entendemos como el *Yo*, veamos un experimento que apunta hacia el aspecto puramente experiencial de su naturaleza, es decir, nos demuestra lo que experimentamos (en carne propia) cuando hablamos de él.

En 1998 en la Universidad de Pittsburgh, los psiquiatras, Matthew Botvinick y Jonathan Cohen realizaron un experimento que hoy en día se considera clásico, en donde sujetos normales experimentan una mano de hule artificial como parte de su cuerpo (Botvinick y Cohen, 1998). En el experimento (Figura 1), los participantes observaban una mano de hule colocada enfrente de ellos sobre una mesa, mientras la mano propia del sujeto se encontraba también sobre la mesa, pero oculta a la vista. Ambas manos, la del sujeto y la de hule, fueron a continuación acariciadas por un experimentador con un pincel de manera sincrónica.

Como es evidente, este experimento puede ser replicado perfectamente en casa. Si no se cuenta con una mano de hule fidedig-

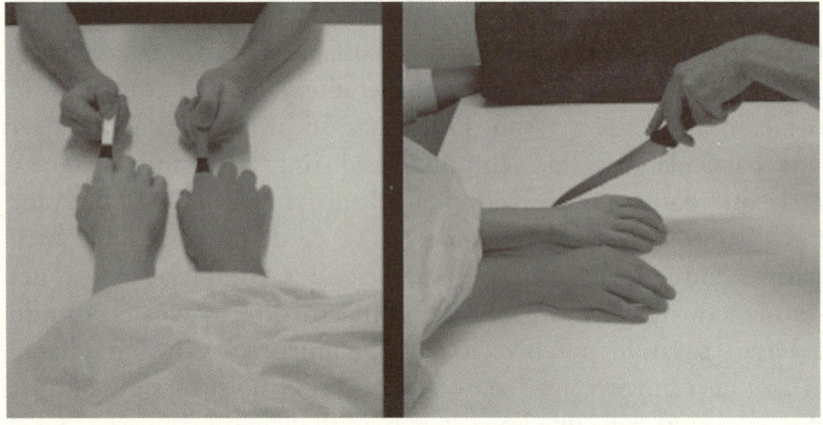

Figura 1. Experimento de la ilusión de la mano de hule. Mediante la estimulación sincrónica de la mano real (derecha inferior) y la mano de hule (derecha superior), a los pocos segundos se instaura la ilusión de pertenencia y encarnación de la mano artificial. Imagen: cortesía de Arvid Guterstam.

na, se pueden utilizar también los guantes comunes para lavar trastes, rellenarlos de algodón y listo. Después de algún tiempo (entre sesenta y noventa segundos, en algunos casos un poco más, como en el mío) la famosa ilusión de la mano de hule emerge.[1] Los que no quieran hacer el experimento en casa se pierden de experimentar o de sentir de pronto que la mano de hule colocada sobre la mesa se incorpora como parte del propio cuerpo. Es más, no sólo se siente que la mano pertenece al cuerpo, sino que un brazo imaginario conecta nuestro hombro con la mano de hule sobre la mesa.

Esta ilusión es digna de disfrutarse mientras dura, ya que nuestra lógica dicta y sabe perfectamente bien que la mano de hule sobre la mesa no pertenece a nuestro cuerpo y mucho menos que hay un brazo virtual que los conecta, y a pesar de toda gimnasia lógica esta-

---

[1] Véase: <http://www.youtube.com/watch?v=TCQbygjG0RU> (Ruber hand illusion).

mos sintiendo que en efecto pertenece a nosotros. ¿Pero qué es eso que se siente, cuál es el contenido de los pensamientos que crean ese sentimiento de unidad?

A continuación, y para explicar este fenómeno que crea la unidad del *Yo*, introduciré el modelo fenomenológico del *Yo* propuesto por Thomas Metzinger en 2003 (Metzinger, 2004), un filósofo alemán de la mente en la Universidad Johannes Gutenberg en Maguncia.

Modelo fenomenológico del yo

La percepción de que la mano de hule sobre la mesa pertenece a nuestro cuerpo, ilusión de propiedad y unidad, es lo que Metzinger describe como el contenido del modelo fenomenológico[2] del *Yo* (Metzinger, 2004), es decir, el modelo consciente del organismo percibido como una unidad y que es activado por el cerebro. Este contenido propio del modelo fenomenológico es el *Yo*.

Vamos por pasos. Primero, ¿qué podemos aprender de la ilusión de la mano de hule y de este concepto del modelo fenomenológico del *Yo*? Que todo lo que es parte de nuestro modelo, nuestro *Yo* consciente, está dotado de un particular sentimiento, el sentimiento de "lo mío", un sentimiento de propiedad. ¡Piensen en mi pie, mi brazo, mi pensamiento, mi dolor, o como vimos, mi mano de hule! Segundo, si el *Yo* parte de la creación de un modelo, el modelo fenomenológico del *Yo*, entonces dependemos directamente de los procesos subyacentes que producen a este modelo, es decir, el resultado depende de la cantidad, calidad y tipo de información que se le suministra al sistema creador del modelo, en nuestro caso el cerebro. No es lo mismo ver con un ojo que ver con dos o tomar una taza de café tapándose la nariz. En ambos casos la información de entrada es distinta y, por tanto, la sensación subjetiva (profundidad y sabor respectivamente) no es la

---

[2] Fenomenológico será usado en términos filosóficos como perteneciente a lo que se puede conocer de manera puramente experiencial, cómo las cosas aparecen subjetivamente ante uno.

misma. Tercero, si todo el modelo depende de la información suministrada y del procesamiento correcto, ¿se podría pensar en que este modelo puede ser sujeto a modificaciones o manipulaciones?

Como muestran todas estas preguntas, parece ser que el modelo fenomenológico que construye nuestro *Yo* en realidad es sólo una proyección de baja dimensionalidad de lo que realmente es o podría ser, y que depende directamente de la cantidad y calidad de la información suministrada al sistema. Esto tiene claras razones: nuestros órganos de los sentidos sólo cubren un mínimo espectro de la amplia gama de información energética en el universo, tan sólo piensen en el sonido que emite un silbato para perros, ellos lo oyen, nosotros no, ¿acaso por eso no existe? Thomas Metzinger describe esta limitación mediante la metáfora de un túnel, cruzamos o vemos la realidad a través de un túnel (con bordes limítrofes) que sólo nos permite ver o experimentar parte del todo (Metzinger, 2010).

Entonces podemos concluir que el *Yo* no es una cosa misteriosa o un homúnculo que vive dentro de nosotros, sino el proceso de creación que tiene como resultado el contenido de un modelo o una imagen, misma que tiene un centro, nosotros, y un perímetro, el mundo exterior. Si tomamos al centro y partimos de él, se trata de lo que muchos filósofos han llamado la perspectiva en primera persona: no estamos en contacto directo con la periferia o mundo exterior ni con el centro o nosotros mismos, sino que existe una interfaz invisible, la imagen o modelo que se interpone entre estas realidades, la perspectiva central, creándose así el punto de vista de un *Yo*.

Sin embargo, todos tenemos esta sensación de ser espectadores y actores. ¿Cómo puede ser eso? Primero, porque existe una unión firmemente anclada entre la imagen interna y el sentimiento interno o las sensaciones percibidas. La imagen creada por nuestro cerebro incluye a las sensaciones y la experiencia o perspectiva interna. Segundo, no podemos experimentar o reconocer la imagen creada por nuestro cerebro como tal, como modelo o imagen. A esto los filósofos le han llamado transparencia (Moore, 1903). Simplemente no podemos ver el medio por el cual nos llega la información, sólo vemos el resultado. Este punto de transparencia lo retomaremos más adelante. Primero volvamos a otro ejemplo de las neurociencias para entender mejor la creación del Yo: el miembro fantasma.

El miembro fantasma

Al despertar de una anestesia, una persona que ha sufrido de una amputación se enfrenta con el conflicto experiencial de uno mismo, entre la viveza consciente de sentir su miembro fantasma y la falta de correlación visual con la realidad (Romero-Romo *et al.*, 2010). Con la necesidad de descubrir si realmente fue amputado, el paciente muchas veces, con desesperación, mira por debajo de la sábana para hacer un autorreconocimiento visual y, en un instante, frente a esta nueva realidad de un miembro ausente, el conflicto cognitivo resultante entre la encarnación visual y sensorial de uno mismo da lugar a la percepción de un miembro fantasma (Arzy *et al.*, 2006). Giummarra *et al.* (2010) encuentran que los reportes de experiencias de miembros fantasmas incluyen fenómenos de: a) percepción de aspectos corporales de los miembros fantasmas, como el tamaño (en relación con la extremidad intacta), la forma, la postura y el alargamiento o acortamiento de los mismos; b) sensaciones exteroceptivas y propioceptivas y c) la encarnación o pertenencia de prótesis. Los doctores Juan Romero-Romo y Fernando A. Barrios, del Instituto de Neurobiología de la Universidad Nacional Autónoma de México, realizaron un experimento en los noventa con amputados y sujetos normales para determinar si existen activaciones neuronales distintas entre un movimiento imaginado en ambos grupos (Romero-Romo *et al.*, 2010). Lo que descubrieron fue que el bucle ganglios basales-tálamo-cortical en sujetos sanos normalmente está cerrado, lo que les permite distinguir un movimiento imaginario como actualmente imaginado. Dicho de otra manera, debido a la retroalimentación recibida del bucle ganglios basales-tálamo-cortical intacto, los estímulos recibidos desde la periferia (en el caso de poseer el miembro son inhibitorios porque no se está moviendo verdaderamente) cierran el bucle y son integrados conscientemente para ser percibidos como movimientos imaginados. Considerando que en los amputados este bucle no puede ser cerrado, debido a la interrupción del cierre normal del circuito (no hay vías aferentes desde el miembro ausente) se produce una activación anormal del bucle ganglios basales-tálamo-cortical que normalmente se interpreta como movimiento activo de un miembro y, por lo tanto, se crea la sensación de realmente estar moviendo un miembro. Este cierre anormal o bucle abierto puede ser la causa de la sensación consciente del fenómeno del miembro fantasma reportada por amputados. En muchos casos este fenómeno del miembro fantasma va disminuyendo gradualmente hasta desaparecer, mientras que en otros persiste toda la vida e inclusive llega a producir dolores del miembro fantasma que, como podrán imaginar, son muy difíciles de tratar, ya que no hay cómo aliviar el dolor de algo que no "existe" realmente.

Volviendo a la discusión sobre el modelo fenomenológico del *Yo*, el caso del miembro fantasma antes descrito puntualiza muy bien cómo un mal funcionamiento del sistema puede crear un modelo alterado de la realidad del *Yo*. En estos casos, un miembro inexistente se integra (o más bien no se desintegra) en el modelo fenomenológico del *Yo* y es percibido como real. Si tomamos esta hipótesis como efectiva, podríamos pensar en volver a modificar o tratar de crear un nuevo modelo fenomenológico del *Yo*, pero uno que contenga sólo al miembro intacto, des-*integrando* al miembro fantasma. El doctor Vilayanur S. Ramachandran de la Universidad de California en San Diego hace justamente esto. Aprovechando el reflejo en el espejo del miembro sano de un paciente amputado,[3] restaura y modifica el modelo erróneo y quizá

---

[3] Véase: <http://www.youtube.com/watch?v=1mHIv5ToMTM>.

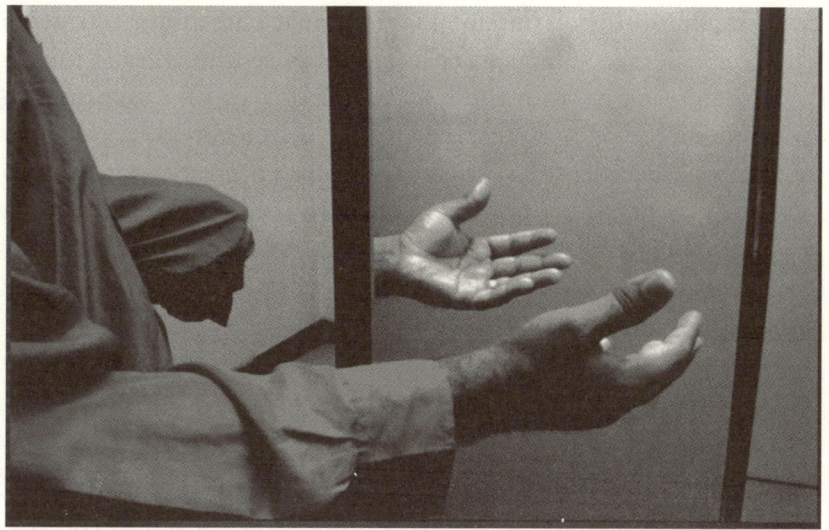

Figura 2. Restauración del modelo fenomenológico del Yo. Mediante la retroalimentación visual, el paciente adquiere la sensación de que el miembro fantasma se materializa y así puede manipularlo conscientemente (Ramachandran y Altschuler, 2009). © Oxford University Press.

doloroso por uno nuevo sin dolor (Ramachandran y Altschuler, 2009), y una vez eliminado el dolor puede proseguir con la fase de des-*integración* (ver Figura 2).

Esto es algo verdaderamente maravilloso, ya que se pueden apreciar las diferentes etapas del modelo fenomenológico del *Yo* como la creación, integración, memoria, modificación, etc. Se puede entender que la parte experiencial, es decir, lo que experimentamos como el contenido del modelo, es una simulación continua y parte de un mecanismo dinámico. También nos demuestra que normalmente no tenemos acceso al proceso, es transparente y no nos percatamos de él. En el caso de los miembros fantasma, la realidad nos da una pequeña oportunidad de ver o de imaginar el proceso, pero funcionalmente lo que un paciente amputado siente como un miembro fantasma es lo que todos sentimos como miembros. La creación es un modelo imaginado, es sólo una imagen que intenta ser lo más cercana posible a la realidad. En el caso de contar con miembros intactos, la imagen creada por nuestro cerebro y la percibida por otros órganos sensoriales es fidedigna y congruente, más transparente, en cambio en un paciente la incongruencia produce opacidad, pero la sensación de pertenencia y unidad es la misma.

Un último ejemplo pretende clarificar aún más esta noción de pertenencia. Veamos ahora otra ilusión, la de cuerpo completo.

Ilusión de cuerpo completo

Hemos visto hasta ahora que existe un mar de estímulos con distintas propiedades energéticas que entran en contacto con un procesador de información sumamente complejo que los integra creando como resultado una imagen o modelo fenomenológico de baja resolución que sentimos como el *Yo*. También vimos que con este modelo o imagen se crea la sensación de propiedad o posesión. En el ejemplo de la ilusión de la mano de hule, se integraba al modelo una mano artificial, y en el segundo perduraba la pertenencia de algo inexistente. En este tercer ejemplo vamos a ver cómo el aspecto de poseer diferentes partes corporales con sus respectivas sensaciones convergen todas en un aspecto fundamental, el de poseer un cuerpo, el de formarse una imagen corporal y el de ser alguien dentro de ese cuerpo con determinadas características únicas.

Esta imagen corporal no es fija, sino altamente flexible, como se ha comprobado en muchos casos. Todos hemos clavado un clavo en la pared, y cada que golpeamos con fuerza no necesitamos medir nuevamente la distancia del martillo en nuestra mano. De alguna forma integramos la longitud X del martillo a nuestra imagen corporal y automáticamente sabemos dónde termina el martillo. Así, vemos cómo sin darnos cuenta el borde de nuestra imagen corporal ha cambiado, se ha extendido. Existe evidencia de que el uso de una herramienta como el martillo aumenta la extensión espacial de la representación visual del espacio circundante a la mano y así se incorpora la herramienta al modelo del *Yo* (Farnè y Làdavas, 2000). El cerebro busca constantemente correlacionar la información de entrada con la información de salida, está actualizando a cada instante el modelo, incorporando o desechando partes. Ante este último ejemplo y los mencionados con anterioridad, Thomas Metzinger junto con Olaf Blanke y su estudiante de doctorado Binga Lenggenhager, de la Escuela Politécnica de Lausana en Suiza, se preguntaron si se puede crear una ilusión de cuerpo completo, es decir, tener una experiencia extracorpórea. En el 2005 realizaron un ingenioso experimento para romper con la sensación normal que todos experimentamos de que el *Yo* está localizado dentro de los límites corporales. El experimento consistió en crear un conflicto entre entradas sensoriales, la visual y la somatosensorial (tacto). La manera en que perturbaron la coherencia multisensorial fue mediante un dispositivo de realidad virtual. Los participantes observaban a través de una pantalla montada en unas gafas su propia espalda, que era filmada desde atrás por una cámara. Una vez instalada esta nueva perspectiva, los sujetos fueron tocados con un palo en la espalda. Todos los sujetos respondieron haber sentido que su Yo se transportaba de alguna manera hacia el Yo visto desde atrás y localizado aproximadamente 2 metros más adelante. Después de haber sentido la ilusión, un experimentador los desplazaba pasivamente hacia otro sitio en el cuarto para pedirles a continuación que regresaran a donde ellos se encontraban. Todos mostraron una tendencia significativa a desviarse hacia el lugar donde se encontraba el Yo virtual, es decir, todos se paraban más adelante de donde realmente se habían encontrado (Lenggenhager et al., 2007). Un experimento similar lo realizó Henrik Ehrsson del Instituto Karolinska en Suecia en 2007, y encontró que los sujetos aumentaban significativamente su respuesta de conductancia cutánea cuando veían cómo se lastimaba al cuerpo virtual (Ehrsson, 2007). En ambos casos se demuestra de forma experimental que el modelo fenomenológico del *Yo*, por un lado, se encuentra incorporado en un cuerpo tridimensional con volumen en el espacio y, por el otro, que existe un *Yo* que observa un ente sin extensión con una proyección de perspectiva visoespacial con un origen interior al cuerpo sentido. Normalmente la sensación del cuerpo y la sensación de perspectiva tienen el mismo origen geométrico, pero como se demuestra en los experimentos explicados arriba, este centro puede ser manipulado experimentalmente, dando lugar a la ilusión de cuerpo completo, donde la esencia misma de la sensación de uno mismo se desplaza a la representación visual de nosotros mismos que está fuera de nosotros.

Esto es importante porque demuestra que la esencia de uno mismo, supuestamente dependiente de un cuerpo tridimensional, en realidad es otra cosa, independiente del cuerpo sentido. Por lo tanto, tiene que ser algo muy local y particular dentro del cerebro mismo e independiente del cuerpo. Inclusive, esta última parte del *Yo* observador tampoco es necesaria, ya que si cerramos los ojos en cualquier momento, el *Yo* permanece. Esto lo puede atestiguar cualquiera que haya practicado alguna forma de meditación. Aunque no tengamos ningún pensamiento, sentimiento, movimiento, existe algo fundamental que se sigue percibiendo como la autoconciencia de uno mismo.

Pasemos entonces al último punto para explicar la esencia misma del *Yo*. Por ahora tenemos que sólo se requiere un punto en el espacio y en el tiempo con una imagen corporal que es transparente. Pero, ¿a qué se refiere esto de la transparencia?

Transparencia

Hasta este momento hemos descrito cómo se crea, a partir del procesamiento de información cerebral, un modelo fenomenológico, una imagen de baja dimensionalidad que es el contenido de lo que percibimos y sentimos como el *Yo*. En el caso de la ilusión de la mano de hule, lo que se manipula es la experiencia de pertenencia de partes corporales. En la ilusión de cuerpo completo se manipula la experiencia de pertenencia del cuerpo como un todo. Sin embargo, lo que muestran estas ilusiones es que existe algo que va más allá de la encarnación en un cuerpo, ya que, como vimos, no es necesario tener un cuerpo físico para sentirse uno mismo, ni tampoco tener pensamientos específicos, emociones o actos voluntarios. Todo esto puede persistir aun en ausencia de ellos. Esta autoconciencia básica o estado del *Yo* mínimo entonces lo podríamos entender como la aparición o la creación de la realidad, punto. Y la aparición de la realidad es la que se crea cuando nos despertamos en la mañana y lo que se pierde cuando nos dormimos. Si tratamos de recordar los puntos exactos de aparición o desaparición, en verdad se nos dificulta apuntar hacia un momento o suceso específico. Tampoco percibimos la transición, simplemente sentimos que está. Y nunca podemos percibir cuándo no está. Todo lo que en realidad tenemos o podemos apreciar es la representación de un momento y un espacio cuando estamos despiertos. Pero la aparición, lo que realmente sucede cuando se materializa la quimera, es otra cosa. Veamos ahora qué es.

Imaginen por un momento que están de vacaciones en una playa hermosa del Pacífico mexicano. Su pareja ha comprado una nueva cámara de video y quiere estrenarla mientras ustedes se zambullen en las olas. Listo, ¡todo salió de maravilla!

Ahora están en casa de su suegra viendo el video de ustedes zambulléndose en el mar. Están emocionados y recuerdan a la perfección el olor, sabor, sonido de aquel momento; están completamente ensimismados viéndose a sí mismos en el video. Sin embargo, por más ensimismados que se encuentren, siempre pueden tener la posibilidad de distanciarse de aquel momento y percatarse de que hay un *Yo* distinto sentado en la sala de la casa de la suegra y que es diferente al *Yo* que está zambulléndose en el mar en la pantalla.

Es justo este distanciamiento el que no podemos realizar con respecto de nuestra autoconciencia. La creación de la película dentro de nuestro cerebro es simplemente demasiado rápida para poder aprehenderla. A esto se le llama transparencia. Una representación transparente es aquella que tiene como base un sistema que no puede reconocerla como una representación, como lo que en realidad es. Un modelo, en nuestro caso el modelo fenomenológico del *Yo* activo en el cerebro es transparente porque el cerebro, es incapaz de descubrir, o ver, que en realidad es sólo un modelo. Otra metáfora quizá aclare un poco más el término. Imaginen ahora que están sentados a la orilla del mar y a lo lejos ven cómo algo se mueve y brinca de repente. Toman sus binoculares y vuelven a mirar. Ahora lo que ven es una ballena jorobada dando de tumbos en el mar. Vemos el resultado, la imagen amplificada de la ballena, no vemos toda la serie de lentes y espejos que conforman a los binoculares y nos brindan la ampliación de la imagen. Asimismo, no sentimos el disparo sincrónico de las Xn neuronas en nuestro cerebro, sólo vemos el resultado. En otras palabras, creemos estar en contacto directo e inmediato con el resultado, en este caso el *Yo*, y no nos damos cuenta del proceso creador, el enjambre de neuronas que disparando sincrónicamente conforman el modelo del *Yo*. El *Yo*, por tanto, es el resultado de una interfaz invisible y extremadamente precisa cuya existencia no notamos, lo que nos convierte en realistas ingenuos en contacto directo sólo con el contenido y nunca con la representación como tal. Es por esto que tenemos la ilusión de estar en contacto directo con nosotros mismos, es decir, con una realidad independiente del observador.

Por último, quiero unirme a los que han sugerido que debe existir un método mediante el cual es posible, aunque sea por breves periodos, distinguir al modelo como modelo, es decir, al sujeto del objeto.

BIENVENIDOS A *THE MATRIX*:
UN ACERCAMIENTO MEDITATIVO PARA LA DISOLUCIÓN DEL *YO*

Antoine Lutz de la Universidad de Wisconsin-Madison en Estados Unidos, junto con muchos otros desde la época de Siddhartha Gautama en la India, piensan que es posible trascender la estructura de la experiencia sujeto/objeto (*Yo*/modelo) mediante técnicas de meditación. Para entender esta aproximación voy a valerme de un ejemplo de la psicología de la Gestalt de la escuela de Berlín (aprox. 1893) que propone que el cerebro es holístico, paralelo y analógico, con la característica de autorganización. Estudios recientes han encontrado que el acoplamiento o sincronía neural en la banda gamma se presenta cuando el sujeto está mirando una escena y experimenta el efecto *pop-out*: de pronto reconoce o se percata del objeto que está mirando (Buschman y Miller, 2007). Antes de mirar la Figura 3 intenten sensibilizarse a percibir los distintos momentos en el proceso de reconocimiento, es decir, cuando todavía no tienen idea de lo que están viendo, cómo barren sistemáticamente la escena llena de manchas sin significado intentando encontrar alguna clave que revele algo para nosotros ya conocido. De pronto, casi mágicamente, aparece la figura de entre las manchas y reconocemos lo que estamos viendo. Ahora intenten nuevamente ver lo que veían antes, los puntos sin significado, simplemente vean los puntos o manchas como puntos o manchas; entonces pasa lo inverso, no podemos dejar de ver al objeto familiar entre las manchas.

La misma sincronía en la banda-gamma fue encontrada por Antoine Lutz al estudiar a monjes tibetanos con más de diez mil horas de entrenamiento en meditación (Lutz *et al.*, 2002). Dicha actividad neuronal correlacionó positivamente con los reportes en primera persona de las intensidades y la vivencia del estado meditativo. Lo que Lutz sugiere es que los monjes, al estar en un estado meditativo profundo, de pronto y de manera muy similar al efecto

Figura 3. Imagen del perro. Se puede ver un perro dálmata olfateando el suelo a la sombra de unos árboles. Gire ligeramente la cara hacia su izquierda.

pop-out, distinguen al sujeto (el *Yo* experiencial o el sentimiento de "sí mismos") del objeto (el modelo fenomenológico del *Yo*). En otras palabras, pueden transformar el fondo global del modelo fenomenológico del *Yo,* que normalmente es transparente, en la Gestalt del *Yo* y reconocerlo como modelo.

Otro ejemplo más reciente es cuando Neo, en la película *The Matrix* de 1999 escrita por los hermanos Larry y Andy Wachowski, de pronto reconoce a los agentes como simples modelos fenomenológicos creados por la Matrix. Una vez reconocido esto, puede controlar a voluntad el contenido de la misma y así eliminar a todos los agentes.

Conclusión

Todos los ejemplos anteriores han tenido un sólo propósito: el de demostrar que no existe tal cosa llamada *Yo*. Hemos visto cómo un proceso altamente complejo y dinámico de sincronización neuronal que se asemeja a un enjambre inteligente o a una bandada de pájaros cumple con los requisitos para crear una imagen o modelo fenomenológico del *Yo*, mismo que por sus características transparentes escapa a la posibilidad de ser aprehendido como tal. Una vez comprendida la teoría detrás de la creación de esta imagen o modelo fenomenológico del *Yo*, podemos con la práctica escrupulosa de técnicas de meditación intentar disolver esta estrecha unión sujeto/objeto y así, aunque sea por breves instantes, disolver el contenido del modelo del *Yo* y ser simplemente el proceso hipercomplejo formador del *Yo*:

> No es la reflexión lo que revela a la conciencia reflejada-en sí misma, sino todo lo contrario, es la conciencia no-reflexiva la que hace posible la reflexión; hay un cogito prerreflexivo el cual es la condición del cogito Cartesiano (Jean-Paul Sartre).

BIBLIOGRAFÍA

Arzy, S. *et al.*, 2006. Neural basis of embodiment: distinct contributions of temporoparietal junction and extrastriate body area. *Journal of Neuroscience*, 26(31), 8074.

Botvinick, M. y J. Cohen. 1998. Rubber hands' feel'touch that eyes see. *Nature*, 391(6669): 756-756.

Buschman, T. J. y E. K. Miller. 2007. Top-down versus bottom-up control of attention in the prefrontal and posterior parietal cortices. *Science*, 315(5820): 1860.

Díaz, J. L. 2007. *La conciencia viviente*. México: Fondo de Cultura Económica.

Ehrsson, H. H., 2007. The Experimental Induction of Out-of-Body Experiences. *Science*, 317(5841): 1048–1048.

Farnè, A. y E. Làdavas. 2000. Dynamic size-change of hand peripersonal space following tool use. *Neuroreport*, 11(8): 1645-1649.

Giummarra, M. J. *et al.* 2010. Corporeal awareness and proprioceptive sense of the phantom. *British journal of psychology* Available at: http://www.ingentaconnect.com/content/bpsoc/bjp/pre-prints/bjp922.

Lenggenhager, B. *et al.* 2007. Video ergo sum: manipulating bodily self-consciousness. *Science*, 317(5841): 1096–1099.

Llinás, R. R. 2002. *I of the Vortex: From Neurons to Self*. Reprint: A Bradford Book.

Lutz, A. *et al.* 2002. Guiding the study of brain dynamics by using first-person data: Synchrony patterns correlate with ongoing conscious states during a simple visual task. *Proceedings of the National Academy of Sciences of the United States of America*, 99(3): 1586-1591.

Metzinger, T. 2004. *Being no one: The self-model theory of subjectivity*. Bradford Books.

——. 2010. *The Ego Tunnel: The Science of the Mind and the Myth of the Self*. First Trade Paper Edition, Basic Books.

Moore, G. E. 1903. The refutation of idealism. *Mind*: 433-453.

Ramachandran, V. S. y E. L. Altschuler. 2009. The use of visual feedback, in particular mirror visual feedback, in restoring brain function. *Brain*, 132(7): 1693.

Romero-Romo, J. I. *et al.* 2010. Abnormal Functioning of the Thalamocortical System Underlies the Conscious Awareness of the Phanthom Limb Phenomenon. *The Neuroradiology Journal*, 23(6): 665:670.

Capítulo XI
AUTOCONCIENCIA E IDENTIDAD: DOS FENÓMENOS INDEPENDIENTES

Juan Manuel Argüelles San Millán*
Melina Gastélum Vargas **
Ximena González Grandón***

* Es antropólogo físico, maestro en Filosofía de la Ciencia por el Instituto de Investigaciones Filosóficas de la UNAM y en Filosofía de las Ciencias Cognitivas por la Universidad del País Vasco. Se desempeña como profesor de la Escuela Nacional de Antropología e Historia; aborda la evolución, la ontogenia y la filogenia de la cognición y el comportamiento. También trabaja temas de epistemología de las ciencias sociales y de historia de la Biología y de la Antropología. Actualmente es doctorando en Filosofía de la Ciencia en la UNAM.
Correo electrónico: juan.manuel.arguelles@gmail.com

** Es licenciada en Física, maestra en Filosofía de la Ciencia por la UNAM y en Filosofía de las Ciencias Cognitivas por la Universidad del País Vasco. Es profesora en la Facultad de Filosofía y Letras de la UNAM, del Colegio Madrid y de la Escuela Moderna Americana. Sus temas de interés incluyen la percepción y la experiencia del tiempo, la conciencia, la motricidad, la fenomenología de las percepciones y la estética. Es doctoranda en Filosofía de las Ciencias Cognitivas en la UNAM.
Correo electrónico: megava@gmail.com

*** Médico cirujano y maestra en Filosofía de la Ciencia por la Universidad Nacional Autónoma de México y en Filosofía de las Ciencias Cognitivas por la Universidad del País Vasco. Es profesora en la Facultad de Medicina de la UNAM y sus principales temas de interés son la imaginación musical, la motricidad como motor cognitivo, la conciencia, la fenomenología de las percepciones y la cognición situada. Es doctoranda en Filosofía de las Ciencias Cognitivas, UNAM-UPV/EHU.
Correo electrónico: ximboop@hotmail.com

Los seres humanos planificamos el futuro. Trazamos metas a corto plazo y elaboramos estrategias para conseguir que lo imaginado se vuelva real. Este conjunto de estrategias es parte de un plan mayor que está en concordancia con una actitud que constriñe nuestros comportamientos cuando éstos forman parte de nuestros anhelos e imágenes del futuro. Cuando dejamos de comportarnos de esa manera, nuestros seres queridos suelen reprochar nuestro comportamiento y acosarnos con preguntas del tipo: "¿quién quieres ser en la vida, a dónde vas a llegar si ahora no haces lo que debes?" O consejos como: "a veces lo que no te gusta hacer es lo que te conviene" o incluso amenazas del tipo "el tiempo me dará la razón".

Todos actuamos y planificamos sin la certeza de que al hacer lo correcto vamos a obtener lo que esperamos; sabemos que las circunstancias o la adversidad podrían despojarnos de la materialización de estos planes. En otras palabras, nuestra capacidad de imaginar y expresar comportamientos relacionados con el futuro parece ser una capacidad mental cuya función es la de lograr conductas eficaces en un mundo en movimiento a partir de la predicción (Llinás, 2001). La experiencia y la memoria, sobra decirlo, suelen ser la materia prima de la planificación exitosa y también para ello existen conocidas frases del tipo "recuerda lo que ocurrió cuando hiciste eso", "¿has olvidado qué pasó la última vez que decidiste comportarte así?" y "no lo estoy inventando, lo digo por experiencia".

Entre estas frases existen algunas que dejan entrever nuestro conocimiento sobre las formas de decisión y comportamiento que generan entes planificadores de futuro y que hablan de la individualidad, tales como "él nunca haría eso" o "ella sería incapaz de hacerme algo así" y "esas palabras no suenan como algo que ellos dirían" y viceversa "de él puedes esperarlo todo" o "¿tienes alguna duda de lo que sería capaz?"

Durante las últimas dos décadas las ciencias cognitivas han estudiado la singularidad del comportamiento humano bajo el supuesto de que la capacidad de estar percatados y poder reflexionar sobre nuestra vigilia, aunada a la introspección del yo como un generador de juicios valorativos, éticos y estéticos, se puede englobar como un fenómeno llamado autoconciencia, el cual sería generador de nuestros más impactantes productos culturales. La mente consciente subjetiva se explica de esta manera como aquel sistema que mediante el acceso a la memoria de nuestras experiencias íntimas y la capacidad de interpretarlas y seleccionarlas a manera de biografía, nos permite ser portadores de una personalidad sometida al parecer a juicios valorativos que involucran la emergencia de nuestra identidad en tanto que sujetos sociales. En otras palabras, la autoconciencia, capacidad cognitiva para imaginar el futuro a partir de nuestra experiencia, es el sistema mental que nos regala la capacidad biográfica e identitaria.

Leamos por ejemplo las palabras de Antonio Damasio:

> Las mentes conscientes de los seres humanos, provistos de aquellos sujetos complejos que eran sus sí mismos, y apoyadas por capacidades mayores de memoria, razonamiento y lenguaje, engendraron los instrumentos de la cultura y abrieron el camino a nuevos medios de homeostasis en el plano de las sociedades y la cultura […] Los sistemas de justicia, las organizaciones políticas y económicas, las artes y la tecnología son resultados de los nuevos dispositivos de regulación (Damasio, 2010: 54).

Como puede verse, a partir de la cita anterior es posible pensar a la consciencia como la facultad mental privativa de los humanos que es responsable del origen de la cultura y no sólo de la identidad. En lo que sigue trataremos de justificar una opinión alternativa y en muchos sentidos opuesta: la identidad es un factor protocultural no privativo de los humanos que requiere capacidades cognitivas ligadas a la competencia social y a la cooperación de los organismos, pero que no se forma a partir de la autoconsciencia, si bien en su expresión más amplia utiliza dicha capacidad; aún más, la identidad es exógena en el sentido de que involucra las capacidades cognoscitivas del grupo y no endógena en el sentido de que nuestro cerebro sea por sí solo generador de la identidad.

Sin embargo, en la realidad humana existen situaciones, a veces patológicas y otras veces terapéuticas, en las cuales las personas pierden la identidad pero no la autoconciencia: sujetos que dejan de sentir su cuerpo, pero siguen siendo ellos mismos como en casos severos de esclerosis lateral amiotrófica o del síndrome *locked-in*; sujetos que portan un marcapasos cerebral como terapéutica de un mal de Parkinson o de una esquizofrenia y que siguen siendo parte de un grupo, pero dejan de sentirse ellos mismos; o sujetos que siguen sintiéndose ellos mismos pero que han perdido la capacidad de sentirse parte de un grupo al no lograr reconocer a los miembros de su grupo identitario como en el Síndrome de Capgras. Con estas evidencias ontológicas, ¿podemos seguir considerando que son el mismo fenómeno? O más bien, debemos comenzar a proponer demarcaciones que pongan un énfasis distinto en cuanto a los diversos procesos que lleva a cabo el sistema nervioso, en especial en la identidad y en la autoconciencia. Ya que estos conceptos se han vuelto fundacionales para lo que conocemos como la "ética del cerebro" (Northoff, 2001) o la "neuroética" (Roskies, 2002), es patente la necesidad de un desarrollo más robusto y coherente de estos conceptos que provenga de una explicación histórica en la que el rastreo filogenético de los fenómenos y su desarrollo en cada contexto social sean unidades explicativas centrales.

Primero

La vida mental que se expresa en nuestro interior, a la que muchas veces llamamos introspección del yo, es lograda a través de un conjunto de categorías cognoscitivas que descansa en ciertas capacidades nerviosas, las cuales sirven para generar fenómenos parecidos, pero al final diferentes. Siguiendo a De Waal:

> La imagenología cerebral muestra que el mismo aparato neuronal que sirve para la recolección de eventos autobiográficos sirve también para hacer planes, quizá ensamblando memorias de eventos pasados para simular el futuro. Entonces, la memoria episódica y la planeación recaen en las mismas estructuras neuronales (De Waal y Ferrari, 2010: 203).

Damasio, por ejemplo habla de los niveles de "mí mismo":

> El yo se construye en distintas etapas enraizado en el *protoyo*. La primera etapa es la generación de emociones primarias, luego viene el *yo nuclear*, que es acerca de la acción, sobre todo de la relación entre el organismo y el objeto, engranando al protoyo y modificándolo, incluyendo sus emociones primarias. Finalmente viene el yo autobiográfico, que se define en términos del conocimiento que pertenece al pasado así como a la anticipación de un futuro (Damasio, 2010: 23).

Existen en la literatura niveles a los que llamamos conciencia y el yo (*self*) es la sensación de ser una unidad. Existen comportamientos humanos o patologías mentales en las que se instancian estas diferencias, por ejemplo, como el yo nuclear puede perderse cuando alguien más mueve tu cuerpo, como cuando alguien golpea el cuerpo de otro agente humano accidentalmente, o cuando acontecen enfermedades como las alucinaciones auditivas o la inserción de pensamientos en la esquizofrenia, que el sujeto sigue sintiendo como suyo su cuerpo, pero realiza movimientos que no considera realizados por él mismo, perdiendo el yo nuclear y el yo autobiográfico (Gallaguer, 2008). Otra instancia que hace notar Barandiaran (2009) deviene de los temblores o espasmos presentes en un individuo que sufre Mal de Parkinson o Corea de Hutchinson, en la que a pesar de que el sujeto es una entidad identificable y una fuente genuina de interacciones con el ambiente, no son movimientos intencionales que lo caractericen dentro de un grupo social.

Para Llinás el sí mismo se define así:

> Al parecer para una óptima eficacia, la predicción debe suministrar una ubicación y una conectividad funcionales sólidas: de cierta manera, debe ocupar un lugar central dentro de la mirada de estrategias que el cerebro ejecuta para su interacción con el mundo externo. Esta centralización de la predicción es la abstracción que llamamos el *sí mismo* (Llinás, 2001: 148).

Y además:

> El sistema tálamo-cortical relaciona sincrónicamente las propiedades del mundo externo referidas por los sentidos con las motivaciones y memorias generadas internamente. Este evento, coherente en el tiempo, que unifica los componentes fraccionados tanto de la realidad externa como de la interna es una estructura única, lo que llamamos el sí mismo (Llinás, 2001: 147).

Esto nos lleva a conclusiones confusas. Por ejemplo, el fenómeno que consiste en realizar una narrativa sobre nuestra existencia que supone la crónica de nuestra vida y el resultado de nuestra personalidad requiere de nuestra memoria y sirve para atisbar un futuro que de alguna manera nos parece controlable. Tenemos la sensación de que podemos construir un futuro interviniendo en el presente a partir de experiencias que hemos vivido y, por tanto, vemos en nuestra capacidad de recordar y planificar el futuro un extracto importante de la autoconciencia. Es por esto que existe una aproximación en la cual el concepto de sí mismo implica concebirlo en términos de la narrativa personal, noción muy utilizada en ámbitos antropológicos o psicológicos, pero que fue importada a las ciencias cognitivas por autores como Daniel Dennett (1991) que lo llama el *nonminimal self*, y explicado por Neisser como el *extended self.* El yo narrativo se extiende en el tiempo e incluye las memorias del pasado y las intenciones hacia el futuro. Se explica apelando a que el sujeto tiene memorias y hace planes, por lo que existe un continuo entre la experiencia pasada y futura. Desde la neurociencia, Pribram (1999) sugiere que esta continuidad temporal del cerebro proviene de la interacción entre el sistema fronto-límbico (que incluye los polos anteriores de los lóbulos temporal y frontal) y elementos de la formación límbica. Este sistema estaría involucrado en proveer la sensación temporal al tomar en cuenta la memoria episódica.

Como podemos observar, en los marcos explicativos instanciados, la identidad y la autoconciencia se han reducido a un mismo fenómeno localizado en el cerebro. Filósofos como Nagel (1986: 37) apelaron a un cerebro como un criterio necesario y suficiente para el mismo fenómeno que abarca a la identidad y a la autoconciencia.

El error desde nuestro punto de vista no consiste en imaginar que estos fenómenos son una condición necesaria para hablar de una autoconciencia, sin embargo no por ello pensamos que estas capacidades pueden existir al margen de un yo-autobiográfico. De hecho, planear para el futuro a partir de recordar el pasado es una característica distinta de interpretar situaciones del pasado para constreñir nuestros comportamientos en el futuro y sólo esto último es privativo de los seres humanos. Más específicamente queremos decir que vivir como situación compleja y enriquecida sólo aquí y ahora (como sostendremos más adelante que ocurre en la vida mental de los chimpancés) no implica la suposición de que la información almacenada en la memoria a partir de experiencias sólo sea utilizada en otros animales para reaccionar a un presente similar o anticipar un futuro altamente inmediato.

Por lo tanto, en vez de ver la memoria episódica y la orientación futura como procesos avanzados mediados por el lenguaje y limitados a humanos, deben ser considerados como parte de una organización general de memoria y acción encontradas en varios grados en un amplio rango de especies (De Waal y Ferrari, 2010: 203).

Algunas observaciones sugieren que es posible que primates no humanos recuerden lugares en donde se encuentran reservorios de alimento que dejan ahí con la intención de volver en futuras ocasiones con el fin de explotarlos y que no informan de esto a otros miembros de su grupo intuyendo la devastación; esto es planificar en cierto sentido un futuro no inmediato:

> Recordar experiencias específicas personales ha sido considerado un signo de conciencia autonómica únicamente humana e incluye la anticipación de necesidades futuras y estados de pulsión. Otros animales, se ha dicho, usan información almacenada meramente para reaccionar a estímulos presentes o para anticipar el futuro inmediato (De Waal y Ferrari, 2010: 202-203).

En otras palabras, es enteramente diferente extraer de la memoria un conjunto de situaciones que son interpretadas para construir los constreñimientos de actitudes basadas en el deber ser como estrategia de sobrevivencia para el futuro y desde luego consideramos que esto es privativo del ser humano y que está relacionado no con una planificación de actos futuros sino de un proyecto de vida. Dicho de otra manera, la capacidad de recordar eventos y lugares para prevenir subsecuentes escenarios es distinta a la capacidad de interpretar situaciones e introyectarlas como valores que constriñen lo que podemos o no permitirnos al momento de planificar nuestra vida. Este último punto, permítasenos insistir, es un requerimiento fundamental de la autoconciencia en el sentido de un yo biográfico que nos provee de un concepto o construcción de nuestra personalidad y que puede coadyuvar pero no determinar por completo el fenómeno de referencia social que supone la identidad.

Hasta aquí sólo hemos querido decir que la memoria ligada a la capacidad de planificar el futuro es diferente y no es suficiente para la construcción de un yo autobiográfico, el cual se encuentra cargado no de experiencias sino de interpretaciones subjetivas de la experiencia y no nos permite planificar el futuro sino delinear el tipo de futuro que podemos permitirnos. A continuación explicaremos por qué la introspección del yo interpretada y narratizada es a la vez diferente de la identidad.

Segundo

Nos gustaría hablar de la organización social y el acceso diferencial a recursos de primates no humanos mediante la jerarquización y las asimetrías de poder. Para los primatólogos de la cultura, el aprendizaje extrasomático seguido del aislamiento grupal genera diversidad comportamental que no puede ser tratada como fenómeno únicamente biológico, pero la mayoría de los investigadores que estudian la vida social de los primates coincide en la conclusión de que en el orden taxonómico al que pertenecemos existen varias especies cuyo equipamiento cognoscitivo los habilita para una organización social jerarquizada que tiene como norma la desigualdad y en donde los individuos son referidos mediante características morfológicas y comportamentales que determinan la interacción de sus miembros. Estas características comportamentales varían según el rango y el lugar que ocupan en su grupo, y éstos son reconocidos por los demás miembros del grupo que a la vez les proveen o le racionan los recursos, los beneficios y los comportamientos esperados. En otras palabras, los monos en su ámbito social están particularmente identificados:

> [...] el viejo jefe de la tropa de macacos, Spickles, era un tipo completamente realizado, nunca se sentía intimidado lo más mínimo por otros machos, aunque éstos fueran jóvenes y vigorosos. Los había visto crecer y había jugado con ellos pero también los había castigado por sus infracciones juveniles.
>
> Quizá por esto los jóvenes machos se sentían inhibidos psicológicamente en presencia de Spickles, aunque hubiera perdido su fuerza física y la mayoría de los dientes. En estado salvaje, sin embargo, un viejo líder tiene que vérselas con machos extraños que quieren entrar en su grupo y tienen, obviamente, menos escrúpulos a la hora de desafiarle [...] Porque el apoyo colectivo de las hembras puede hacer que se mantenga en el poder aunque haya pasado su época de esplendor. Normalmente prefieren un líder predecible (De Waal, 2002: 253).

La observación interesante es que sin importar sus características morfológicas los machos que pretenden ingresar al grupo no tienen el mismo respeto por el macho dominante, en la medida en la que no reconocen su identidad, la cual está referida a partir de las relaciones, es decir, porque no lo conocen en contexto.

Cabe mencionar que existe cierta evidencia al respecto de que si bien especies que se encuentran entre los simios superiores pueden planificar en cierta medida el futuro, su vida mental transcurre en el aquí y en el ahora. En una conferencia impartida en el Museo Nacional de Antropología e Historia, en la ciudad de México, el primatólogo japonés Tsetsuro Matsuzawa relató una historia sobre un chimpancé de su bioterio que tras haber sufrido una lesión había perdido por completo la movilidad del cuello para abajo. Lo que llamó la atención de Matsuzawa y sus colaboradores fue la particular paciencia que el chimpancé había mostrado durante un tratamiento cuya duración superaba los seis meses. La conclusión de Matsuzawa es que la nula capacidad de frustración o ansiedad ante la potencial pérdida de sus facultades privaban al chimpancé de un escenario depresivo o angustiante y, por lo tanto, gracias a una vida mental que sólo contempla el aquí y el ahora el chimpancé pudo enfrentar sin dramatismo existencial su penosa recuperación.

La observación interesante sólo vino después, cuando recuperado en un 80% pero todavía débil y lento, el chimpancé recuperó el liderazgo mediante el reconocimiento de su jerarquía que mostraban los demás. Éste es un caso de un primate superior cuya consciencia de sí mismo le permite vivir sólo aquí y ahora y cuya identidad depende del orden social producto del gregarismo y de su lugar en una jerarquía ordenada identitariamente. En los términos que nos ocupan podemos decir que el chimpancé nunca perdió su identidad y nunca fue consciente del drama que enfrentaba.

Por otro lado, se ha visto en humanos que existen patologías, descritas por Pribram (1999) y Aherm *et al.* (1998), como la del daño congénito del hemisferio derecho y la corteza frontal en el que el paciente sufre de una amnesia episódica y, por tanto, pierde la habilidad de cuantificar el paso del tiempo o de apreciar el significado de las unidades temporales, por lo que no es capaz de formular estructuras esenciales de su narrativa, es decir, estructuras secuenciales y demarcaciones del principio y final, con lo que pierde la capacidad de reflexionar acerca de sí mismo y, sin embargo, sigue estando identificado en su grupo identitario.

Desde luego, en el segundo caso que referimos, en el humano, tenemos un enriquecido aparato cultural que vuelve poco útil nuestro argumento de que está identificado en el grupo. Lo interesante con los primates no humanos es que el resto del grupo observa comportamientos diferenciados toda vez que al margen de la reflexión y de la evaluación de sus poderes físicos los miembros del grupo "saben quién es" el animal recién reintegrado a la vida social de la comunidad. Capacidades cognitivas como la teoría de la mente, el apego diferencial a los intereses de hembras jerarquizadas y las alianzas previas son más importantes para la formación de identidad que la consciencia.

Si el lector concede como suficiente el argumento de que una consciencia sin introspección del yo, narrativa de vida que proyecta un futuro y una biografía generada mediante la interpretación de situaciones y experiencias como generadora de personalidad no es condición necesaria para que un organismo presente una identidad con la cual pueda ser referido a fin de conservar una condición jerárquica y provocar conductas diferenciales en miembros del grupo, entonces sólo nos restaría añadir una hipótesis de refuerzo: los cambios de identidad son los transformadores de la personalidad, la narrativa de vida y las pautas comportamentales complejas en nuestra especie y no al revés.

Tercero

Los ritos de transición generan nuevos compromisos y derechos y pasan por rupturas de identidad que son parte de la autobiografía humana, esto es, no es la autobiografía la que genera identidad, son las transacciones sociales y el cambio identitario (asociación y pertenencia a otra parte del grupo) lo que transforma la identidad y determina la narrativa existencial del miembro de un grupo cultural. Cuando más cambiaste fue en los eventos que te asociaron a distintos grupos sociales, cuando tu identidad mutó.

Una lógica emergente tiende a plantear que un conjunto de capacidades cognitivas proporcionaría los procesos mentales que permitirían la emergencia de un yo-autobiográfico creador e identidad personal y que un agregado de organismos igualmente dotados de esta capacidad podría finalmente generar la identidad y la cultura. Un análisis más cuidadoso nos puede llevar a una opinión diametralmente opuesta: son las diferentes adscripciones identitarias que los seres humanos tienen durante toda su vida las que nos permiten construir una autobiografía y una personalidad.

En el estudio de grupos humanos cuya cultura está enérgicamente ritualizada puede observarse que la ubicación de un individuo con derechos y compromisos diferenciados y que son específicamente otorgados por el grupo promueve el cambio de personalidad de los sujetos y transforma de manera decisiva su comportamiento. En particular, el antropólogo inglés Victor Turner (1980) ha observado que las estructuras sociales deducidas a partir de la explicación de la interacción de los procesos transforman a los individuos durante diferentes estadios de la vida ontogenética y social. Esta investigación plantea la posibilidad del tránsito cultural y comportamental de los sujetos a partir de la pérdida de identidad y la adquisición de una nueva a través de ritos basados en la desagregación, liminalidad y agregación de los individuos a nuevos espacios sociales en los que adquieren compromisos, responsabilidades y derechos que van aunados a un nuevo modo de ser y a una nueva forma de ser identificados y referidos por sus congéneres. Desde este punto de vista, los organismos humanos son actores sociales que van obteniendo privilegios diferenciados en la jerarquía grupal mediante estructuras rituales que transforman su pensamiento, delimitan su comportamiento y constriñen la permisividad de sus conductas. Son estos actos sociales los que irrumpen en su narrativa personal y transforman de manera determinante su biografía, siendo así que un ser humano construye su biografía a partir del acceso diferencial a formas de reconocimiento social que se explican como fenómenos de transición identitaria. La identidad, en este sentido, es la responsable de los reajustes y transformaciones que generan el molde de nuestra narrativa en tanto que individuos.

Con en el arribo de la etología en el campo de las ciencias cognitivas se piensa que la comunicación de la conducta social puede constituir una de las funciones u orígenes de la autoconciencia. Su función sería capacitar a los individuos para proporcionar a otros y recibir de ellos información sobre los estados mentales. Entonces, autores como Nicholas Humphrey (1987) consideran a la autoconciencia como una adaptación evolutiva a la vida social, como la capacidad de expresar conductas, emociones y experiencias insertas en ciertas normativas. Para Humphrey, un animal expresivo influye en la conducta de otros para su propia ventaja y a la inversa, es decir, que ese mismo animal debe tener la capacidad para modelar el comportamiento a partir de los estados de los otros. Para él, los humanos buscan nuevas experiencias en compañía de los otros para poder ensanchar su conciencia y su comprensión del mundo. Como refiere José Luis Díaz (2007), acontecimientos tan diversos como el soñar, el juego, la representación escénica o el ritual se explican por esa necesidad de ampliar la conciencia, de prepararla para posibles novedades, para experimentar cómo sería ser otro.

Dicho todo lo anterior consideramos que se deben tomar en cuenta diversos marcos explicativos para fundamentar la conceptualización de términos que poseen amplias repercusiones en cuanto a criterios éticos entre los sujetos humanos sanos y enfermos. La demarcación de conceptos tales como identidad y autoconciencia, explicándolas a través de su filogenia y ontogenia, se vuelve una tarea de suma importancia para las formas diagnósticas y terapéuticas del mundo contemporáneo. Este tipo de estudios de corte teórico pueden ser aplicados a preocupaciones prácticas de la actualidad.

Conclusiones

Para finalizar permítasenos insistir en que aquella capacidad de aprovechar la memoria y la experiencia con el objeto de planificar un futuro posterior al inmediato no parece ser privativa del ser humano y es muy distinta de aquélla consistente en interpretar situaciones y valorar experiencias para condicionar las actitudes que han de intervenir en el proyecto de una vida.

Consideramos que se deben tomar en cuenta diversos marcos explicativos para fundamentar la conceptualización de términos que poseen amplias repercusiones en cuanto a criterios éticos entre los sujetos humanos sanos y enfermos. La demarcación de conceptos tales como identidad y autoconciencia, explicándolos a través de su filogenia y ontogenia, se vuelve una tarea de suma importancia para las formas diagnósticas y terapéuticas del mundo contemporáneo. Este tipo de estudios de corte teórico pueden ser aplicados a preocupaciones prácticas de la actualidad. Consideramos que esta capacidad distendida en una narrativa personal y construida a manera de ego es propia de nuestra especie, pero no constituye la simiente de la identidad, la cual parece ser necesaria en especies de primates que tienen una enriquecida vida social y que se basa en capacidades cognitivas tales como la empatía y la teoría de la mente, entre otras, y que suponen el acceso a los roles jerárquicamente diferenciados que los individuos tienen en grupos específicos. Así, la identidad es una proyección que depende del resto de los seres agregados a un sistema gremial y que de alguna manera un individuo conoce sin ser consciente del futuro o de su pasado, inmerso en una vida mental relativamente inmediata. Por último, pensamos que existe información suficiente para suponer que en el caso del ser humano es el cambio de posiciones identitarias y de comportamientos sujetos a compromisos sociales que varían en el tiempo lo que contribuye en primer lugar a la perenne transformación de su consciencia autobiográfica.

Bibliografía

Ahern, C. A. *et al.* 1998. Preserved semantic memory in an amnesic child. *Brain and Values: Is a Biological Science of Values Possible.*

Barandiaran, X., E. Di Paolo y M. Rohde. 2009. Defining Agency. Individuality, normativity, asymmetry and spatio-temporality in action. *Journal of Adaptive Behavior*,17(10): 367.

Damasio, A. 1999. *The Feeling of What Happens: Body and Emotion in the Making of Consciousness.* Harcout Brace.

Dennett, D. 1991. *Consciousness Explained.* Little Brown & Co.

Díaz, J. L. 2007. *La conciencia viviente.* México: Fondo de Cultura Económica.

Fivush, R. 1994. *The Remembering Self: Construction and Accuracy in the Self-Narrative.* Cambridge: Cambridge University Press.

Frith, C. D. y D. J. Done. 1988. Towards a neuropsychology of schizophrenia. *British Journal of Psychiatry,* 153: 437-443

Gallagher, S. 2005. *How the body shapes the mind.* Oxford: Oxford University Press.

Gallagher, S. y D. Zahavi. 2008. *The Phenomenological Mind.* London: Routledge.

Gazzaniga, M. y S. Gallagher. 1998. The neuronal Platonist. *Journal of Consciousness Studies.* 5: 706-717.

Humphrey, Nicholas. 1987. *La reconquista de la conciencia, desarrollo de la mente humana.* México: Fondo de Cultura Económica.

Llinás, Rodolfo. 2001. *El cerebro y el mito del yo.* Colombia: Norma.

Nagel, T. 1986. *The view from nowhere.* Nueva York: Oxford University Press.

Northoff, G. 2004. Am I my brain? Personal identity and brain identity - a combined philosophical and psychological investigation in brain implants. *Philosophia Naturalis,* 41(2): 257-282.

Pribram, K. H. 1999. Brain and the composition of conscious experience. *Journal of Consciousness Studies.* 6: 19-42.

Roskies, A. 2002. Neuroethics for the new millenium. *Neuron,* 35(1): 21-23.

Turner, Victor. 1980. *La selva de los símbolos.* Madrid: Siglo XXI.

Waal, Frans de. 2002. *El simio y el aprendiz de sushi, reflexiones de un primatólogo sobre la cultura.* Madrid: Paidós.

Waal, Frans de y Pier Francesco Ferrari. 2010. Towards a bottom-up perspective on animal and human cognition. *Trends in Cognitive Sciences,* 14(5).

Capítulo XII

ERRORES CONCEPTUALES EN LA INVESTIGACIÓN DE LA CONCIENCIA INTERSUBJETIVA

Adrián Espinosa Barrios*

* Estudió la maestría en Filosofía de la Ciencia en el Instituto de Investigaciones Filosóficas de la UNAM y es candidato a doctor en la misma institución en el área de la neurociencia cognitiva y la filosofía de la conciencia. Sus intereses son la naturaleza de la explicación científica, la fundamentación filosófica de las ciencias cognitivas y la relación entre la fenomenología y la investigación empírica de los estados mentales. Actualmente se desempeña como profesor-investigador en la UACM dentro de la academia de Filosofía e Historia de las Ideas.
Correo electrónico: adrianeb_filos@yahoo.com.mx

INTRODUCCIÓN

Con su famoso texto de 1974 "What it is like to be a bat?", Thomas Nagel reintrodujo el tema de la conciencia a la filosofía de la mente. Hasta entonces, los debates dentro de esta disciplina se habían centrado en el problema de la relación mente-cuerpo. De esta discusión surgieron diversas corrientes que intentaban dar una definición completa de los estados mentales. A partir del texto de Nagel el problema se centró en la que parece la característica más interesante pero también más enigmática de la mente: aquélla gracias a la cual "se siente algo" ser un determinado sujeto. En las casi cuatro décadas que siguieron hemos presenciado un renacimiento del tema de la conciencia en múltiples disciplinas. Desde la neurociencia hasta la filosofía, pasando por la psicología cognitiva y la inteligencia artificial, entre otras, hay un creciente interés en entender, explicar y describir la conciencia. Muchos de quienes trabajan el tema se han percatado de su complejidad y, por lo tanto, de la necesidad de recurrir a métodos provenientes de diversas disciplinas. Se trata de una de las áreas de la investigación más prometedoras y que, por su naturaleza, ofrece una oportunidad única para el trabajo interdisciplinario, pero al mismo tiempo se trata de un proyecto de interacción que ofrece grandes problemas metodológicos y conceptuales.

Uno de estos problemas es el del significado de los términos mentales bajo investigación. Esto sucede claramente con el propio término "conciencia". En principio, parece que se trata de términos que, por familiares, son comúnmente comprensibles. No obstante, un análisis detallado del uso que tiene el término "conciencia" en la investigación empírica o en la filosofía, por ejemplo, revela presupuestos teóricos que no siempre son compartidos. De hecho, la descripción misma que Nagel da de la conciencia en términos de "qué se siente ser un determinado sujeto" está muy lejos de ser ampliamente reconocida como una adecuada definición de la conciencia (Bennett y Hacker, 2002: 277).

La correcta ubicación de los términos en su adecuado campo semántico, la explicitación de los supuestos teóricos a los que se compromete el investigador al adoptar determinada definición de los términos mentales, así como la identificación, denuncia y eventual resolución de los errores y confusiones categoriales en la interdisciplina, no están dentro del campo de acción de las ciencias empíricas, sino que es una tarea conceptual propia de la filosofía. En ese sentido, es necesario un trabajo filosófico propedéutico que establezca con claridad las condiciones de la discusión. En el proceso es de esperar que algunos de los problemas tradicionales sean planteados con mayor precisión, mientras que otros se revelen como pseudoproblemas cuya solución no sólo es inviable, sino imposible. Sólo así se puede aprovechar en su plenitud y valorar en su justa medida los resultados de la investigación empírica. El diseño de experimentos más adecuados respecto de nuestras interrogantes, así como la disponibilidad de herramientas teóricas que permitan interpretar eficazmente los resultados, pueden ser dos de las grandes ventajas del rigor conceptual filosófico.

En este trabajo parto de la mencionada convicción en la utilidad del trabajo conceptual filosófico para la investigación empírica de la conciencia y la aplico a la investigación de la conciencia intersubjetiva. Primero evidencio las principales confusiones y errores conceptuales presentes en la discusión actual sobre la comprensión de la mente ajena. Posteriormente, reviso algunas de las inferencias teóricas injustificadas con base en los descubrimientos en torno a las neuronas espejo. Concluyo que la filosofía ha de colaborar con la investigación en torno a la conciencia en tres momentos específicos: en el análisis conceptual necesario para el planteamiento adecuado del problema, en el posterior diseño metodológico de los experimentos y en la interpretación de los resultados empíricos.

Confusiones conceptuales en la problematización de la conciencia ajena

En lo referente al estudio de la comprensión de la mente ajena, tenemos por un lado los aportes de la neurociencia, en particular, las investigaciones sobre las neuronas espejo. Por el lado de la psicología se ha desarrollado toda un área conocida como Teoría de la Mente que tiene en la Teoría-Teoría (TT) y en la Teoría de la Simulación (TS) a sus dos más importantes propuestas. Desde la filosofía, el problema de las otras mentes es de cuño añejo, de modo que desde Descartes hasta Wittgenstein, pasando por la fenomenología, existen diversas formas de abordar el tema de la intersubjetividad. Como se puede apreciar, aquí están implicadas tres diferentes perspectivas del problema: la que se centra en la base física de la comprensión de los otros, la que estudia los procesos psíquicos para la elaboración de modelos teóricos que expliquen la eficacia de nuestra conducta social y la vía de reflexión teórica y de análisis conceptual propios de la filosofía. Son tres perspectivas que, sin contar aún las variantes de las corrientes propias de cada disciplina, cargan con presupuestos distintos, utilizan lenguajes no siempre compatibles y proceden por vías metodológicas muy distantes. Es en buena medida por la falta de cuidado en la apreciación de estos distintos campos de acción, por lo que se presentan los errores en el planteamiento del problema de la conciencia intersubjetiva.

Como su nombre lo indica, para la perspectiva filosófica, saber si los otros sujetos tienen o no una mente de la misma forma en que yo poseo una es *un problema:* "El problema de las otras mentes". En el área de la psicología conocida como Teoría de la Mente, se parte del presupuesto de que nuestra eficacia conductual con los otros se debe a la posesión de un sistema de creencias con claras reglas de inferencia que nos permite predecir, explicar y comprender su comportamiento. Por su parte, cuando se hace investigación empírica dentro de las neurociencias sobre emociones morales o sobre comprensión de las acciones e intereses ajenos, por ejemplo, siempre se presupone que el sujeto de estudio tiene una conciencia dotada de facultades de interacción social cuyo comportamiento puede ser reflejado en los registros cerebrales.

No obstante, en la vida cotidiana dicha eficacia conductual no parece corresponderse claramente con los esquemas derivados de estas presuposiciones, teorizaciones ni problematizaciones de los investigadores. Salvo contadas excepciones, no nos encontramos con un problema cuando queremos entender la reacción de ira en el rostro ajeno o cuando deseamos explicar o predecir las acciones o las intenciones de quienes nos rodean. Por supuesto, hay casos de duda ("¿se trata de un llanto de tristeza o de alegría?", "¿qué debo entender por esa reacción iracunda?", "¿cómo puedo esperar que responda esa persona ante la información que recibirá?"), pero para eso existen métodos a los que recurrimos con frecuencia (pedir información a otros, buscar más evidencia en la conducta o la pregunta directa, por ejemplo) y que en ningún caso ponen en duda la posibilidad de que nuestro interlocutor tenga una mente o sea un sujeto en el mismo sentido en que yo lo soy.

Por otro lado, la eficacia conductual nos hace dudar de la posesión de una teoría (similar a la que utilizan los científicos para hacer sus inferencias respecto del comportamiento de la naturaleza) que nos permita inferir los estados mentales de los otros. Difícilmente diríamos que la madre que corre al escuchar el grito de dolor de su hijo hizo un proceso inferencial para saber que tal grito corresponde a un estado mental similar al que ella posee (o poseería) cuando emite una respuesta conductual del mismo tipo, por lo que *muy probablemente*, dado que en ese caso ella ha estado (o estaría) padeciendo dolor, entonces *es de suponer* que su hijo *siente dolor*. En resumen, mientras que la ciencia presupone, problematiza o teoriza a la conciencia intersubjetiva en la forma de una hipótesis a comprobar o de una pregunta a responder ("¿son conscientes los otros?"), en la vida cotidiana la conciencia (incluida la propia) simplemente está ahí puesta delante nuestro, siendo, en la mayoría de los casos, totalmente transparente y posibilitando nuestra vida en sociedad.

La postura teórica que hace de la conciencia de los otros un problema parte de dos supuestos falsos que, siguiendo a Hacker y Bennett, propongo a continuación.

Primer error: asimetría en el conocimiento de la mente

El primer error es producto de un tratamiento especulativo del problema de la conciencia proveniente de la filosofía cartesiana: *el conocimiento de la propia mente es directo, inmediato e incorregible; el conocimiento de las mentes ajenas, en cambio, es una inferencia mediata y falible.* Cuando Descartes busca el fundamento de su filosofía, cree encontrar la base firme en un primer conocimiento que presentaba las características de claridad y distinción que él mismo se había impuesto. *Pienso, luego existo* y *Yo soy una cosa que piensa* no son proposiciones derivadas de un razonamiento (en cuyo caso habría que buscar otras proposiciones que las justificaran), sino que son afirmaciones que se me presentan con total evidencia una vez que hago un uso recto de mi razón. Literalmente, cuando la razón se posa sobre esas verdades axiomáticas, las *ve* en forma directa. Claridad y distinción son dos criterios de certeza de índole visual. Acto seguido, se justifica a partir de esas primeras verdades *evidentes* al propio cuerpo, a Dios, al mundo y a mi facultad para conocer en general. Se afirma que sobre las mentes de los otros yo no tengo la misma certeza que sobre la propia. Los otros se me presentan en primera instancia como cuerpos y sólo en un segundo momento, y como producto de una inferencia no comprobada, como mentes. En cambio, el reconocimiento de mí mismo como sujeto corre por el camino contrario: yo soy siempre para mí mismo una mente y sólo en forma derivada poseo un cuerpo (puedo imaginarme sin cuerpo, pero no sin mente, pues la imaginación es ya un acto de la mente misma).

Esta idea cartesiana tiene, entre otras, las siguientes consecuencias que están presentes en los diferentes acercamientos al tema de la conciencia intersubjetiva: 1) hay una clara distinción entre cuerpo y mente; 2) el conocimiento de la propia mente es fácil y se consigue por *introspección* (literalmente: "ver dentro"); 3) el conocimiento de las otras mentes siempre es resultado de una inferencia deductiva, inductiva o analógica. Puesto en dichos términos, asumimos, en efecto, el inconveniente de cómo podemos adjudicar mentalidad tan eficazmente a los otros sólo a partir de procesos inferenciales que pueden resultar muy complejos. El problema de decisiones de acuerdo con los procesos de cálculo y de inferencias fue heredado por la inteligencia artificial de índole computacional-representacional. Son dos los principales problemas de los modelos computacionales que han partido de estos presupuestos: el de la eficacia en la conducta social y el de saber qué variables del medio y del movimiento de los sujetos han de ser tomadas como relevantes para realizar el cómputo (*frame problem*). Si esto resulta ya problemático para el desplazamiento de un sistema en el medio, resulta aún más complejo en caso de que en el medio existan otros sistemas que presuntamente poseen intenciones.

En realidad, "el problema de las otras mentes" no debe ser irresoluble, pues ni siquiera debió ser planteado; mucho menos se trata de un reto empírico. Como bien señala Scheler (2004), es un mito que el conocimiento de la mente propia es aproblemático y el de las mentes ajenas es indirecto y complicado. Por una parte, es bien sabido que gran parte de nuestros procesos mentales se llevan a cabo fuera del foco de nuestra atención directa. En cada momento somos capaces de informar sobre una pequeña cantidad de contenidos mentales sobre los que opera nuestra conciencia. Pero incluso ya el hecho de enfocar la atención sobre el proceso mismo (y no sobre su contenido) requiere cierta preparación. Cuando se nos pide que describamos los sentimientos o emociones que experimentamos ante cierta situación o cuando debemos describir el proceso de razonamiento que seguimos para resolver un problema en el pasado, hacemos una reconstrucción más que una descripción. El sujeto que describe la forma en que armó el rompecabezas hace una reconstrucción racional ideal mediada por una serie de factores que no intervinieron efectivamente en el proceso original: el juicio de la persona que escucha, el juicio propio sobre lo que debería de ser "el proceso adecuado para llevar a cabo la tarea", el recuerdo, etc. La psicología, por su parte, nos ha ofrecido evidencia de la forma en que interactúan causalmente los procesos cognitivos y afectivos no conscientes sobre nuestros procesos conscientes. A ellos accedemos, dice la psicología, sólo mediante técnicas que no son directas ni cotidianas. El conocimiento de nuestra propia mente no es instantáneo y aproblemático incluso en los casos que los filósofos utilizan como ejemplos de procesos conscientes por excelencia: la experiencia sensible actual. El tono, textura o intensidad de un color o sabor puede ser ambiguo y su comparación con otras experiencias similares, poco clara. Hay quien se ejercita en estas tareas con el fin de lograr refinadas discriminaciones sobre su experiencia sensible; el hecho de que los juicios de estas personas sean tan valorados y de que sus narices (en el caso de los *sommeliers* o los perfumistas) estén aseguradas por millones de dólares demuestra que la identificación efectiva de las propias experiencias no es tan diáfana como quisiéramos.

Por otra parte, los otros tampoco son la caja negra en la que nos hace creer el paradigma cartesiano. La explicación, descripción y predicción de pensamientos y emociones la llevamos a cabo en forma cotidiana gracias a nuestra habilidad de "ver conciencia" en nuestros semejantes. Se trata de una habilidad que, si bien se adquiere progresivamente, está ya presente desde etapas muy tempranas en el desarrollo infantil, antes incluso de la comprensión y desarrollo de un lenguaje propio. Para la visión cartesiana, el lenguaje era el criterio de adjudicación de mentalidad. No obstante, este criterio es, *prima facie*, empíricamente falible. Como lo evidencia la psicología del desarrollo, nuestra comprensión social es incluso prelingüística. Además, es metalingüística. Adoptar al lenguaje (o a cualquier otra característica antropomorfa) para afirmar alguna forma de hipótesis de comprensión por analogía excluye por principio la posibilidad de la comprensión de animales no humanos como sujetos de experiencias. Que los animales sean sujetos de experiencias es conceptualmente innegable. La brecha establecida entre los humanos y los animales, interrogando sobre la posibilidad de que éstos sean sujetos, es una falacia producida por la tesis dualista.

Disolver los mitos de la transparencia de la propia conciencia y de la opacidad de las conciencias ajenas implica pues atacar de frente la distinción clásica entre cuerpo y mente. Desde el punto de vista de las relaciones causales, las nuevas teorías de la corporización se han encargado de poner en entredicho la idea computacional de la mente que hacía del cuerpo sólo un elemento contingente en la percepción y en la acción sobre el mundo. En lo que respecta a nuestro tema, la explicación de la comprensión social, la distinción es, si bien no necesariamente falsa, sí conceptualmente innecesaria. Está claro que la distinción es analítica y nunca empírica, pues, aunque Descartes pueda pensar que es una mente sin cuerpo (pero no a la inversa), nos resulta obvio que sin cuerpo no habría mente posible, al menos una mente como la entendemos.[1] Esa afirmación cartesiana es una

---

[1] Desde Descartes se ha postulado como ejemplo de la independencia de la mente respecto del cuerpo el experimento mental del "genio maligno" o, en términos contemporáneos, del "cerebro en una cubeta" (Putnam, 1982). Sobre la imposibilidad empírica de esta hipótesis: Cosmelli y Thompson, 2010.

afirmación conceptual que tiende a señalar la independencia en la comprensión del término "mente" respecto del término "cuerpo". No obstante, si miramos detalladamente a lo que entendemos por "mente" veremos que en el significado de tal concepto está constitutivamente implicada la acción corporal. Es cierto que yo no necesito ver mis respuestas conductuales para saber "lo que estoy pensando o experimentando", pero también es verdad que el uso de términos mentales como dolor, angustia, tristeza, felicidad, etc., carecería de todo sentido si por principio no tuvieran relación alguna con la conducta, incluso cuando tales términos mentales están utilizados en primera persona. La mente no está expresada por la conducta; la "expresión" implicaría ya la existencia de dos elementos a relacionar. En verdad, la conducta, si no es "mental", no es. Y esto, insisto, no es una verdad empírica, sino analítica. Sería en vano diseñar algún experimento que nos ayudara a decidir de una vez por todas si mente y cuerpo están separados o son una sola unidad funcional.

En definitiva es necesario aclarar por qué el proceso de comprensión intersubjetiva no lo es por inferencia. La hipótesis de la inferencia es central a las dos principales propuestas de la Teoría de la Mente. Existen tres formas de inferencia que se pueden pensar como candidatos para describir la facultad de comprender la mente ajena: inductiva, analógica o deductiva. Ante todo, hay que recalcar que en cualquiera de los tres casos se trata de procesos racionales que parten de la supuesta verdad de ciertas proposiciones para obtener la verdad de otras proposiciones. En el caso de la inferencia inductiva, el sujeto hace una afirmación probabilística sobre la verdad de una proposición con base en la evidencia pasada. Entre mayor sea la evidencia con que se cuenta, mayor también será la probabilidad de que la proposición obtenida sea verdadera. La verdad de esta última proposición nunca será de 1, pues siempre es posible que el próximo caso contradiga a toda la experiencia pasada. En el caso de la comprensión de la mente ajena, la proposición cuya verdad se busca sería algo similar a la siguiente: "Basado en mi propio caso, es probable que el cuerpo que tengo frente a mí posea una mente". A su vez, la verdad de esta proposición justificaría la de subsecuentes proposiciones sobre los estados mentales que tal cuerpo posea en cada caso. No obstante, el problema se complica, pues parece tratarse de una inducción muy débil: sólo podemos poseer un caso (el propio) a partir del cual logremos inferir la relación entre mente y cuerpo de modo tal que consigamos adjudicar mentalidad a sujetos con un cuerpo y una conducta similares a los nuestros. La base observacional es tan escasa que sería de esperar que la mayoría de nuestras inferencias fueran incorrectas. Y, sin embargo, no sucede así.

Por su parte, la deducción es un proceso inferencial en que se sigue la verdad de una proposición de forma necesaria basándose en la verdad de otras que sirven como premisas. Dentro de la psicología cognitiva, son los partidarios de la Teoría-Teoría los que defienden esta respuesta. Para ellos, la forma en que comprendemos las mentes ajenas es mediante la elaboración y contrastación deductiva de hipótesis de la misma manera en que los científicos proceden cuando elaboran sus teorías científicas. Nuestra conducta social, por tanto, estaría explicada por la correcta construcción y uso de una teoría adecuada que permite describir, explicar y predecir la conducta ajena. Como toda teoría, la teoría de la mente se desarrolla lentamente (es por eso que los niños menores a los cuatro años presentan errores de adscripción de mentalidad ajena). Tal teoría posee conceptos y reglas que sirven de premisas para la formación de hipótesis sobre los estados mentales ajenos. Así, la TT nos dice que, a partir de los conceptos fundamentales que son las creencias y los deseos, es posible hacer hipótesis sobre el conocimiento, las creencias y las expectativas de las personas.

No es éste el lugar para hacer la crítica de la TT, pero sin duda se ha de señalar que incluso si se tratara de una reconstrucción analítica posible de lo que sucede en la interacción social, el alto costo operacional de las interacciones bajo esta hipótesis la hace, cuando menos, poco plausible. Ni por el lado de la programación robótica, ni por la vía de los experimentos realizados dentro de la psicología del desarrollo, podemos esperar que la propuesta prospere. Esto es así no sólo por la imposibilidad empírica de su confirmación, sino, como ya señalé, por el hecho de que la afirmación de que la comprensión intersubjetiva es de índole inferencial parte de la misma premisa falsa ya denunciada: la división cartesiana entre cuerpo y mente.

Tenemos, definitivamente, el caso de la inferencia por analogía. Esta vía requiere que yo identifique primero mi propia experiencia en un momento pasado como resultado de ciertos estímulos relevantes, para después extrapolar esa experiencia a otro sujeto que, según puedo asumir, se encuentra bajo los mismos estímulos que yo en aquel momento.[2] De nueva cuenta, no evaluaremos aquí la plausibilidad empírica de esta respuesta, sino sólo su inadecuación conceptual. El requisito de la respuesta por analogía es la identificación previa de mi propia experiencia. ¿En efecto es posible hacer eso? La identificación de algo es un proceso por medio del cual ese algo se reconoce como lo que se buscaba. Ese reconocimiento puede ser circunstancialmente verdadero en todas las ocasiones, pero necesariamente existe la posibilidad de una "incorrecta" identificación. O, mejor dicho: existe la posibilidad de errar la identificación. Y eso no tiene sentido en el caso de la propia experiencia consciente. Notemos que no se trata propiamente de una equivocación respecto de un rasgo de nuestra experiencia en un momento particular, sino de una incorrec-

---

[2] Así como la TT hace uso de la inferencia deductiva, la TS utiliza la inferencia por analogía para explicar la comprensión social. Para el teórico de la simulación, el sujeto que quiere comprender lo que piensa o siente su semejante, "echa a andar *fuera de línea*" el proceso que le llevaría a responder ante los estímulos a los que está expuesto el otro sujeto. Se trata de un proceso "fuera de línea" puesto que para el sujeto que hace la simulación los estímulos no están presentes, sino que sólo son "imaginados" como si lo estuvieran.

ta identificación de la experiencia. Mientras que sabemos de los errores en los que podemos incurrir cuando hablamos de nuestra propia experiencia, no podríamos dar un ejemplo de equivocación en la identificación de mi experiencia.[3]

En general, las respuestas de la comprensión por inferencia fallan por requerir la identificación por separado de dos términos que en realidad no existen como tales. Estas teorías causales de la interacción entre mente y conducta se ven obligadas a dar dos vías de acceso diferentes a estas presuntas realidades separadas y, además, a dar una forma de conocimiento de la relación causal entre ambas. El problema es que el modelo exige que la relación sea asimétrica para las mismas entidades: la mente no puede ser conocida de la misma manera cuando se trata de *mi* mente que cuando se trata de *otra* mente. De igual modo, mientras que el cuerpo es la única vía de acceso a la mente ajena, es totalmente irrelevante en el conocimiento de mi propia mente. Cuando la respuesta se ha complejizado de tal manera es justo sospechar de la legitimidad en el planteamiento de la pregunta sobre la forma de conocer las mentes ajenas.

Segundo error: ámbito de aplicación
del término "conciencia"

Cuando afirmo que el error en la investigación de la conciencia intersubjetiva no está en la investigación empírica, sino en la pregunta, estoy diciendo que se trata de errores en el planteamiento del

---

[3] Un ejemplo de equivocación sobre nuestra experiencia sería la confusión de un sonido con la voz de alguien, mientras que una incorrecta identificación de la experiencia podría significar dos cosas diferentes: 1) pensar que una experiencia que creía mía en realidad no lo era o 2) identificar como mi experiencia consciente visual una experiencia consciente distinta, por ejemplo, una auditiva. En el caso de ésta última identificación incorrecta no se está hablando propiamente de experiencias sinestésicas, sino de la confusión de una experiencia por otra distinta. En ninguno de estos dos casos parece tener sentido la idea de la incorrecta identificación de la experiencia.

problema. Es decir, se trata de errores conceptuales; no son problemas, sólo son confusiones propiciadas por una incorrecta comprensión de los términos en cuestión y de su contexto de aplicación. La aclaración de estas confusiones, por supuesto, no sólo afecta a la investigación de la intersubjetividad, sino también al campo de estudio de la conciencia en general. Aquí haré mención de las confusiones que se derivan de la incorrecta comprensión y aplicación del término "conciencia" y de sus consecuencias para la investigación sobre la intersubjetividad.

Como mencioné previamente, la afirmación de que los seres humanos y otros animales son conscientes es una verdad conceptual, no una verdad empírica. Esto es así debido a que sólo es asequible a un ser consciente saber de la existencia misma de la conciencia. Es una verdad que se reconoce en forma reflexiva, aunque sus relaciones causales se comprueban y estudian en forma pública. El punto cero del planteamiento cartesiano sigue siendo cierto: el proceso mismo de la búsqueda y eventual reconocimiento de la conciencia es ya un hecho que la funda. Es un hecho reflexivamente constituido cuya existencia, por lo tanto, elude la investigación empírica.[4] De tal modo, cualquier apelación a la primera persona, incluso en forma implícita, involucra ya a la conciencia, pues no hay primera persona posible sin ella. "Estar en la conciencia" sería entonces un término más adecuado, toda vez que "tener" conciencia da la errónea impresión de que hay un yo previo capaz de tener

---

[4] Con esto no estoy afirmando la irrelevancia de la investigación empírica en lo referente a la conciencia; todo lo contrario: el carácter público de la conciencia está incorporado a su significado (lo cual hace relevante la investigación desde la psicología empírica), de la misma manera que es imposible negar su realización física (lo cual hace indispensable la investigación desde la neurociencia cognitiva). Lo único que aquí establezco es la imposibilidad de investigar empíricamente la existencia de la conciencia en uno mismo o en los otros: investigarla en uno mismo sería innecesario y absurdo; investigarla en otros sólo lograría aportar datos físicos (datos fisiológicos, observaciones de movimientos) que nunca serían concluyentes.

conciencia (o de estar desposeído de ella). Uno no "ve" que es consciente de la misma manera que uno no "ve" su mirada. La mirada, tanto como la conciencia, es la ventana que permite todo mirar posible; se exhibe a sí misma en su actuar.

Una forma más de evidenciar que la afirmación "soy consciente" no es empírica es el absurdo de su negación: quien afirme "no soy consciente" no hace una afirmación falsa, sino una sin sentido. Misma razón por la que incurriríamos en un absurdo al decir una afirmación como: "Él cree que es consciente, pero en realidad está equivocado." Estos absurdos derivan de no comprender que la conciencia no es un predicado más de un sujeto, sino desde un inicio es la exhibición de su constitución misma en tanto sujeto. Bajo contextos específicos se pueden producir proposiciones significativas en que la conciencia efectivamente funciona como predicado, por ejemplo, cuando se habla de la conciencia como el proceso de percatarse de un contenido específico: "soy consciente de...", "se hizo consciente de...". De una persona durante el sueño o en un desmayo se puede afirmar que no está consciente sin que esto represente una contradicción, pues se entiende que se afirma, en tercera persona, un estado temporal y que, por lo tanto, su calidad de sujeto no está en cuestión.

Existe un sentido en el que es totalmente legítimo investigar las bases neurales y cognitivas subyacentes a la comprensión de los otros, pero si tal investigación asume que la afirmación de la conciencia ajena es algo a lo que el individuo llega y no el prerrequisito del cual se parte, entonces nuestros esfuerzos empíricos estarán mal encaminados.

Otro error común es concebir los términos mentales como contingentemente públicos. Afirmar que dentro del significado de ellos está implicado su carácter público no quiere decir que todo estado mental sea público siempre, sino simplemente que puede serlo. Jamás diríamos que entiende lo mismo que nosotros una persona que identifica la "mente" con un proceso absolutamente interior, por principio no-público y, por lo tanto, no-visible por otros nunca. Esa persona simplemente fallaría en su comprensión de nuestro concepto de "mente". Dado que entender los términos mentales implica comprender y hacer uso del lenguaje, y asumiendo que éste es intrínsecamente público, entonces, la simple formulación del problema de las otras mentes en el lenguaje sería inconsistente con la posibilidad de negar la existencia de otras mentes ajenas a la mía. Por lo tanto, podemos afirmar que todo concepto mental es constitutivamente público, incluso cuando tales conceptos se usan en primera persona.

Por supuesto que esta corrección conceptual no elimina la asimetría que existe entre mí mismo y el resto de los seres con quienes me relaciono. Yo jamás me confundo a mí mismo con otro y tampoco confundo mis experiencias con las de otros. Interrogar sobre las características de esta asimetría y sobre la forma que toma la consideración específica de las otras personas a diferencia de los objetos, es una tarea que ha sido llevada a cabo por la fenomenología de Husserl. No obstante, tal investigación en nada se equipara a la pregunta sobre la posibilidad de mentalidad en los otros. Ésa es una interrogante que nunca aparece en los análisis fenomenológicos debido a que sólo tiene cabida en la especulación analítica que, como ya observamos, divide el cuerpo y la mente.

Ahora bien, es necesario aclarar un último error conceptual: lo que Bennett y Hacker llaman la *falacia mereológica*. La falacia, cuyo nombre proviene de la etimología griega *meros* = parte, consiste en adjudicar a una parte de un sistema lo que sólo se puede predicar del sistema completo. Se trata de una práctica propiciada por la teoría computacional-representacional de la mente en los albores de la ciencia cognitiva, la cual hacía pensar que el *locus* de la cognición era únicamente el cerebro. Esta idea ha permeado de tal modo la comprensión de la mente que determina en buena medida el lenguaje corriente en que neurocientíficos, psicólogos y filósofos de la mente se expresan y con el que intentan explicar y divulgar sus investigaciones. El problema no sería grave si sólo se tratara de una forma de expresión, pero con frecuencia se observa que no sólo se trata de licencias retóricas o de metáforas voluntarias, sino que estos supuestos tienen efectivamente consecuencias indeseables en las inferencias teóricas que los investigadores extraen de sus propios hallazgos.

Hoy en día se habla del cerebro "emocional", "moral", "racional"; se afirma que determinados subsistemas neuronales "conocen", "perciben", "interpretan", "filtran" o "traducen" información; que nuestro cerebro, o alguna parte específica de él, nos "dicta", "indica" u "ordena" la forma de actuar o de comportarnos, o que él "toma decisiones" de las que nosotros no nos hacemos conscientes, eliminando así la agencia y la libre voluntad de nuestros actos. Según esta forma de comprensión de la mente, es el cerebro el que realiza las funciones mentales con independencia nuestra. Por supuesto, esto implica una ilegítima separación ya no sólo entre cuerpo y mente, sino entre nuestro cerebro y "nosotros". Esto conlleva también a una duplicación absurda e innecesaria de los procesos mentales: parecería que, aunada a la comprensión de las acciones o palabras que escucho, por ejemplo, habría otra comprensión "subpersonal" que lleva a cabo el cerebro. Si esta segunda comprensión, por definición, me es inaccesible, entonces, ¿cómo sabemos de su existencia?

Ése es precisamente el problema: no sabemos de esa presunta comprensión; especulamos con ella. Neurocientíficos y filósofos, al obtener e interpretar la evidencia, con frecuencia recurren a este tipo de adjudicaciones de "mentalidad subpersonal". En muchas ocasiones, se apresuran a aclarar que no es que el cerebro en efecto lleve a cabo tales funciones, sino que sólo "parecería que lo hace" dado su funcionamiento. No se trata entonces de una observación, sino de una interpretación; y de una interpretación específicamente basada en la forma en que los seres humanos, como un sistema integral, acostumbramos proceder. En otras palabras, se lleva a cabo un desplazamiento de las cualidades mentales que exhibimos los humanos hacia un ámbito de aplicación distinto. En la literatura eso tiene un nombre, *prosopopeya*, aunque hay que añadir que, mientras que en la literatura ésta se presenta cuando se aplica predicados humanos a cosas inanimadas o abstractas, aquí se le aplica a partes del propio hombre que son quizá un componente más de la causa de tales funciones. Si quisiéramos seguir con el símil literario habría que decir que se trata de una prosopopeya combinada con una sinécdoque o una metonimia.[5] En cualquier caso, estaríamos hablando de una licencia literaria. El problema es que, incluso aunque se especifique el uso "metafórico" de estas expresiones, no resultan teóricamente neutrales; no son formas de expresión para la comprensión de la evidencia, sino auténticas interpretaciones con consecuencias ontológicas que, eventualmente, determinan la forma de las teorías, de nuestro acercamiento hacia el problema y del diseño de los nuevos experimentos.

Hay una tendencia creciente y fomentada por la divulgación científica a creer en que "mi cerebro me engaña" o en que es mi cerebro el que está programado evolutivamente para tomar decisiones eficaces. Ahí ya operó la falacia con todas sus consecuencias teóricas. Pero en realidad tendríamos que fomentar la comprensión del *locus* adecuado de los términos mentales: el sujeto en su unidad. Es cada uno, y sólo cada uno en su cualidad irreductible de sujeto, quien lleva a cabo la comprensión, la percepción y la toma de decisiones gracias a y en virtud de que ese yo cuenta con un sistema nervioso que, con su funcionamiento, es condición de posibilidad de la mentalidad humana.

---

[5] La sinécdoque es el recurso literario en el que se designa al todo por la parte o a la inversa, mientras que en la metonimia se cambia un término por otro para nombrar algo basado en la proximidad de dos cosas; en este último caso, la relación entre ambas cosas puede ser de causa y efecto.

250 – Adrián Espinosa Barrios

Crítica a las inferencias basadas en los hallazgos sobre las neuronas espejo

A fin de cuentas, ejemplificaré lo anteriormente dicho sobre las confusiones conceptuales en la investigación neurocientífica con los hallazgos en torno a las neuronas espejo. Desde su descubrimiento por el grupo de científicos italianos encabezado por Rizzolatti, las neuronas espejo han sido uno de los resultados empíricos con mayor impacto teórico en la filosofía de la mente, la ciencia cognitiva y las humanidades en general. La existencia y funcionamiento de tales neuronas ha servido de fundamento para teorías tanto psicológicas (TT y TS) como evolutivas, filosóficas o de antropología social. Más allá de la recepción e interpretación de la evidencia en estas diversas disciplinas (que en muchos casos se apartan peligrosamente de la mera evidencia empírica), nos podemos enfocar en la interpretación teórica que hacen los propios descubridores de este grupo neuronal.

Aquí no haré la exposición de los hallazgos del grupo de Parma. Sólo diré que las neuronas espejo son un grupo neuronal originalmente encontrado en la zona F5 del cerebro de los macacos que tenía la cualidad bimodal de disparar tanto ante las acciones de los propios monos (principalmente con la mano y la boca), como ante el estímulo visual de otros macacos o incluso de los investigadores realizando acciones similares: comer, asir un objeto, etc. Posteriormente se comprobó la existencia de sistemas espejo en el cerebro humano, similares a los resultados visual-motores originalmente existentes en los macacos. Además, hoy sabemos que nuestra percepción de los gestos de asco, ira, tristeza o alegría de otras personas detona la acción de los mismos grupos neuronales cuya acción sería necesaria para que nosotros sintiéramos esas mismas emociones. A partir de esta evidencia se ha teorizado sobre la importancia de los sistemas espejo en la comprensión de las acciones de los otros y de la posibilidad de la interacción social en general.

Ante todo, hay que comprender que existe un nivel de descripción de la evidencia que se encuentra totalmente determinado por las técnicas empleadas y por la teoría subyacente tanto a las ciencias empíricas como al diseño de los instrumentos empleados. De igual forma las neurociencias y las ciencias aplicadas detrás de los instrumentos de escaneo cerebral justifican las descripciones que el grupo de Parma pueda hacer de las funciones de los grupos neuronales que presentan la característica bimodal mencionada. Hasta ahí no existe problema, pues no hay mucha posibilidad de deslizar interpretaciones especulativas. Los conflictos empiezan cuando abandonamos el nivel de la simple descripción y realizamos comparaciones entre los sistemas espejo en los macacos y los encontrados en los seres humanos. De inicio, las técnicas de obtención de resultados no son las mismas en uno y en otro caso. Además, en el caso de los sistemas espejo en el cerebro humano, habría que añadir variables no presentes en sus equivalentes en los macacos: las mediaciones reflexivas, las determinaciones culturales y las funciones lingüísticas, entre otras.

En un tercer momento tenemos las interpretaciones teóricas de la función que juegan las neuronas espejo en nuestro desempeño social. Aquí es en donde la especulación sobrepasa con mucho el nivel de la evidencia hasta territorios en donde es muy fácil usar dicha evidencia para justificar casi cualquier teoría. Tal ha sido el caso de las dos teorías de la mente antes mencionadas. Bajo algunas interpretaciones teóricas (y en el imaginario público que se ha creado por la divulgación científica de estos hallazgos) se ha afirmado que en las funciones bimodales de las neuronas espejo radica nuestra facultad empática, la cual permite comprender las acciones y emociones ajenas y, con ello, la construcción de la vida social y de la cultura en general. Si tales especulaciones son posibles es en parte porque el nivel descriptivo de la evidencia se encuentra ya mezclado con una interpretación no trivial del cerebro como un ente "cognoscente".

En los textos en que Rizzolatti, Gallese y otros de los científicos involucrados describen el funcionamiento de los sistemas espejo se afirma, sin ambages, que las neuronas de tales sistemas "trazan mapas" de nuestra realidad física circundante. Se habla también de "vocabulario motor" para referirse a la especificidad en la activación de ciertos grupos de neuronas canónicas y espejo (neuronas para agarre de precisión, neuronas para agarre de fuerza).[6] Incluso se habla de una sintaxis de dicho vocabulario. De igual forma, se dice explícitamente que en las neuronas espejo hay una forma de "comprensión subpersonal". Eso significa que las neuronas "entienden" los movimientos no como simples movimientos, sino como acciones encaminadas a objetivos. De forma evidente, nosotros, en tanto sujetos, también tenemos una comprensión de las acciones como aquellos movimientos encaminados a objetivos, la pregunta es: ¿cómo se relacionan ambas interpretaciones, la personal y la subpersonal? Y, en todo caso, ¿para qué dos? Dado lo que hemos dicho previamente respecto de la conciencia y el sujeto, cabría preguntar: ¿en qué consistiría la interpretación subpersonal sin un sujeto (pues conceptualmente sería un error afirmar que el cerebro es un polo de subjetividad capaz de poseer experiencias)?

Con claridad aquí ya ha operado la falacia mereológica. Esto se puede explicar a la luz de los errores conceptuales que hemos señalado. Vimos que la intuición de que la propia mente es transparente para cada uno, mientras que la mente ajena se conoce siempre por inferencia, es el punto de partida por el cual surge el "problema de las otras mentes". De tal modo, si logramos explicar la asimetría, tendríamos, en principio, la llave del problema de la interacción social. La bimodalidad de las neu-

---

[6] Las neuronas canónicas tienen funciones bimodales al igual que las espejo, pero a diferencia de éstas, no se activan ante los movimientos de otros agentes, sino ante los objetos sobre los que el sujeto puede operar y en el momento en que el sujeto opera sobre ellos.

ronas espejo aparenta ser la explicación empírica adecuada de esa asimetría epistemológica que, presuntamente, hay entre mi propia mente y las mentes ajenas. De ser cierta esa interpretación tendríamos en tales neuronas al mecanismo encargado de llevar a cabo la comprensión de la conducta ajena con base en la propia: si entiendo el movimiento de la mano de otra persona como el acto de intentar asir una taza es porque "neuronalmente" comprendo que yo mismo he realizado tal movimiento en el pasado con la misma intención y que, además, estaría en posición de volverlo a hacer. La cuestión es que en realidad el problema no se resuelve, sino que se aplaza o, en todo caso, se transfiere a un nivel inferior: el así llamado "subpersonal". El disparo de la neurona en sus dos distintas modalidades podrá ser exactamente del mismo tipo, pero lo que no será idéntico serán sus consecuencias causales: en un caso la consecuencia es el movimiento efectivo, mientras que en el otro no. Así, la asimetría, que es aquello que deseábamos explicar, continúa a nivel neuronal.

El principal defecto de las argumentaciones de quienes intentan resolver el problema acudiendo a la bimodalidad de los sistemas espejo es que adscriben los predicados intencionales a un *locus* inadecuado. No hace falta hacer un análisis detallado para refutar la idea literal de que ningún grupo neuronal tiene, ni puede tener, algo similar a un lenguaje con vocabulario ni sintaxis; de igual modo carece de sentido demostrar que no hay un homúnculo neuronal que interprete los movimientos ajenos como acciones. Y, sin embargo, aunque quienes así hablan tengan el cuidado de indicar que no se habla en forma literal, el lenguaje deja siempre resquicios de significado que provocan desplazamientos teóricos inadvertidos.

El problema, hay que insistir, no es empírico (por supuesto que está bien documentada la función bimodal de los sistemas espejo), sino conceptual. Sin duda las neuronas espejo forman parte del dispositivo complejo que, como sujetos, usamos en algunas de nuestras muy variadas formas de interacción social, pero la interpretación que hace de ellas una prueba a favor de alguna tesis psicológica de la mente o que las dota de facultades intencionales como la comprensión de las acciones es simplemente errónea.

Conclusiones

Dicho todo lo anterior he intentado demostrar la absoluta necesidad del análisis conceptual previo en la investigación de la conciencia. Sin tal trabajo, la investigación corre el riesgo de embrollarse en disputas estériles, de desaprovechar los frutos de la investigación empírica y, con ello, de perder el rumbo. Si no se sabe qué pregunta resolver toda respuesta posible será inadecuada. Por tanto, es indispensable garantizar que estamos proponiendo preguntas plenas de sentido, es decir, aquellas en donde los conceptos implicados estén usados en forma correcta con la adscripción adecuada. Y la delimitación y cuidado del sentido de los términos, hay que recordarlo, es labor de la filosofía, no de la ciencia empírica. Antes de cualquier teorización, presuposición o problematización hay que realizar el correspondiente análisis filosófico de los términos a investigar.

Pero la tarea no termina ahí. No basta con plantear las preguntas adecuadas, sino que además hay que observar que los experimentos nos arrojen la información que deseamos obtener. La filosofía no ha de abandonar la empresa. Como sabemos, los experimentos, tanto como los instrumentos utilizados, son instancias de teorías específicas. Por lo tanto, la filosofía ha de colaborar en el diseño experimental para observar que ahí siguen implícitos los mismos conceptos previamente establecidos. El resultado es que quizá ciertos experimentos carecen de utilidad por dar respuesta a preguntas carentes de sentido y que, por lo tanto, será necesario pensar el diseño de nuevos instrumentos cuyos resultados acierten en el objetivo.

Quisiera dejar claro que me refiero a la filosofía como una actividad analítica propia del trabajo riguroso de investigación, y no a la filosofía como profesión. Es decir, no se trata de que el filósofo sea una especie de instrumentista que limpie el lenguaje conceptual con antelación a su uso empírico, ni, mucho menos, una especie de policía que vigile la actividad del científico en el diseño y aplicación de sus experimentos. En tanto actividad, el análisis conceptual ha de ser una facultad más de todo aquel que participe en la interdisciplina encargada del estudio de la conciencia.

Para finalizar, será necesario que la actividad filosófica se ejerza para obtener la mesura teórica en la interpretación de los resultados. Como queda claro en el caso de la euforia desatada por los hallazgos del grupo de Parma, es muy sencillo elevarse especulativamente sobre una base limitada (aunque firme) de evidencia empírica.

Bibliografía

Bennett, M. R. y P. M. S. Hacker. 2009. *Philosophical Foundations of Neuroscience*. Reino Unido: Blackwell.

Cosmelli, Diego y Evan Thompson. 2010. Embodiment or Envatment. Reflections on the Bodily Basis of Consciousness. En John Stewart, Olivier Gapenne y Ezequiel di Paolo (eds.). *Enaction: Towards a New Paradigm for Cognitive Science*. Cambridge, Mass.: The MIT Press.

Gallese, Vittorio, *et al.* 1996. Action recognition in the promotor cortex. *Brain*, 119: 593-609.

Gopnik, Allison y Henry Wellman. 1994. The Theory Theory. En *Mapping the Mind. Domain Specificity in Cognition and Culture*. Cambridge: Cambridge University Press.

Haugeland, John. 1985. *Artificial Intelligence: The Very Idea*. Cambridge. Mass: The MIT Press.

Husserl, Edmund. 1990. *El artículo de la Encyclopaedia Britannica*. Antonio Zirión (trad.). México: UNAM.

——. 2005. *Meditaciones cartesianas*. México: Fondo de Cultura Económica.

Nagel, Thomas. 1974. What is it like to be bat? *Philosophical Review*, 83: 435-450.

Scheler, Max. 2004. *Esencia y formas de la simpatía*. José Gaos (trad.). Buenos Aires: Losada.

Searle, John. 1980. Minds, Brains and Programs. *The Behavioral and Brain Sciences*, 3: 417-424.

Putnam, Hilary. 1982. *Reason, Truth and History*. Cambridge: Cambridge University Press.

Rizzolatti, Giacomo y Corrado Sinigaglia. 2006. *Las neuronas espejo. Los mecanismos de la empatía emocional*. Barcelona: Paidós.

Rizolatti, Giacomo, Laila Craighero y Luciano Fadiga. 2002. The mirror system in humans. En Maxim I. Stamenov y Vittorio

Gallese (eds.). *Mirror Neurons and the Evolution of Brain and Language*. John Benjamins Publishing Company.

Capítulo XIII

SPINOZA Y LA CONCEPCIÓN MODERNA DE LAS EMOCIONES MORALES

Jorge E. Linares Salgado*

* Es doctor en Filosofía por la Universidad Nacional Autónoma de México, donde actualmente es profesor en la licenciatura en Filosofía, en el Posgrado en Filosofía, en el Posgrado en Filosofía de la Ciencia y en el Posgrado en Ciencias Médicas y de la Salud. Su trabajo docente y de investigación se ha concentrado en los problemas éticos de la ciencia y la tecnología, la bioética y la ética contemporánea. Entre sus publicaciones recientes destaca el libro *Ética y mundo tecnológico* (2008) coeditado por la UNAM y el Fondo de Cultura Económica. Actualmente es director del Programa Universitario de Bioética de la UNAM.

Correo electrónico: lisjor@unam.mx

Neurociencias y *neurofilosofía*

Los filósofos han asumido desde antaño que el acceso a la comprensión teórica de la conciencia es posible a través de la introspección narrativa y de diversos experimentos y modelos mentales como la *alegoría de la caverna* de Platón o el experimento mental que Descartes emprende mediante la *duda metódica* sobre la realidad de las sensaciones corporales en sus meditaciones metafísicas.

Durante la modernidad varios pensadores, como Descartes mismo, se basaron en el modelo óptico de la "cámara obscura" (el artefacto que dio origen a la fotografía) para representarse la conexión entre la mente y el mundo externo. Desde la antigüedad, la luz y la visión se asociaron con la conciencia y la razón, con la comprensión y aprehensión del mundo. Por ello, el modelo clásico moderno de la conciencia se basa en un artefacto óptico que capta imágenes del exterior y las plasma materialmente en su interior; supone, por tanto, la dualidad entre el yo y el mundo externo, es decir, entre el cuerpo y la mente. Se trata de una cámara que transmite información del exterior a una superficie o pantalla interna en la que queda grabada y reproducida. El problema principal que los modernos enfrentaron era tratar de averiguar en qué consiste esta "representación" y hasta qué punto se trata de una copia fiel o de una impresión parcial, y no más bien de una re-producción de lo real, es decir, de una elaboración mental que agregaba algo más a la *imagen* que nos hacemos del mundo.

Así pues, algunos pensadores modernos como Baruch de Spinoza, al que nos remitiremos en este capítulo, trataron de teorizar la relación entre nuestras mentes y el mundo para indagar cómo es que lo conocemos (y con qué grado de certeza), cómo nos lo representamos y cómo nos situamos en él sensible y afectivamente. Esto último es lo más decisivo para la acción, la decisión y la moralidad humana. Como queda plasmado en la obra de este insigne filósofo judío-portugués-holandés del siglo xvii, el problema es desde entonces de una capital importancia epistémica, psicológica, ética y política, pues en él parecen anidar las cuestiones más trascendentes de la vida social y de la subjetividad e intimidad reflexiva que dan sentido a la identidad personal.

¿Cuál debería ser el modelo actual para representarnos la conciencia, es decir, la relación entre la mente y el mundo? ¿Con qué medios técnicos nos representamos ahora el "artefacto" mental? Las imágenes de resonancia magnética, las tomografías y los angiogramas se han convertido en nuestra actual "cámara oscura" o "caverna de Platón" para representarnos cómo es que funciona el cerebro y se desarrollan los procesos de la mente. Estas imágenes de la actividad cerebral/mental en tiempo real han permitido mapear los circuitos y las zonas en las que operan diversas funciones que los neurocientíficos ya han identificado, como si se tratara, en efecto, de trazar mapas de un continente ignoto e inexplorado. Pero hasta la fecha esta tecnología de visualización no ha logrado ofrecernos una imagen clara de las causas de las emociones y sentimientos que se generan en los dos hemisferios del *planeta cerebral*, y no han podido descifrar por ello el complejo enigma de nuestras interacciones emocionales intersubjetivas en el mundo de la vida.

De cualquier modo, es inevitable que siempre tendremos que construirnos una representación aproximada, simbólica y quizá fragmentaria de la actividad del cerebro y de la mente. Y el problema principal que hemos heredado desde Platón y su modelo de imágenes que se proyectan en el fondo de una caverna es precisamente el del dualismo conciencia-mundo, la dualidad entre el *afuera* y el *adentro*, y la índole de los contenidos que aparecen en nuestras mentes.

Estos dualismos todavía nos persiguen cual fantasmas de nuestras representaciones del universo mental porque, en parte, están profundamente arraigados en experiencias y apariencias cotidianas, o quizá sean arquetipos de la evolución cerebral. Así, pensamos que las personas procesan contenidos mentales al interior de su cerebro y que, en el caso de algunos pensamientos y emociones, son tan íntimos que resultan inaccesibles para otros sujetos o en ocasiones inexpresables para el propio sujeto que los experimenta. Ha sido una tradición filosófica suponer que, en particular, las emociones y los sentimientos son procesos mentales interiores y oscuros, irracionales e incomprensibles. Por ello, pensadores como Descartes suponían que en el ámbito de la conducta sólo podíamos construir una "moral provisional" de corte más bien pragmático, y no una teoría sólida de la moralidad.

Sin embargo, el avance actual de las neurociencias ha logrado consolidar un programa de *naturalización* de la mente y de la conciencia; es decir, un programa de investigación basado en la tesis de que estos fenómenos deben estudiarse y comprenderse como cualquier otro hecho en la naturaleza, a partir de sus causas y efectos, porque la mente es un fenómeno neurobiológico resultado de la evolución de nuestra especie. Pero, ¿cómo podemos entender de modo consistente y cabal los complejos procesos mentales y, ante todo, sus interacciones emocionales? ¿Cuáles son sus causas y fundamentos? Siguen siendo éstas las preguntas esenciales que desbordan a las neurociencias y que tocan el territorio clásico de la especulación filosófica.

Para los filósofos del siglo XXI los nuevos datos y hechos confirmados por las neurociencias no deben pasar inadvertidos. La *naturalización de la conciencia* implica dejar atrás los monismos y los dualismos reduccionistas para poder acceder a una explicación dinámica y multidimensional de los fenómenos mentales. El problema general sigue presente, a saber, la relación entre el cerebro y la mente, y la manera en que se forman los enlaces y/o distanciamientos entre mente y mundo, entre mundo subjetivo y mundo objetivo o intersubjetivo.

Para trazar a grandes rasgos los parámetros de nuestros actuales "mapas mentales" o representaciones sobre los fenómenos mentales, debemos partir de principios muy simples y claros. Uno es que la interacción entre conciencia y mundo construye, al mismo tiempo, un conjunto de representaciones y vivencias subjetivas (en alguna medida, intransferibles por ser esas vivencias individuadas), a la par de representaciones e ideas intersubjetivas que crean el mundo compartido de la objetividad, la cultura, el lenguaje, el sentido, es decir, el *mundo de la vida*. En particular, las emociones y los sentimientos son cadenas de interacciones que conducen de lo objetivo a lo subjetivo y viceversa, llevando información relevante del mundo hacia el sujeto y de éste hacia los demás. La interconexión mental que hay entre los sujetos es factible gracias a las interacciones emocionales, ya que muchos datos relevantes sobre el entorno y la situación de los demás se transmiten en y por medio de las emociones. Además, sabemos que estas interacciones son neuroquímicas, implican a todos los sentidos corporales y codifican una gran cantidad de información que emiten otros sujetos y otros seres vivos. Es decir, las emociones implican al sistema perceptivo, cognitivo y valorativo, y poseen estos tres contenidos: son percepciones sensoriales, tienen contenido conceptual y valorativo o estimativo. El "cableado" neuroquímico posibilita la expresión y decodificación emisor/receptor de las emociones. Éstas permiten a las personas ubicarse en el mundo, prever las reacciones de otros y planificar o anticipar sus propias acciones y decisiones, de un modo pragmático eficiente y sin mediaciones deliberativas racionales (en ocasiones, en décimas de segundos). He ahí su importancia evolutiva. Pero en esto no somos muy diferentes de todos los demás mamíferos. El agregado específico para la vida emocional humana residiría, en todo caso, en una memoria extensa y en procesos de representación conceptual y codificación simbólico-lingüística que permiten, en principio, una deliberación más dilatada y una autoconciencia de las decisiones tomadas y de los actos ejecutados. Quizá también lo propio de nuestra especie en cuanto a capacidades emocionales consista en una gran diversidad de grados e intensidades de la vida emocional, de las coloraciones y matices individualizados con los que emergen las emociones y se decantan o se cimentan después como sentimientos de largo plazo, tiñendo de manera particular la identidad de cada individuo y decantando formas personalizadas de entender y sentir el mundo de la vida.

El mecanicismo mental en la filosofía de Spinoza

Baruch de Spinoza fue uno de los primeros filósofos de la modernidad que asumió en todas sus consecuencias el paradigma de *naturalización de la conciencia* y en particular, la naturalización de las emociones o *pasiones de la mente*.[1] Spinoza concibió que las pasiones son formas de energía corporal percibidas sensorialmente que tienen como efecto una representación mental y unas determinadas formas de acción (aunque en principio constituyen un tipo de acción no autónoma, sino reactiva, de ahí el nombre de "pasión")[2] (Spinoza, 2000). Las pasiones constituyen asimismo formas de conocimiento

[1] Podemos distinguir convencionalmente diferentes tipos de emociones: afectos, sentimientos, estados de ánimo, pulsiones, etc. Spinoza denomina afectos o pasiones de la mente a las emociones en general. No implica que éstas sean siempre fuerzas impulsivas e impetuosas o involuntarias, también existen emociones o pasiones "tranquilas" e incluso voluntarias. Una pasión es para Spinoza simplemente un afecto experimentado mental y corporalmente.

[2] Dice Spinoza: "Las acciones de la mente surgen sólo de ideas adecuadas; las pasiones sólo dependen de las inadecuadas" (2000, 3/3). Citaré primero el número de la sección y después el número de la proposición: (e) indica escolio, (b) definición, (c) corolario. La edición que empleo, a veces con variantes, es traducción de Atilano Domínguez y publicada por Trotta.

fragmentado o inadecuado del propio cuerpo y de lo que sucede en el entorno y lo afecta.

Cada pasión expresa en realidad un cambio de graduación o alteración en la energía corporal, con su correspondiente representación mental-corporal (sensación y percepción). Como sabemos empíricamente, las emociones son reacciones corporales, algunas muy intensas, percibidas por efectos evidentes en el cuerpo (principalmente en las expresiones faciales, el ritmo cardiaco, la tensión muscular, la sudoración u oxigenación, pero también en cambios metabólicos, hormonales y registros memorísticos más bien imperceptibles) y acompañadas de una representación mental de su objeto o "causa". Tienen cualidad e intensidad, un objeto percibido y una carga valorativa de esta percepción. Las emociones tienen un sustrato neural específico, se expresan corporalmente (la expresión facial es distintiva en los humanos), poseen propiedades motivacionales y organizativas de funciones y acciones, su expresión es innata, no aprendida, y al parecer sigue patrones universales: en nuestra especie, aunque no todos los individuos desarrollan la misma habilidad y destreza para reconocerlas, poseen en cambio una capacidad universal para expresarlas y decodificarlas.[3]

---

[3] La expresión de las emociones, estudiada desde Darwin, presenta patrones comunes entre los miembros de una especie, por ejemplo, alegría: elevación de las mejillas, comisura labial retraída y elevada, arrugas en la piel debajo del párpado inferior; tristeza: ángulos inferiores de los ojos hacia abajo, piel de las cejas en forma de triángulo, descenso de las comisuras de los labios, que incluso pueden estar temblorosos; repugnancia: elevación del labio superior, generalmente asimétrica, arrugas en nariz y áreas cercanas al labio superior, arrugas en la frente, elevación de las mejillas arrugando los párpados inferiores; ira: cejas bajas, contraídas y en disposición oblicua, párpado inferior tenso, labios tensos o abiertos en ademán de gritar, mirada prominente; miedo: elevación y contracción de las cejas, párpados superior e inferior elevados, labios en tensión, en ocasiones con la boca abierta; sorpresa: elevación de las cejas, dispuestas en posición circular, estiramiento de la piel debajo de las cejas, párpados abiertos (superior elevado e inferior descendido), descenso de la mandíbula.

Spinoza forjó una teoría sobre la red de pasiones e interacciones emocionales para intentar captar el dinamismo de estos fenómenos de energía vital, así como sus consecuencias individuales y sociales en las formas en que se expresan y codifican. La ética de las pasiones que construye Spinoza es tanto una psicología moral como una ética social, ya que analiza el efecto de las pasiones más importantes y relevantes en sus varios niveles y dimensiones, cómo se generan y transforman en su dinamismo inherente y cómo arrastran a los sujetos a tomar ciertas decisiones y a actuar de determinado modo. Spinoza descubre distintas frecuencias temporales,[4] así como dimensiones individuales y sociales de las pasiones que se traslapan o yuxtaponen como capas dimensionales de las pasiones. Señala asimismo el carácter bipolar de las emociones y establece que las pasiones implican "cargas" positivas o negativas en la dinámica energética del cuerpo entero y de la mente. Las pasiones se forman en una arquitectura de quiralidad o de no asimetría por la que puedan traslaparse o superponerse y, sin embargo, el sujeto puede pasar de experimentar por los mismos objetos pasiones contrarias o contradictorias.

Las tres pasiones fundamentales son: 1) el deseo, el ímpetu de buscar un objeto de satisfacción que, dice Spinoza, "constituye la esencia misma del hombre";[5] 2) la alegría, que es la pasión que conduce al individuo a sentir y a actuar con una mayor fuerza de existir y de pensar; y 3) la tristeza, que es la pasión que conduce a sentir y actuar con una menor fuerza de existir y de pensar.

---

[4] Por ejemplo, el circuito de pasiones "alegres" que forman un arco del futuro, presente y pasado: esperanza-seguridad-grata sorpresa se puede transformar en sus contrapartes "tristes" en el mismo arco temporalizado: miedo-desesperación-decepción, si cambia el contenido cognitivo y valorativo del objeto.

[5] Así, como habría dicho Platón en el *Banquete,* es la carencia, la negatividad, lo que impulsa a los seres humanos constantemente a desear, a amar, a anhelar, soñar, sentir esperanza, así como a odiar, despreciar, añorar, desesperanzarse o hundirse en la desesperación.

Las pasiones fundamentales en sus tres ejes
(Spinoza, *Ética*, 3ª parte)

- *Deseo*: (*conatus*) es la esencia misma del hombre, en cuanto se concibe determinada por cualquier afección suya a hacer algo. Si sólo se refiere a la mente se llama *voluntad;* cuando se refiere a la mente y al cuerpo, *apetito*. *El deseo es el apetito con conciencia de sí mismo.*

- *Alegría:* pasión por la que la mente pasa hacia una mayor perfección de actuar y pensar.

- *Placer:* sensación de mayor perfección de una parte del cuerpo.

- *Regocijo:* sensación de mayor perfección generalizada.

- *Tristeza:* pasión por la que la mente pasa hacia una menor perfección de actuar y pensar.

- *Dolor:* sensación de menor perfección de una parte del cuerpo.

- *Melancolía:* sensación de menor perfección generalizada.

Las pasiones se forman en ramificaciones bipolares de acuerdo al troncal del que surgen (positivo-alegría; negativo-tristeza) y se combinan con el deseo que intensifica los polos. Esta bipolaridad no es simétrica y presenta formas continuas/discontinuas de la energía corporal y mental. Además, está por precisarse el papel que juega la autopercepción o autoconciencia de las pasiones en su expresión, intensidad y mutabilidad, así como el "contagio" social y el carácter de ser resultado de imitación y/o aprendizaje en muchas de ellas.

Características de las pasiones

1. Surgen de ideas inadecuadas, confusas o mutiladas (3/1, 3/3, 3/def. gral.)

2. Son necesarias e involuntarias (3, Pref.)

3. Se perciben con algún grado de conciencia (3/11e).

4. Su causa y sus asociaciones pueden ser accidentales (3/15).

5. Son bipolares y temporalizables (cambian de cualidad en función del tiempo) (3/18, 4/9, 4/10), y en ocasiones se yuxtaponen (3/14).

6. Son ambivalentes: pueden ser buenas y/o malas, individual y socialmente (4/43, 44, 45, 47, 48, 49-58).

7. Sólo pueden ser reprimidas o suprimidas por una pasión mayor y de efecto contrario (4/7).

8. Pueden ser transformadas en acciones, en la medida en que la mente pueda concebir adecuadamente sus causas (3/58, 3/59, 4/59, 5/3).

9. Persisten en el tiempo y se reactivan si se (re)presenta o se imagina la causa que las originó (3/18).

10. Son sentimientos interiorizados e introspectivos o sensaciones exteriores y epidérmicas.

11. O bien, sentimientos socializados, construidos y compartidos.

12. Son diversas y muy singulares; sus nombres son convencionales y dependen de categorías conceptuales abstractas (3/51, 3/56, 3/57).

13. Cambian de intensidad y de fuerza, de acuerdo con la modalidad en que aparecen: necesarias, contingentes, posibles, azarosas (4/11, 4/12, 4/13).

Dinámica de las pasiones, según Spinoza

La siguiente es la definición general de los afectos que Spinoza nos propone al final de la tercera parte de la *Ética*: "El afecto que se llama pasión del ánimo es una *idea confusa* con la que la mente afirma una fuerza de existir de su cuerpo, o de alguna de sus partes, mayor o menor que antes, y ante la cual, la mente misma se determina a pensar esto más bien que aquello" (Figura 1).

Las tesis que Spinoza plantea suponen que todos los procesos, funciones o *estados* mentales conscientes/inconscientes están *cableados* por circuitos neurales y localizados de algún modo en el cuerpo (el cerebro, ahora lo sabemos bien). No poseía, claro, los medios de observación ni la constatación experimental de ello, así que su modelo se basa en un mecanismo de transferencia de energía mental/corporal que une la dualidad materia/ideas, es decir, las cosas y sus representaciones mentales. Esta hipótesis de la unidad dual de lo mental y lo corporal ha sido plenamente corroborada siglos después por muchas evidencias clínicas y estudios neurológicos. Lesiones fisiológicas y alteraciones químicas o farmacológicas modifican esos procesos o los interfieren y nos muestran hasta qué punto la unidad dual mente/cuerpo es un hecho fundamental de nuestra biología (estructura que compartimos, por otro lado, con muchos animales, al menos con los mamíferos).

De este modo, *estar-en-el-mundo* (como lo caracteriza la clásica fórmula fenomenológica de Heidegger) implica interactuar afectivamente experimentando una diversidad de pasiones, sus gamas, cambios y tensiones, para poder conocer y sentir el mundo, para comprender a otros y para poder expresarnos (que es situarnos) a nosotros mismos en un entorno en donde toda acción debe cobrar sentido para nosotros y para los demás congéneres.

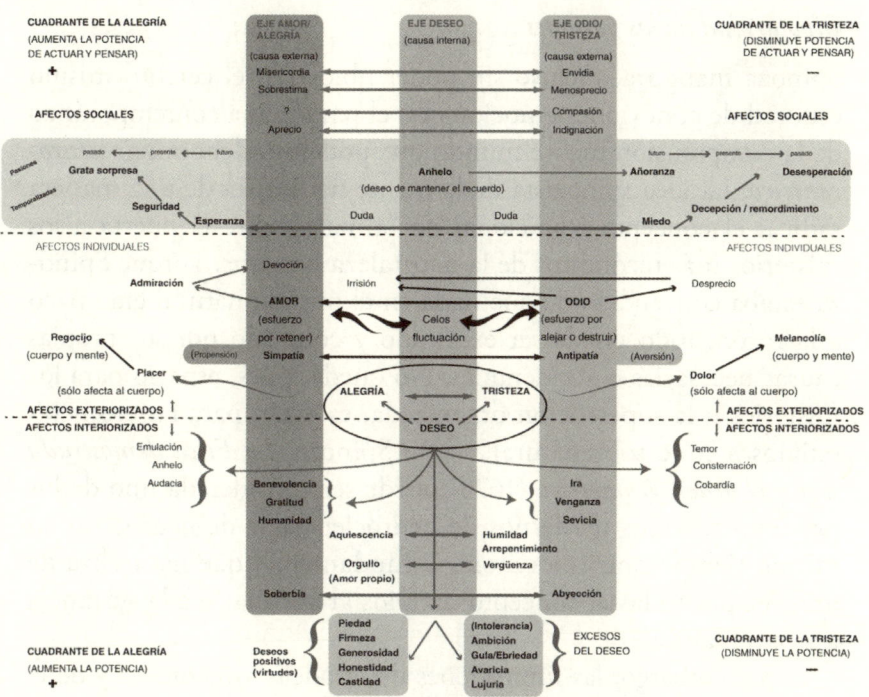

Figura 1. Dinámica de las pasiones, según Spinoza. Hacia la izquierda se ubica el cuadrante de la alegría en grados de intensidad; a la derecha, el de la tristeza en grados de intensidad. En el centro reside el núcleo de las tres pasiones y sus ramificaciones directas o indirectas. Nótese la estructura bipolar pero no precisamente simétrica, por eso podemos decir que las pasiones siguen una arquitectura de quiralidad. Son más ramificadas e intensas las pasiones del eje tristeza-dolor-odio que del eje alegría-placer-amor. Los excesos del deseo se cargan hacia el cuadrante derecho de las pasiones tristes.

Bipolaridad de las pasiones[6]

Spinoza inaugura, incluso sin poder ubicar en el cerebro mismo esta red de conexiones emocionales, el paradigma contemporáneo de la comprensión mente/mundo que podemos denominar *neurocéntrico*. La idea spinozista de la mente naturaliza de una manera radical el concepto tradicional de "alma" y abre la puerta a los misterios más recónditos de la naturaleza humana. Porque Spinoza estaba convencido de que nada en el mundo natural era opaco a la razón: todo puede ser explicado y conocido por sus propias causas necesarias o accidentales. No queda, pues, espacio para los misterios o la superstición organizada, es decir, para las creencias religiosas en lo sobrenatural, según Spinoza. *La Ética demostrada según el orden geométrico* (1675) puede ser considerada uno de los primeros tratados modernos de neurociencias y de neuroética, al mismo tiempo que una ontología fundamental que naturaliza de una vez por todas el concepto de Dios al asimilarlo a la sustancia única o Naturaleza.

Sin embargo, las limitaciones del modelo mecanicista y de la unidad dual mente/cuerpo que Spinoza postula salen a flote de inmediato. Pero este mecanicismo que intenta fundar explicaciones causales inmanentes al propio sistema nervioso no es, en realidad, radicalmente distinto del actual modelo. Aún hoy el monismo dual persiste en las explicaciones y teorizaciones mecanicistas de la neurociencia contemporánea, pese a todo. Por ello el fantasma del reduccionismo acecha a las neurociencias, tanto antes como ahora, a pesar de grandes logros y avances, porque este modelo teórico no

---

[6] "[…] [E]l amor no es otra cosa que la alegría acompañada de la idea de una causa externa; y el odio no es otra cosa que la tristeza acompañada de la idea de una causa externa. […] [Q]uien ama, necesariamente se esfuerza por tener presente y conservar lo que ama y, por el contrario, quien odia, se esfuerza por alejar y destruir la cosa que odia" (E, 3/13e). "Por el sólo hecho de imaginar que una cosa tiene algo semejante a un objeto que suele afectar a la mente de alegría o tristeza […] la amaremos u odiaremos" (Spinoza, 2000, 3/16).

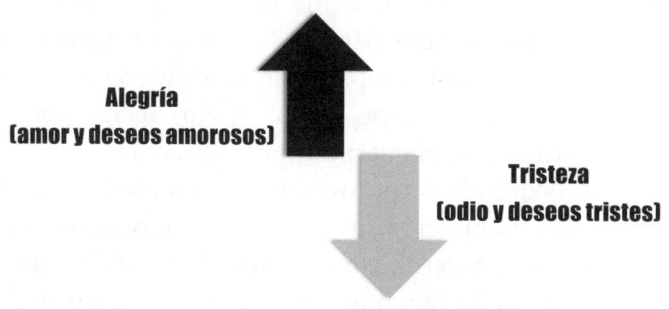

Figura 2. Bipolaridad de las pasiones.

se basa sólo en evidencias experimentales contundentes, sino en la forma natural en que nos representamos el mundo y su interacción con la conciencia.

Ahora bien, conviene explorar un poco el modelo del paralelismo spinozista entre mente y cuerpo como una hipótesis factible para resolver teóricamente muchos problemas. La idea de este *paralelismo* implica que los fenómenos mentales no pueden ser reducidos o explicados por causas materiales, y que los fenómenos corporales (claramente observados en las emociones) no pueden ser explicados por causas mentales. Así, por ejemplo, la ira no causa el enrojecimiento del rostro y unos ojos desorbitados; ni tampoco estos fenómenos corporales causan la ira, sino que se dan ambos paralelamente; podríamos decir que no hay ira sin que estén presentes estos claros signos corporales. Del mismo modo también podríamos medir otras emociones y sentimientos por signos corporales quizá menos evidentes (por ejemplo, el enamoramiento por niveles de oxitocina y dopamina) y comprobar la correlación directa entre fenómeno mental y expresión o signo corporal. Otro problema es qué tanto está consciente el sujeto que experimenta estas emociones de esos cambios corporales o metabólicos y de su intensidad. Pero el hecho duro que Spinoza sostiene como un principio ontológico es que mente y cuerpo entero (sintiendo y reaccionando ante el mundo y los otros) están inseparablemente interconectados, como en un juego de doble espejo con reflejos recíprocos. La mente replica y actúa sobre el cuerpo (puede orientar la acción o inhibirla), mientras que el cuerpo suministra la materia de todas las representaciones mentales y sus cambios metabólicos, musculares, cardiacos, etc., y actúa como motor de las emociones y sentimientos, así como de muchos pensamientos que no se dan en "frío" ni sin valoración afectiva.

A pesar de su interconexión, Spinoza sostiene que existe una asimetría o desfase insuperable entre las representaciones mentales y lo que pasa realmente en el cuerpo (sobre todo en los procesos internos no evidentes para el sujeto y muchas veces tampoco para los demás sujetos). Esta asimetría es el segundo principio fundamental. La representación mental siempre va "detrás" del efecto corporal (por decirlo así, pues hemos dicho que eran paralelos). Y ello tiene una consecuencia cognitiva crucial para la vida emocional (es decir, para toda la vida de un animal sintiente y consciente): *nunca podemos tener una representación precisa ni en tiempo real de lo que sucede en el cuerpo y de cómo hemos sido afectados por otros, ni de lo que pasa en nuestra circunstancia entera y concreta.* Nuestras representaciones emocionales son irremediablemente incompletas, fragmentarias y por ello fácilmente caemos en el (auto)engaño, en la ilusión o en la precipitación con respecto a lo que otros sienten o piensan, y con respecto a lo que realmente sucede en nosotros: "[...] [S]iempre que la mente humana percibe las cosas según el orden común de la naturaleza, no tiene un conocimiento adecuado ni de sí misma, ni de su cuerpo, ni de los cuerpos exteriores, sino tan sólo confuso y limitado." (2/29c).

Exploración de la dinámica de las pasiones

Ahora bien, la mente o el conjunto de representaciones que hacemos de nosotros mismos y del mundo emerge de la actividad del cerebro, que es el órgano de control de *un* cuerpo *singular en acto,* el nuestro. La mente, como un haz de representaciones, es el resultado de la interacción del tejido neural en conexión sensible con el resto del cuerpo y del mundo. La mente es *el mapa* simbólico del cuerpo propio, la manera en que *sentimos* y *vivimos* nuestro cuerpo y *a través* de nuestro cuerpo. Por eso Spinoza la define como la "idea de una cosa singular que existe en acto" (Spinoza, 2000: 2/11). La mente "contiene" un caudal de representaciones y emociones que se van decantando y entrelazando. Es como un cenote profundo que guarda en su fondo emociones pasadas y recuerdos bloqueados que pueden reactivarse o emerger hacia la superficie al enlazarse con representaciones y emociones actuales e intensas. Así pues, nuestra mente es la *imagen* o la representación simbólica del cuerpo vivido, del cuerpo de cada uno en particular y de sus interacciones con el ambiente. Está, por tanto, condenada a representarse el todo a través de este tamiz, de este filtro multidimensional y dinámico, porque reacciona constantemente y se adapta a la circunstancia ambiental y social que le toca vivir. Ahora bien, el cuerpo y la mente están conectados por rutas neurales. No es posible vivirse como un *yo* ni tener ningún estado consciente sin el flujo continuo de la corriente neural cuerpo/cerebro. Pero la representación mental siempre es imperfecta y desfasada:

> *La idea de la idea de cualquier afección del cuerpo humano no implica el conocimiento adecuado del alma humana. [...]*

> De aquí se sigue que, siempre que el alma humana percibe las cosas según el orden común de la naturaleza, no tiene un conocimiento adecuado ni de sí misma, de su cuerpo, ni

> de los cuerpos exteriores, sino tan sólo confuso y mutilado
> (Spinoza, 2000: 2/29, 2/29c).

Spinoza plantea, sin embargo, que la confusión de la mente se deriva de su pasividad, pues padece unas cosas y actúa otras. Actúa en cuanto posee ideas adecuadas y padece en cuanto tiene ideas inadecuadas. Es natural que una parte muy significativa de nuestras representaciones mentales sean inadecuadas. Las pasiones se derivan de la incapacidad habitual de concebir de manera permanente las ideas adecuadas y causas de las cosas que suceden. No obstante, la convicción racionalista de Spinoza se manifiesta en la confianza en que la intelección de ideas adecuadas supone el conocimiento de las causas verdaderas y por ende una *acción* mental, en lugar de una *pasión*. Así pues, el remedio fundamental para moderar o controlar las pasiones es el conocimiento racional a partir de las ideas adecuadas de las causas de los fenómenos que percibimos. Pero, ya sea que la mente tenga ideas adecuadas o inadecuadas, se esfuerza en perseverar en su ser de manera indefinida y con conciencia de ese esfuerzo; y a pesar de sus esfuerzos, estará inexorablemente sometida al influjo de las pasiones. Esto es lo que Spinoza denomina el *conatus* que caracteriza a cualquier cosa finita en el mundo. Ser consciente de este impulso implica entonces que los seres humanos están al tanto de sus deseos y apetitos, y que por eso consideran como fines todo aquello que desean. Pero sólo por esta conciencia del deseo creen que son libres para buscar lo que satisfaga su apetito. El *conatus* crea la ilusión de una libertad natural, que no es más que la conciencia del deseo y de la voluntad de satisfacerlo.

Ya nos hemos referido a las tres pasiones básicas: el deseo, la alegría y la tristeza. Con estos tres afectos pasionales Spinoza construirá todo el edificio emocional de la mente humana. Como en cualquier animal, el mecanismo de búsqueda del placer y recompensa condiciona que la mente humana se esfuerce en *ima-*

ginar y *recordar* todo aquello que aumenta o favorece su potencia de actuar y de pensar, y que se esfuerce en *rehuir* u *olvidar* todo lo que disminuye o reprime su potencia de actuar y de pensar. Pero cualquier cosa puede ser causa accidental de alegría o de tristeza, de amor o de odio, es decir, la alegría o la tristeza acompañadas de la idea de una causa u objeto exterior a nosotros. Y también sucede que puede haber fluctuación del ánimo si una cosa que nos afecta de tristeza posee, de igual modo, algo semejante a lo que suele afectarnos de alegría: podemos amarla y odiarla a la vez (Spinoza, 2000: 3/35 y 3/35e).[7]

Spinoza descubre que las pasiones se sienten siempre con la misma pretensión de realidad, así que uno puede ser afectado por la imagen de una cosa pasada o futura con el mismo afecto de alegría o tristeza que por la imagen de una cosa presente (3/18). Veamos esta dinámica temporal de una misma pasión que se desdobla o se convierte en otra según la conciencia de la causa:

Si hay incertidumbre → Si hay seguridad de lo que sucederá

Esperanza (alegría inconstante) → Seguridad (alegría constante)

Miedo (tristeza inconstante) → Desesperación (tristeza constante)

Pero si ya ha sucedido súbitamente lo que se imaginaba
se produce entonces:

Grata sorpresa (alegría súbita) / decepción (tristeza súbita)

El amor y el odio son las pasiones relacionales más básicas. Constituyen nuestros vínculos positivos y negativos con los otros, con las cosas que los simbolizan, con las instituciones o incluso entidades abstractas como naciones o pueblos. Sin embargo, gracias a la imaginación, una persona es capaz de odiar a uno u odiar a muchos congéneres, pero no de amarlos a todos por igual. El amor

---

[7] El análisis de la celotipia como fluctuación amor/odio es bastante agudo en Spinoza.

siempre se singulariza. No obstante, la empatía y la simpatía nos permiten vincularnos amistosa y amorosamente con otros, incluso con los que parecen no cercanos o extraños. Spinoza reconoce la naturalidad de emociones morales como la compasión, la emulación, la benevolencia, pero de igual modo la envidia, la soberbia, el menosprecio. También son esenciales a la vida moral las pasiones polares de autorreconocimiento o de identidad: la gloria o alegría de autocontemplarse como causa de alegría de los demás o la vergüenza. En el primer caso uno se *imagina* que los demás lo alaban y reconocen; en el segundo, que lo vituperan y lo desprecian. Cuando estas pasiones no se acompañan de la imaginación de tener la aprobación o desaprobación de los demás, se conocen como *contento de sí* y *arrepentimiento*, correspondientemente. Pero recuérdese que se trata de aprobaciones y desaprobaciones sociales que son en esencia *imaginadas* o *imaginarias*. Lo importante es que actúan en nosotros como si de fuerzas físicas se trataran, forzándonos a actuar o dejar de actuar.

La ambivalencia y bipolaridad dinámica de las pasiones sociales, en cuanto se refieren a objetos o bienes reales o imaginarios que son finitos, es resaltada de continuo por Spinoza. Véase este Escolio de la proposición 32 de la tercera parte:

> Vemos, pues, que la naturaleza de los hombres suele estar constituida de tal suerte que se compadecen de quienes les va mal y envidian a quienes les va bien [...] y con tanto mayor odio cuanto más aman a la cosa que imaginan poseer el otro. Vemos, además, que de la misma propiedad de la naturaleza humana, de la que se sigue que los hombres son misericordiosos, se sigue también que son envidiosos y ambiciosos.

Al amor y al odio se unen la fuerza del deseo de causar bien y mal, de aproximarse y de favorecer lo que se ama, y de alejarse o destruir lo que se odia. Pero, como señala Spinoza: "Quien tiene odio a alguien, se esforzará en hacerle mal, a menos que tema que de ahí surja un mal mayor; y al revés, quien ama a alguien, por la misma ley se esforzará en hacerle bien" (Spinoza, 2000: 3/39). Así aparecen las pasiones que movilizan la acción al conjugarse el deseo con el amor y el odio: la ira y la venganza, por un lado, el agradecimiento y la gratitud por otro. Pero el odio parece tener intensidades mayores que el amor, y combinado en fluctuación puede producir la crueldad. Es interesante cómo explica Spinoza la *crudelitas:* "Quien imagina ser amado por aquél a quien odia, será arrastrado a la vez por el odio y por el amor. [...] Y si prevalece el odio, se esforzará en inferir un mal a aquél por quien es amado, y este afecto se llama *crueldad*, principalmente si se cree que quien ama no ha dado ningún motivo común de odio" (Spinoza, 2000: 3/41e1c, 3/41e2). La potenciación del amor y el odio y su fácil transferencia y contagio social, debido a la imaginación de que un individuo es igual a todos los de su grupo o su nación, generan sentimientos de intolerancia, odio racial o étnico, pero no necesariamente simpatía por otros pueblos. He aquí la explicación mecanicista de la natural xenofobia o del etnocentrismo que caracteriza a casi todos los humanos. Spinoza señala que los seres humanos, al considerarse libres (por ser conscientes de sus deseos), sienten entre ellos un amor o un odio mayor que el que otros animales registran. ¿Será acaso ésta la causa profunda de la violencia social y organizada, la guerra, las masacres y el genocidio? Se trata de una simple extensión evolutiva de la capacidad de memoria y de asociación simbólica de los objetos de los afectos. Pero estas pasiones no son instintos automáticos, no son fuerzas ciegas. Debemos considerar que el amor y el odio siempre son *intencionales* y de algún modo su permanencia o persistencia es *voluntaria* y que incluso en muchas ocasiones se han derivado por imitación de los afectos de otros.

Ahora bien, del mismo modo que una cosa puede ser por accidente causa de amor o de odio, también puede serlo de esperanza o de miedo. Spinoza observa agudamente que estamos constituidos de tal forma que creemos fácilmente las cosas en las que tenemos esperanza y difícilmente en las que tememos. Éste es el origen de todas las supersticiones individuales y colectivas, pues no se da la esperanza sin el miedo y recíprocamente. Pero también es el origen del desfase cognitivo que nos hace descreer de la posibilidad de que ocurran males catastróficos en el futuro, he ahí una de las razones por las que mucha gente, por ejemplo, no *cree* hoy en día que el cambio climático sea real ni que se avecinen fenómenos naturales que puedan ser desastrosos.

Las pasiones sociales

Spinoza llama *esclavitud* a la impotencia humana de moderar y reprimir los afectos; pues el "hombre que está sometido a los afectos no se pertenece a sí mismo, sino a la fortuna, de cuya potestad depende de tal suerte que muy a menudo, aun viendo lo que es mejor, se ve forzado a seguir lo peor" (Spinoza, 2000: 4/Prólogo).

Los seres humanos están sometidos de manera inexorable a las pasiones, pues éstas son fuerzas de la naturaleza. La fuerza de una pasión sólo se mide por la potencia de una causa externa comparada con nuestra fuerza mental. Una pasión puede superar la potencia del sujeto y adherirse permanentemente a él. Un afecto sólo puede ser reprimido o suprimido por otro contrario y más fuerte. Es más fuerte el afecto causado por una cosa presente y necesaria que pasada o futura o contingente, pero la imaginación de una cosa buena contingente siempre será más débil que el deseo por una cosa presente.

Por ello Spinoza afirma que el conocimiento del bien y del mal no es otra cosa que el afecto de alegría o de tristeza expresados en proposiciones. Pero el conocimiento del mal es un conocimiento siempre inadecuado, pues Spinoza sostiene que si formáramos ideas adecuadas de todas las cosas se destruiría nuestra noción del mal, ya que todo lo que sucede es necesario y sigue el orden de la naturaleza. Por ello podemos decir que el mal no tiene sustancia, que su noción es siempre el resultado de un desfase cognitivo.[8] En cambio, el conocimiento del bien consiste en aquello que es útil o provechoso para la conservación de cada uno y para la concordia social. No obstante, el conocimiento verdadero de lo que nos es útil (bien) o no (mal) no es suficiente para reprimir una pasión, sólo si se convierte en una afecto más fuerte.

Para Spinoza dos principios explican la dinámica de las pasiones: por un lado, el principio de autoconservación del ser que se expresa en el *conatus*, y por otro, la capacidad de la razón para generar ideas adecuadas, es decir, la potencialidad que todo individuo consciente tendría para seguir una norma racional de vida. Conservar el ser implica entender las pasiones y su concatenación en el mundo de las causas y los efectos. Una vez comprendida y conocida la fuerza y forma dinámica de las pasiones, la mente puede intentar enfrentarlas mediante la guía de la razón. Además, la participación de la razón no sólo implica desarrollar la capacidad para moderar o atemperar las pasiones, sino también para concordar con los demás. De otra manera, la vida pasional nos conduce inevitablemente al conflicto y la discordia entre los seres humanos. En la norma de vida racional que propone Spinoza en la 4ª parte de la *Ética* se afirma que, para concordar en naturaleza, los seres humanos deben aprovechar la fuerza pasional de la benevolencia, la generosidad, la honestidad y la gratitud. Sólo de esta combinación de razón y de pasiones de concordia puede surgir un estado de derecho y la búsqueda de la justicia y la paz. Los conceptos de bien y mal no se hunden en la relatividad de las costumbres, en última instancia es bueno lo que conduce a la concordia y malo lo que genera la discordia social.

---

[8] Dice Spinoza: "El conocimiento del mal es un conocimiento inadecuado" (E, 4/64). "De aquí se sigue que si la mente humana no tuviera más que ideas adecuadas, no formaría ninguna noción del mal" (E, 4/64c). "Si los hombres nacieran libres, no formarían ningún concepto del bien y del mal, mientras fueran libres" (E, 4/68).

Entre las pasiones que pueden tener efectos sociales positivos, aunque inherentemente sean negativas, se encuentran la vergüenza, el arrepentimiento, la humildad o el miedo. Así, por ejemplo, Spinoza afirma que la alegría siempre tiene un efecto positivo, que la tristeza es siempre mala y que otras pasiones derivadas como la melancolía o la jovialidad pueden tener excesos y ser negativas, como el amor y el deseo mismos. El placer es ambivalente. En cambio, el odio nunca es bueno y, por tanto, tampoco la envidia, la irrisión, el desprecio, la ira, la venganza y los demás afectos que se derivan del odio (Spinoza, 2000: 4/45) (Figura 3).

Ahora bien, Spinoza plantea en su convicción racionalista que un "afecto que es pasión deja de serlo en cuanto formamos una idea adecuada de su causa" (Spinoza, 2000: 5/3). Es decir, que mientras más conozcamos la causa de los afectos, menos afectados seremos por ellos. Esto es la base de un principio terapéutico de autoconocimiento. Pero, ¿qué pasará con los buenos afectos? ¿Acaso pierden también fuerza al ser tamizados por la razón? De acuerdo con Spinoza, todas las acciones a las que la mente puede ser determinada a actuar por una pasión pueden ser determinadas también por la razón a partir de la concepción de ideas adecuadas (Spinoza, 2000: 4/59).

En la tradición ética occidental ha sido un tema crucial pero muy aporético definir los alcances de la razón en la moderación de los afectos negativos y en la conversión de los positivos en acciones determinadas por la razón. En la *Ética* no basta la potencia de la razón para concebir adecuadamente las causas y los efectos de los fenómenos que percibimos y que nos afectan, se requiere además el concurso de las pasiones positivas o de efecto social de concordia, así como la tenacidad y el esfuerzo práctico durante toda la vida para alcanzar la templanza necesaria y el equilibrio de ánimo, lo cual implica un proceso de trasmutación de la personalidad y de la identidad subjetiva. A pesar de todos los obstáculos que enfrentamos, la razón es la única vía para alcanzar el equilibrio y autocontrol emocional:

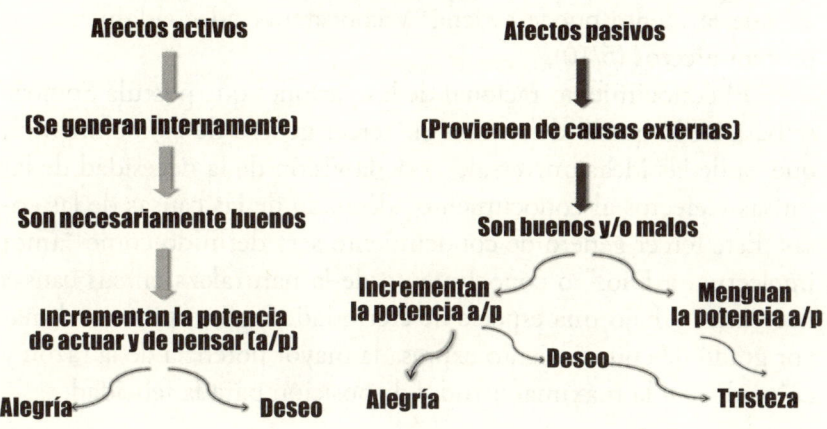

Figura 3. Causas y efectos de las acciones y pasiones.

> Pero la potencia humana es sumamente limitada e infinitamen-
> te superada por la potencia de las causas exteriores. [...] Pues, en
> cuanto entendemos, no podemos apetecer sino lo que es necesario,
> ni descansar en absoluto en lo verdadero. Por consiguiente, en la
> medida en que entendemos correctamente estas cosas, el conato
> de la mejor parte de nuestro ser concuerda con el orden de toda la
> naturaleza (Spinoza, 2000: 4/Apéndice, cap. 32).

Así pues, como Spinoza lo resume en el escolio de la proposición 20 de la quinta parte, los "remedios" que la mente posee para moderar, controlar o suprimir las pasiones se basan solamente en su potencia de pensar el conocimiento de las causas y efectos de los afectos (5/4e), el poder separar los afectos del pensamiento de la causa externa que imaginamos confusamente (5/2), el concebir las cosas bajo la necesidad y no bajo la imaginación confusa (5/7), el analizar la diversidad de causas que producen una pasión (5/9) y la forma en que la mente puede ordenar y concatenar adecuadamente sus propios afectos (5/10).

El conocimiento racional de las pasiones que postula Spinoza se basa en lo que él denomina el "tercer género de conocimiento", que va de las ideas universales y de la visión de la necesidad de las causas y efectos al conocimiento adecuado de las causas de las cosas. Este tercer género de conocimiento será definido como "amor intelectual a Dios" o conocimiento de la naturaleza en sus causas necesarias y bajo una especie de eternidad. Según Spinoza, el mayor grado de conocimiento expresa la mayor potencia de la razón y coincide con la máxima virtud y disposición para la felicidad.

> El supremo esfuerzo de la mente y su suprema virtud es entender las cosas con el tercer género de conocimiento (5/25).
>
> En la medida en que nuestra mente se conoce a sí misma y al cuerpo bajo una especie de eternidad, tiene necesariamente el conocimiento de Dios y sabe que ella está en Dios y se concibe por Dios (5/30).
>
> Del tercer género de conocimiento nace necesariamente el amor intelectual a Dios. Pues de este género de conocimiento nace una alegría acompañada de la idea de Dios como causa, esto es, un amor a Dios, no en cuanto que lo imaginamos como presente, sino en cuanto que entendemos que Dios es eterno. Y esto es lo que yo llamo amor intelectual a Dios (5/32c).

El *amor intelectual a Dios* implica el postulado de una suerte de eternidad de la mente, pero eso nos conduce a otros temas de especulación metafísica. Basta con señalar que la mente es capaz de representarse la Naturaleza con un orden eterno y necesario de causas y efectos comprensibles para la razón y que ese postulado lo conceptualiza Spinoza en la idea de Dios, cuya intelección genera la emoción de alegría más intensa, además de la suprema certeza y seguridad de un orden universal, así como de un gozo y tranquilidad de ánimo. De este modo, Spinoza elabora una teoría del autoconocimiento y control emocional y de la transmutación de la identidad personal cuyas repercusiones para el propio sujeto y para la sociedad siguen siendo de gran trascendencia en nuestra época.

La identidad personal, haz de emociones

La identidad personal, el sentido de ser un "sí mismo" de forma unitaria y duradera en el tiempo, debe ser el punto de partida fenomenológico de la investigación de la vida mental. El *sí mismo* o Yo se genera neuronalmente como sensación persistente que nos hace sentirnos agentes y dueños de nosotros mismos. Ser un Yo implica sentirse y vivirse como un agente autodeterminado en un cuerpo propio situado en un mundo que se comparte intersubjetivamente. Podemos discutir en qué medida actuamos consciente o no conscientemente, en qué medida nuestras intenciones, motivaciones y deseos son propios o no, pero es un *hecho* que, en condiciones "normales", sentimos que son *nuestros* deseos, motivaciones, intenciones y decisiones. La sensación compleja y dilatada en el tiempo de ser un *sí mismo* es la base radical de la condición moral humana. Sin embargo, el Yo, de acuerdo con el postulado spinozista, es la idea actual y fragmentaria de nuestro cuerpo y de su relación con los otros y con el entorno. Esto implica que los contenidos de la autoconciencia pueden estar sometidos a variaciones intempestivas y se mantienen en un equilibrio inestable. El sí mismo no es inmutable ni mantiene una configuración estable, es solamente el punto de apoyo de los procesos mentales, el sustrato, en todo caso, de la actividad mental.

¿En qué se basa entonces la identidad emocional? Suele obviarse o subestimarse que muchas representaciones mentales están teñidas de emociones y de sentimientos procesados durante periodos de tiempo muy variados, de mediana o larga intensidad y duración. Una hipótesis de trabajo que se desprende de los textos de Spinoza es que la identidad personal debe comprenderse como un haz o conjunto organizado y dinámico de emociones y sentimientos que se convierten en la base de los procesos cognitivos y afectivos (valorativos) que probablemente preceden o, en todo caso, acompañan a los procesos perceptivos o cognitivos, pero que no se reducen a cogniciones simples. Así, la identidad personal está estructurada por un conjunto de emociones y sentimientos fuertemente arraigados y decantados por la experiencia subjetiva mediante los cuales el Yo aprehende de forma intuitiva los objetos de la experiencia emocional, los valora y les confiere sentido.

La identidad subjetiva se construye a partir del interés por uno mismo y por el saberse y reconocerse como un sí mismo a lo largo del tiempo. Además, implica el deseo de autocontrol y de seguridad en la propia vida, así como la capacidad de la disociación (ensimismamiento), el distanciamiento afectivo y la empatía selectiva (simpatía o antipatía hacia otros).[9] La identidad es un proceso determinado por la dinámica emocional y, a la vez, indeterminado por la complejidad de factores contingentes internos y externos.

El *aquí* y el *ahora* desde mi corporalidad y mis emociones determinan el cuadrante de mi identidad. El sí mismo implica la presencia, al menos, de estos rasgos: agencia consciente, autoimagen o conciencia de sí, autorreconocimiento, la capacidad de experimentar emociones y sentimientos, la capacidad de disociación y ensimismamiento y la capacidad de valorar el mundo.[10]

---

[9] Kathinka Evers habla de "xenofobia empática" con respecto a esta dual capacidad cognitivo-afectiva.

[10] Véase la hipótesis de la conciencia como enjambre de José Luis Díaz Gómez en su libro *La conciencia viviente*.

La vulnerabilidad y la transmutación
de la identidad personal

La identidad personal está sujeta a modificaciones e influencias internas (desde ideas compulsivas hasta delirios) o externas (desde coacciones hasta "lavados de cerebro") y, desde luego, al flujo intenso, continuo y aleatorio de las pasiones mentales. Pero esta inestabilidad también implica la posibilidad del cambio personal, de tomar decisiones trascendentales que modifiquen la orientación y el sentido de la propia vida (la "conversión", la decepción, el arrepentimiento, el rencor, etc.). Todos estos cambios de identidad implican profundas transformaciones emocionales. Estos cambios también pueden ser inducidos y se producen en un proceso de largo plazo.

En efecto, Spinoza elabora una serie de reflexiones muy sugerentes sobre las emociones de identidad y de cambio de identidad. Podemos denominarlos procesos identitarios, dado que se construyen a lo largo de la vida y se cristalizan a través de sucesos cruciales en la historia personal, marcados por emociones y sentimientos clave de profunda intensidad y/o duración. Estas pasiones pueden ser negativas: el autoengaño (soberbia o autodesprecio, que consisten en estimarse en más o en menos que lo que los demás estiman), la humildad, la vergüenza, el arrepentimiento y la culpa; y también positivos: la satisfacción del deber cumplido, el orgullo personal o contento de sí (*aquiescentia in se ipso)* que constituyen, en cambio, una autocomprensión equilibrada y más apegada a la realidad. El más elevado nivel de conciencia se expresaría en un sentimiento de *animi aquiescentia* o tranquilidad del ánimo que corresponde al estado de virtud, libertad y felicidad que se deriva del conocimiento adecuado de la naturaleza o "amor intelectual a Dios". Éste sería el logro más trascedente de mutación de la identidad personal, de conversión afectiva en la que una persona llegaría al nivel máximo de la virtud.

Ahora bien, también se producen como derivados de estas pasiones fundamentales deseos que forjan a largo plazo cambios en la identidad personal. Los principales tienen que ver con reacciones morales esenciales: la compasión o el desprecio, el agradecimiento o el rencor, la benevolencia o la sevicia, la humanidad o el deseo de venganza. Ya sea que un sujeto sea afectado por una u otra de estas pasiones intensas, su vida se teñirá de su pigmentación quizá como consecuencia de un solo suceso significativo. Estos hechos permanecerán además tatuados en su memoria. En efecto, la vida humana suele girar alrededor de algunas de estas pasiones que forjan la identidad personal o que la transforman de un modo decisivo y, en ocasiones, irreversible. La yuxtaposición de emociones contrarias es rara, pero aún más inusual suele ser la conversión radical por medio de la cual una persona, por ejemplo, puede dejar de ser afectada por el odio para ser afectada por la compasión. Similares procesos se observan en conversiones de tipo religioso, político o moral.[11] La expiación, la redención y la transmutación personal son fenómenos de un talante ético excepcional, que supondrían la transformación y transvaloración de este tipo de emociones polarizadas. ¿Cómo es que se puede lograr ello propositivamente o por medio de qué ejercicios, acciones voluntarias, artefactos o drogas? Para la neurofarmacología del siglo XXI sería un hito encontrar los mecanismos neuroquímicos de estas transmutaciones pasionales e inducirlas desde "afuera" por medio de drogas efectivas o prótesis neurales, ya sea para revertir las emociones más negativas impregnadas en la conciencia o para potenciar las más positivas y socialmente útiles. El misterio develado de la dinámica y neuroquímica de las pasiones por las neurociencias

---

[11] La historia de la conversión personal de Pablo de Tarso a San Pablo tiene las tres dimensiones y resulta un modelo de análisis de estos procesos mentales. Pero lo mismo podríamos decir de la auténtica rehabilitación de un criminal (muchas veces por vías religiosas) o de una persona que transite de un visión especieísta y antropocéntrica a una ética de consideración por los intereses vitales de los demás animales a los que antes utilizó, cazó o torturó.

actuales anuncia, en efecto, perspectivas novedosas de verdadera terapéutica emocional y de eugenesia cerebral. No obstante, será, al fin y al cabo, la conjunción de determinación individual, de la ayuda, apoyo y acompañamiento de otros, así como de la combinación de causas y azares, lo que produzca estas radicales variaciones en la vida mental de las personas para su propio bien o mal.

Sobre la mejora moral por vías no tradicionales

En nuestros tiempos, diversos autores, como Peter Singer, han planteado que es necesaria una transformación para ampliar el "círculo de la consideración moral" más allá de nuestros intereses egoístas, etnocéntricos y antropocéntricos, para poder enfrentar y resolver los problemas éticos y ecoéticos que hemos generado en nuestra civilización tecnológica. Esta transmutación moral podría llevarse a cabo mediante la educación tradicional, pero se requiere mucho tiempo (varias generaciones) y su eficiencia es incierta debido a la diversidad de sensibilidad y de respuestas morales naturales en los seres humanos. La *Ética* de Spinoza nos revela cuán difícil y arduo puede ser para cualquiera alcanzar un grado elevado de virtud. El conocimiento y dominio racional de las pasiones es la técnica convencional que por excelencia ha postulado la tradición filosófica occidental, pero su eficacia ha dejado de ser, si es que alguna vez lo fue, una constante entre las habilidades sociales de los humanos.

Persson y Savulescu han argumentado en un libro reciente (*Unfit for the Future. The Need for Moral Enhancement,* 2012) que la mejora cognitiva mediante ciertas drogas que aumentaran la memoria y mejoraran la concentración y retención o el autocontrol podría ser perjudicial para la sociedad, porque éstas generarían mayor desigualdad y aumentarían el peligro de que se usaran estas ventajas para actos malévolos. Por eso plantean que "para eliminar este riesgo, la mejora cognitiva tendría que ir acompañada de una mejora *moral* que se extendiera a *todos* nosotros, puesto que tal mejora moral podría reducir la malevolencia" (Persson y Savulescu, 2012: 224).

Estos autores están convencidos de que el avance de nuestros conocimientos científicos y tecnológicos, en particular en genética y neurobiología, pueden proporcionarnos en el futuro próximo nuevos medios biotecnológicos para transformar directamente y de modo material (fisiológico) las bases biológicas y psicológicas de nuestras motivaciones morales individuales y colectivas mediante el uso extendido de neurofármacos, terapia génica, selección e ingeniería genética somática y en línea germinal, estimulación cerebral transcraneana u otros medios técnicos. Persson y Savulescu los denominan medios de "biomejoramiento moral" (*moral bioenhancement*). Además argumentan que es urgente, debido al enorme desafío ético de nuestro tiempo, que estos medios de biomejora moral se desarrollen como complementos necesarios de las formas e instituciones tradicionales de educación y enseñanza moral, puesto que éstos no han sido capaces de modificar a gran escala las inclinaciones y tendencias naturalmente egocéntricas, etnocéntricas y antropocéntricas de las morales convencionales humanas. Como ya lo habían dicho autores como Sloterdijk, tendríamos que reconocer el fracaso de la ética tradicional (muy al estilo de Spinoza) en su misión fundamental de moralizar y atemperar las pulsiones y pasiones más negativas para la concordia social y el desarrollo de la humanidad.

Por sus limitaciones evolutivas, las morales convencionales y las éticas teóricas son deficientes para contender con los problemas globales generados por el desarrollo tecnocientífico, la sobrepoblación humana y la globalización industrial y económica, que han producido una enorme y creciente desigualdad en las condiciones de vida de los seres humanos. La alternativa que postulan Persson y Savulescu consistiría en investigar, desarrollar y aplicar a gran escala biotecnologías de mejoramiento y expansión de las capacidades y motivaciones morales, a través de las cuales los individuos pudieran internalizar las motivaciones y razones morales para expandir la responsabilidad individual y colectiva hacia los otros que están distantes, hacia otros animales y hacia las consecuencias a largo plazo de nuestras acciones tecnológicas.

Así, se abre una perspectiva neurotecnológica de corte eugenésico que se basa en tecnologías genéticas y neurofarmacológicas para producir un efecto expansivo a través de varias generaciones, si es que es factible intentar modificaciones neuronales en línea germinal. Persson y Savulescu proponen expandir las emociones, condiciones neuroquímicas y motivaciones del altruismo y del sentido de la justicia mediante modificaciones neurogenéticas en estos aspectos: empatía y simpatía hacia los extraños y distantes en el espacio y en el tiempo, mediante una expansión de la capacidad neurobiológica de sentir estas emociones.

- Sentido de la justicia como imparcialidad y equidad hacia todos los seres humanos y otros seres vivos mediante un reforzamiento del sentido innato de justicia, más allá de sus límites naturales bioculturales.

- ¿Cómo? Modificando la concentración y liberación de oxitocina, dopaminas y serotonina. También mediante técnicas de estimulación cerebral transcraneal.

- Las modificaciones y ampliaciones biotecnológicas deben superar las connaturales limitaciones de la mayoría de los sujetos, pues sus consideraciones morales tienden a restringirse hacia el futuro cercano y a los efectos directos de sus acciones.

- El mejoramiento moral debería posibilitar una capacidad de considerar igualmente relevantes los efectos de las acciones a largo plazo, así como los efectos colaterales colectivos de nuestros actos.

- Aumento de la empatía general, de la simpatía por otros (alteridad) y disminución de la agresividad; aumento del sentido comunitario y de cooperación, confianza y reciprocidad. Todos estos efectos se han observado ya experimentalmente en la manipulación de niveles de oxitocina y serotonina.

El biomejoramiento no afectaría, según Persson y Savulescu, la personalidad, ni la libertad ni la responsabilidad que, de cualquier modo, son moldeadas por la cultura y la educación de modo natural. Sin embargo, pueden plantearse objeciones y dudas a tan audaces propuestas que renuevan, al fin y al cabo, la clásica convicción racionalista en el dominio de las pasiones:

Objeción 1: el biomejoramiento moral puede convertir los actos buenos en "necesarios" o irrenunciables, y volverlos automáticos o moralmente no elegidos. Se perdería (o al menos se bloquearía) la base misma del acto y de la identidad moral: la decisión voluntaria y autónoma. Persson y Savulescu alegan que no sería así, que podría suceder que simplemente aumentarían las motivaciones y la fuerza o eficacia mental de las razones por las cuales alguien decide hacer algo moralmente bueno, y que no se convertirían en compulsiones involuntarias.

En efecto, el modelo deontológico clásico, el de la moral de Immanuel Kant, supone una especie de sujeto racional compulsivo que siempre actuaría por el deber que le dicta su razón pura práctica (razón moral). Ahora sabemos que las emociones morales, las disposiciones, las motivaciones (conscientes e inconscientes) juegan un papel fundamental en el juicio y la acción moral, y que éstos no se sujetan solamente a los dictados de la razón.

El mejoramiento moral se debería administrar a la par de la educación moral, por lo que ningún sujeto podría experimentar falta de responsabilidad o libertad. No se sustituirá el "entrenamiento" tradicional de la razón moral (el juicio prudencial y la experiencia de decisión). Fármacos como los que aumentan la concentración de oxitocina y los inhibidores de captación de serotonina han mostrado efectos positivos en la conducta y juicio moral. Su implementación sería gradual hasta llegar a una escala masiva (cientos de millones de personas, como las vacunas). De otro modo, sólo una minoría se beneficiaría y el efecto social sería muy restringido y, por ello, podría producir una nueva forma de desigualdad probablemente negativa. Tendría que haber una política pública global que regulara el uso de las tecnologías de neurobiomejoramiento moral. Prioritariamente habría que tratar las deficiencias serias en la conducta moral y luego intentar, paulatinamente y de modo experimental, su uso expansivo entre la población.

Sin embargo, quienes voluntariamente decidieran someterse a una técnica de mejoramiento moral estarían decidiendo *ya no tener que elegir* entre hacer el bien o el mal, actuar responsablemente o no, empáticamente o no, sino que elegirían la disposición y motivación intensificadas o "mejoradas" que les proporcionen el dispositivo técnico de biomejoramiento o expansión moral; ya no decidirían ellos mismos por su propia voluntad y razonamiento, sino por las condiciones aumentadas o expandidas de su dispositivo neuronal. ¿Se trataría de una especie de "neuroprótesis" moral? ¿El sujeto sería capaz de decidir cuándo razonar y actuar con la prótesis y cuándo no, o cuándo guiarse por sus "inclinaciones" naturales y cuándo ser influido por el dispositivo de bioneuromejoramiento moral, si es que pudiera "apagarse" y "prenderse"? ¿Cómo y cuándo incluso dejarse guiar por sus pasiones positivas y útiles socialmente hablando?

El biomejoramiento sería indicado para quienes tuvieran una acusada o evidente falta de capacidad de juicio moral (digamos, los "Adolf Eichmann" que hay en el mundo, los "idiotas morales" o incapaces de efectuar un buen juicio o de controlar sus impulsos más negativos). ¿Sería obligatorio para quienes hayan participado o planeado crímenes de lesa humanidad? (los Hitler, Stalin, Pol Pot, Bin Laden, Bashar-Al-Asad, etc., serían los candidatos idóneos, suponiendo que existiera una forma de obligarlos a someterse a un tratamiento de biomejora moral). ¿Sería optativo para todos los demás? ¿Estaría contraindicado para quienes hayan dado muestras de virtud ética, templanza, buen juicio y generosidad? ¿O sería sólo para quien fuera demasiado agresivo o padeciera de emociones o actitudes xenofóbicas, racistas, homofóbicas, antisociales, terroristas, psicópatas o simplemente muy disruptivas de la estabilidad social? ¿Quién debería poner los criterios y límites? ¿Deberíamos tratar prioritariamente a todos los intolerantes y fundamentalistas, estafadores, defraudadores, etc., o suministrar los medios de biomejoramiento a toda la población por igual, como si fueran nuevas vacunas? En todo caso, su aplicación debería contar siempre con el consentimiento informado de las personas sujetas a tratamiento.

Sin embargo, hasta donde sabemos, las capacidades de juicio moral no se heredan y no se pueden, hasta el momento, instrumentalizar en un artefacto que se inserte en el cerebro. La conducta moral es un tipo singular de experiencia de vida, un tipo especial de estado mental completo, dinámico, adaptativo y complejo; por lo que cada sujeto tiene que aprender por sí mismo a partir de la socialización de normas y valores, así como de sus propias vivencias emocionales. Al menos como hipótesis, podríamos plantear los siguientes riesgos para el biomejoramiento moral que convertirían a la ética de tipo spinozista en un esquema protésico bioartefactual, o bien en una técnica de autocontrol y autoconocimiento obsoleta:

- El mejoramiento moral sí podría afectar la personalidad, la autoconciencia y la autonomía de las personas. El sujeto podría sentir que no es él mismo quien toma las decisiones (el fantasma del "agente moral" que actúa bien pero sin decisión propia). En este caso, no habría proceso de transmutación moral de la identidad o personalidad.

- Los psicópatas y personas muy hábiles para descifrar y manipular las emociones de los demás (estafadores, defraudado-

res, políticos carismáticos) podrían beneficiarse del mejoramiento neuro- y biotecnológico, y ser por ello más eficaces en
sus acciones perjudiciales. Éste sería un uso contraindicado
y contraproducente.

- Crearíamos quizá a largo plazo "máquinas morales individuales" en lugar de sujetos agentes responsables que actuaran
por una especie de deber moral involuntario y no deliberado.
Un verdadero cyborg moral.

Puede que el biomejoramiento o expansión moral amplíe o aumen-
te en alguna medida solamente la capacidad de sentir emociones
morales positivas o disminuir aquéllas que son negativas (odio, envidia, rencor, resentimiento, minusvalía, deseo de venganza, etc.) y,
en consecuencia, que contribuya a disminuir la violencia, discriminación e intolerancia generales en las sociedades humanas futuras.
Pero no podría crear enteramente de manera artificial la experiencia
del juicio moral que enlaza el razonamiento con la acción elegida
como correcta, de manera consciente y voluntaria ni, al parecer, el
proceso de control racional de las pasiones durante una experiencia
vivencial extendida, como lo postula la *Ética* de Spinoza. Probablemente no tengamos éxito en construir un bioartefacto que suplante
al agente moral, a menos que supongamos que éste se reduce a unas
cuantas emociones y disposiciones o motivaciones manipulables
por medios neuroquímicos.

Por último, el biomejoramiento moral podría provocar una
aguda paradoja que no regresa al punto de partida spinozista: son
los seres humanos quienes necesitan ser moralmente mejorados,
pero quienes tienen, en última instancia, que decidir (sin ninguna
ayuda tecnológica) hacer un uso prudente y justo de cualquiera de
sus tecnologías.

Aún nos queda mucho por investigar y descubrir en el entra-
mado emocional de nuestras mentes y, sobre todo, la manera en
que entretejen la historia identitaria de nuestras vidas. Spinoza se

adelantó de un modo sorprendente y con una agudeza sin igual al estudio del fenómeno neurobiológico de la conciencia humana y de las pasiones que la conforman y la transforman. Debemos continuar por esta ruta si queremos conocer con más precisión algún día qué somos los humanos, de qué somos capaces y qué podemos esperar de nosotros mismos.

Biliografía

Evers, K. 2010. *Neuroética*. Buenos Aires: Katz.

Persson, I. y J. Savulescu. 2012. *Unfit for the Future. The Need for Moral Enhancement*. Oxford: Oxford University Press.

Spinoza, Baruch de. 2000. *Ética*. Atilano Domínguez (trad.). Madrid: Trotta.

Esta obra se terminó de imprimir
y encuadernar en mayo de 2016
en la colonia Algarín,
Ciudad de México.
La tipografía es Adobe Caslon Pro.

www.herder.com.mx